Aljoscha A. Schwarz · Ronald P. Schweppe

Die Philosophische Hausapotheke

Aljoscha A. Schwarz
Ronald P. Schweppe

Die Philosophische Hausapotheke

Rezepte und Strategien von Konfuzius bis Schopenhauer

Herbig

Besuchen Sie uns im Internet unter
www.herbig-verlag.de

2. Auflage Dezember 2002 - Sonderproduktion

Gedruckt auf chlorfrei gebleichtem Papier

Umschlaggestaltung: Wolfgang Heinzel
Umschlagillustration: Felix Weinold
Satz: Schaber Satz- und Datentechnik, Wels
Gesetzt aus der 10/12 Punkt Optima
Druck und Binden: Wiener Verlag, Himberg
Printed in Austria
ISBN 3-7766-2084-6

Inhalt

Zum Geleit

»Heilung findet hier, wer Sorgen hat.«

Wer krank wird, wünscht sich für gewöhnlich, geheilt zu werden, oder versucht zumindest, seine Beschwerden zu lindern. Und so gehen kranke Menschen dann meistens zum Arzt, um sich behandeln zu lassen, oder in die Apotheke, um sich Medikamente zu besorgen. Bei manchen Leiden mag es auch genügen, eine Massage in Anspruch zu nehmen oder sich einfach nur ein warmes Bad einzulassen. Sollten Sie einmal einige Tage in Rom verbracht und dort die Antoninischen Bäder besucht haben, ist Ihnen womöglich eine Inschrift aufgefallen: »Non hic curator, qui curat«, zu deutsch: »Keine Heilung findet hier, wer Sorgen hat.«

Wen das Rheuma plagt, der mag durch Wasseranwendungen Heilung finden, plagen indes die Sorgen, sollte nach anderen Heilmitteln Ausschau gehalten werden. Einen Vorschlag für eine derartige »Arznei« wollen wir Ihnen in Form der vorliegenden »Philosophischen Hausapotheke« anbieten, für die das Motto im Gegensatz zu der Inschrift der Antoninischen Bäder denn auch lautet: »Heilung findet hier, wer Sorgen hat.«

Zwar machte schon Immanuel Kant auf die heilsame Wirkung der Philosophie auf das Gemüt aufmerksam, als er schrieb: »Übrigens ist das Philosophieren, ohne darum eben Philosoph zu sein, auch ein Mittel der Abwehrung mancher unangenehmer Gefühle ...« (Der Streit der Fakultäten); dennoch liegt es nicht unbedingt auf der Hand, daß ausgerech-

net die Philosophie sich für die Zusammenstellung einer »Hausapotheke« eignen könnte.
Wie allgemein bekannt, handelt es sich bei einer Apotheke ja zunächst einmal um ein Geschäft, in dem Arzneimittel verkauft werden. Auch was eine »Reiseapotheke« oder eine gewöhnliche »Hausapotheke« ist, ist schnell erklärt. Und selbst Begriffe wie »Kräuterapotheke« oder »Homöopathische Hausapotheke« mag man noch durchgehen lassen. Doch eine »Philosophische Hausapotheke«?
Der französische Dichter Bernard Le Bovier de Fontenelle, der wie viele andere Dichter und Schriftsteller einen ausgeprägten Hang zur Philosophie hatte, schrieb einmal: »Gerne geben die Menschen der Philosophie ihre Leiden zur Betrachtung, jedoch nicht zur Heilung.« Und in der Tat stellt sich für Sie sicher die Frage, was denn die Philosophie überhaupt mit der Gesundheit zu tun haben mag und was eine »Philosophische Hausapotheke« denn wohl sein könnte.
Zumindest, was die Philosophische Hausapotheke *nicht* ist, ist schnell gesagt: So handelt es sich beim vorliegenden Buch weder um ein Philosophiewerk noch um eine allgemeine Einführung zum Thema Philosophie. Ferner halten Sie auch keinen Kommentar zu schwer lesbaren philosophischen Werken und natürlich ebensowenig einen »Gesundheitsratgeber« im üblichen Sinne in den Händen. Also zusammengefaßt: kein Philosophiebuch, keine Spruchsammlung und wie gesagt – kein Kommentar ...
Wenn es so einfach wäre! Leider sind Aussagen darüber, was etwas *nicht* ist, nicht immer der beste Weg, um herauszufinden, was etwas ist. Oder haben Sie schon einmal versucht, herauszufinden, um was für ein Tier es sich handelt, wenn Sie lediglich wissen, daß es *keinen* Rüssel trägt, *keine* Stoßzähne hat, *niemals* trompetenartige Laute ausstößt, *nicht* grau ist und auch *nicht* gerade zu den kleinen

Tieren gehört? Alles, was Sie auf diese Weise erfahren, ist, daß es sich wohl *nicht* um einen Elefanten handeln wird. Doch welches Tier gemeint ist, wissen Sie deshalb natürlich noch lange nicht.

Um also konkreter zu werden: »Die Philosophische Hausapotheke ist ein Ratgeber mit philosophischen Gedanken aus mehreren Jahrhunderten, der Ihnen zeigt, auf welche Weise Sie Schopenhauer, Seneca & Co. bemühen können, um sich von einschränkenden Meinungen und unangenehmen Gefühlen zu befreien, mehr Wahlmöglichkeiten zu erhalten und ihr seelisches und körperliches Wohlbehagen zu erhöhen.« Na also – das klingt doch schon ganz gut und kommt der Sache recht nahe, wenngleich ...

Nein – ganz zufriedenstellend ist diese Definition auch noch nicht, was übrigens in der Natur einfacher Definitionen liegt. Das macht aber nichts: Erstens gehört es nicht gerade zu den Stärken der Philosophie, ihre Leser mit kurzen Definitionen abzuspeisen. Zweitens heißt es bei Voltaire nicht umsonst: *»Das Geheimnis, andere zu langweilen, besteht darin, alles zu sagen.«* (Discours sur l'homme VI, 171). Wir beabsichtigen natürlich nicht, Sie zu langweilen. Statt dessen möchten wir Ihnen viel Raum für Ihre eigenen Gedanken geben. Und so werden wir weder an dieser Stelle noch an späterer »alles«, sondern immer nur »einiges« sagen. Im übrigen werden wir viele Philosophen zu Wort kommen lassen, die im Laufe ihres Lebens zwar auch einiges, beileibe aber nicht alles gesagt haben. Daraus folgt natürlich, daß es nicht ausbleiben kann, daß Sie am Ende des Buches einiges, aber noch nicht alles wissen werden. Doch dies ist – zumindest im Sinne der Philosophie – keinesfalls ärgerlich, sondern ganz und gar erwünscht, weshalb wir uns auch gar nicht erst dafür entschuldigen wollen.

I

Hilfe – ein Philosophiebuch!

Ein etwas verkniffener Gesichtsausdruck, der mit einer leichten Verspannung der oberen Rücken- und unteren Kiefermuskulatur einhergeht, wird bei Menschen, die beim Mittagessen unvermittelt von einem unbekannten Tischnachbarn mit dem Thema Philosophie konfrontiert werden, nicht selten beobachtet und ist übrigens auch nicht immer unangebracht. Von wegen »Mit Kant gegen Kopfschmerzen«! Haben Sie schon einmal einen kleinen Blick in Kants Werke geworfen? Wenn ja, nächsten Absatz bitte überspringen, wenn nein, folgt hier ein kleines Beispiel aus seiner »Kritik der reinen Vernunft« – genauer gesagt aus »Des zweiten Buches der transzendentalen Dialektik drittes Hauptstück«:
»Ob nun zwar diese Idee von dem Inbegriffe aller Möglichkeit, sofern er als Bedingung der durchgängigen Bestimmung eines jeden Dinges zum Grunde liegt, in Ansehung der Prädikate, die denselben ausmachen mögen, selbst noch unbestimmt ist, und wir dadurch nichts weiter als einen Inbegriff aller möglichen Prädikate überhaupt denken, so finden wir doch bei näherer Untersuchung, daß diese Idee, als Urbegriff, eine Menge von Prädikaten ausstoße, die als abgeleitet durch andere schon gegeben sind, oder neben einander nicht stehen können, und daß sie sich bis zu einem durchgängig a priori bestimmten Begriffe läutere, und dadurch der Begriff von einem einzelnen Gegenstande werde, der durch die bloße Idee durchgängig bestimmt ist, mithin ein Ideal der reinen Vernunft genannt werden muß.«

Und? Geht es Ihren Kopfschmerzen schon besser? Nein? Wen wundert's – gilt doch Kants »Kritik« nicht umsonst als Buch mit sieben Siegeln. Und das nicht etwa nur für Philosophieanfänger, o nein. Selbst Johann Gottfried Herder, nicht nur Pfarrer, sondern obendrein noch Philosoph und ehemals Schüler Kants sagte: *»Ich finde, die Kritik ist ein schwerverdaulicher Brocken, nahezu unlesbar. Ich weiß nicht, wozu dieses ebenso schwergewichtige wie unklare Werk dienen soll.«*
Da haben wir's: »Mit Kant zu Verdauungsproblemen« wäre wahrscheinlich der fairere Titel gewesen. Zumindest, wenn wir Sie mit weiterem philosophischen Kauderwelsch belasten wollten, was wir aber sein lassen werden. Wie Sie sehen, ist das Unbehagen, das sich einem in Anbetracht der Philosophie oftmals aufdrängt, dennoch durchaus natürlich. Die Philosophie – so sagt man – beschäftigt sich mit den Grundfragen des Lebens. Übersetzt heißt *Philo-sophie* (griech.) ja zunächst einmal nichts anderes als »Liebe zur Weisheit« oder eben einfach »Weisheitsliebe«. Die Philosophie ist bekanntlich die Wissenschaft, die alles hinterfragt. Dabei strebt sie immerhin die Erkenntnis des letzten Sinnes an und ist den Ursprüngen des Denkens und des Seins, der Einsicht um die Stellung des Menschen im Universum und den Zusammenhängen von Welt und Natur auf der Spur. Die Philosophie will also kurz gesagt wissen, wie alles zusammenhängt und worauf alles letztendlich hinausläuft – und damit macht sie sich das Leben natürlich alles andere als leicht.
Sie stellt Fragen über Fragen, denn wer etwas wissen will, muß schließlich Fragen stellen. Und das tun die Philosophen somit auch seit den Anfängen, die, was die europäische Seite betrifft, bis etwa 600 v. Chr. zurückverfolgt werden können. Naturgemäß ist die Philosophie jedoch

sehr viel älter, denn wir wollen doch mal davon ausgehen, daß Menschen auch schon vor mehr als 3000 Jahren nachdenken und sich interessante Fragen stellen konnten ...
Hatten Sie schon einmal die ein oder andere Begegnung mit Kindern im Fragealter? Wenn ja, werden Sie wissen, daß einem das unermüdliche Gefrage der Kleinen mächtig auf die Nerven gehen kann: »Komm, wir fahren jetzt nach Hause.« – »Warum?« – »Weil die Mama Essen kocht.« – »Warum?« – »Damit wir was zum Abendessen haben.« – »Warum?« – »Damit wir nicht verhungern müssen.« – »Warum?« – »Weil der Mensch etwas zu essen braucht, um leben zu können, und weil wir doch noch ein Weilchen weiterleben wollen.« – »Warum?«
Gute Frage ...
In der Tat scheinen nicht nur die Kindlein, sondern auch die Philosophen uns das Leben eher schwerer als leichter machen zu wollen. Seit Jahrtausenden macht sich die Philosophie nämlich einen Spaß daraus, alles in Frage zu stellen. Und dabei stellt sie seit jeher die mehr oder weniger gleichen Fragen, wie beispielsweise: »Gibt es einen Gott?« – »Warum gibt es überhaupt irgend etwas?« – »Was ist Zeit, was ist Raum?« – »Was kommt nach dem Tod?« – »Können wir unseren Sinnen vertrauen?« oder auch in etwas banalerer Form: »Warum hat man eigentlich immer ausgerechnet dann keinen Schirm dabei, wenn man von einem Regenguß überrascht wird?«
Daß bei der Fragerei mitunter viel mehr Probleme entstehen als gelöst werden, versteht sich von selbst. Einem unverdrossenen Philosophen mag der Anblick einer einfachen Birke, die ihm bei einem Spaziergang »in den Sinn kommt«, genügen, um in seinem Gehirn eine beachtliche Anzahl von Fragen auszulösen. So zum Beispiel: »Wie kam die Birke in den Boden, und warum wuchs sie aus ihm heraus?« – »Was

macht sie im Frühling grün, im Winter kahl und was läßt jedes Jahr neues Leben aus ihr sprießen?« – »Warum ist die eine Birke groß, während die andere klein ist?« – »Unterliegt die Form des Stammes, die Verzweigung der Äste und das Weiß der Rinde einem Zufall oder herrscht dahinter ein ordnendes Prinzip?« und damit nicht genug: »Ist die Birke auch da, wenn ich sie nicht sehe?«

Die Philosophie bemüht sich darum, die Wirklichkeit zu erkennen und zu erklären – und dabei versteht sie sich durchaus als Wissenschaft. Das Problem ist allerdings, daß sie sich auch noch mit allen anderen Wissenschaften zu beschäftigen hat. Während jedoch Physik, Biologie, Chemie, Psychologie oder Soziologie im großen und ganzen von dem ausgehen können, »was ist, war oder sein wird« , fragt die Philosophie danach, wie Erkenntnis überhaupt zustande kommt. Die Einzelwissenschaften begnügen sich damit, Gesetzmäßigkeiten bestimmter, einigermaßen umgrenzter Gegenstandsbereiche zu erforschen. Im Gegensatz dazu hat die Philosophie die Totalität des Seins zum Gegenstand und erhebt sich damit zu einer Art Universalwissenschaft. Und so wird klar, warum die Philosophie alles andere als eine einfache Sache ist.

Erschwerend kommt hinzu, daß sie sich nicht nur in ihre Hauptdisziplinen – die Metaphysik, Logik, Ethik, Ästhetik und Erkenntnistheorie – unterteilen läßt. Vielmehr gliedert sie sich auch noch in die philosophische Anthropologie, Rechtsphilosophie sowie Geschichts-, Sprach-, Kultur- und Religionsphilosophie. Darüber hinaus beschäftigt sie sich mit verschiedenen Denkansätzen, darunter Idealismus, Materialismus, Rationalismus, Empirismus und wird inzwischen durch neuere Strömungen in Form der Existenzphilosophie, der analytischen Philosophie, des Neopositivismus, Konstruktivismus, des kritischen Rationalismus oder des Strukturalismus ergänzt. Und so haben wir den (Philosophie-)Salat und zugleich die Erklärung dafür, warum so viele Menschen mit der Philosophie nicht viel am (oder unterm) Hut haben.

Zusammenfassung:
Es herrscht im allgemeinen eine gewisse Berührungsangst in bezug auf die Philosophie. Dieser Angst liegt die Meinung zugrunde, daß sie nur etwas für außergewöhnlich schlaue Menschen ist. In der Tat sind einige Theorien von Kant & Co. kaum zu durchblicken und lassen gar Schreckliches erahnen. Nichtsdestotrotz ist die Philosophie jenseits aller komplizierten Definitionen und mehr oder weniger undurchsichtiger Denkansätze und Fachgebiete aber zunächst einmal etwas sehr Menschliches. Ferner kann die Philosophie im alltäglichen Leben von großem Nutzen sein – doch dazu später.

II

Der Kampf gegen die Meinung

Langsam müssen wir befürchten, daß wir es nun geschafft haben, die verbreitete Ansicht, Philosophie sei etwas furchtbar Anstrengendes und Kompliziertes, bekräftigt zu haben. Daher wollen wir nun lieber ganz schnell die Perspektive wechseln und zu einer klareren, einfachen Sichtweise zurückkehren.

Es ist dies übrigens ein durchaus philosophisches Vorgehen, Ballast abzuwerfen und sein bisher angesammeltes Wissen in Frage zu stellen, um auf diese Weise neue Einsichten und klarere Gedanken zu entwickeln. In seinen »Meditationen« schrieb René Descartes, von dem der berühmte Satz »cogito ergo sum« (»Ich denke, also bin ich«) stammt, beispielsweise:

»Schon vor Jahren wurde mir klar, wie viele Irrtümer ich seit meiner Jugend an als wahr angenommen habe und wie zweifelhaft auch alles, was ich später darauf gründete, war; darum gelangte ich zu der Ansicht, daß ich einmal im Leben alles umstürzen und von den ersten Grundlagen an vollkommen neu beginnen müsse, so ich jemals etwas Festes und Bleibendes in den Wissenschaften aufstellen wollte ...«

In der Folge wandte Descartes die Methode des Zweifelns an, indem er zunächst einmal alles in Frage stellte, was ihm zuvor als sicher und gegeben erschienen war, wobei er auch vor der eigenen Wahrnehmung nicht halt machte. Die Ansicht, daß die Dinge, die uns umgeben, niemals automatisch als wahr anerkannt werden sollten, sondern immer der

Überprüfung und der genaueren Betrachtung bedürfen, bildet eine der Grundsäulen der Philosophie. Descartes würde Ihnen daher wohl auch empfehlen, eine Sache nur dann als wahr anzunehmen, wenn Sie sie sicher und einleuchtend erkannt haben. Dabei würde natürlich früher oder später das Problem auftauchen, daß Sie sich im Grunde auch Ihrer Sinne nicht sicher sein können. Und so würde sich Ihnen die Frage stellen, ob all die Dinge, die Sie täglich sehen, hören, schmecken, riechen und fühlen auch unabhängig von Ihrer Wahrnehmung existieren mögen. Am Ende würden Sie wohl erkennen müssen, daß alles zweifelhaft ist, und vielleicht würden Sie Ihre Sätze dann, wie es viele Philosophen tun, künftig immer häufiger mit »vielleicht«, »möglicherweise« oder »mir erscheint es so, als ob ...« beginnen.

Diese Unsicherheit in bezug auf die eigenen Meinungen, Wahrnehmungen und die eigene Perspektive ist in der Philosophie durchaus erwünscht. Es ist nämlich zu bedenken, daß unsere Erkenntnisse ja immer vom Standpunkt abhängig sind, den wir einnehmen. Wenn Sie von einem Hochhaus aus auf eine weit unten liegende Wiese blicken, wird Ihre Perspektive natürlich eine andere sein, als wenn Sie auf der Wiese liegen und in den Himmel schauen, ohne daß sich dabei etwas an der Wiese oder am Himmel verändert – so sollte man zumindest annehmen.

Es ist einer der großen Vorteile der Philosophie, daß sie es Ihnen ermöglicht, Ihre bisherigen Ansichten in Frage zu stellen und neue Informationen zu gewinnen. Wie wir später noch sehen werden, kann dies für den Erhalt oder das Wiedererlangen unserer seelischen und körperlichen Gesundheit von großer Bedeutung sein. An dieser Stelle soll es jedoch genügen, festzuhalten, daß die Philosophie durch ihre zunächst vielleicht von manchen als penetrant empfundene Fragerei und ihre vielen Zweifel eine wunderbare Möglichkeit bietet, gegen herrschende Meinungen anzukämpfen. So gesehen ist die »Liebe zur Weisheit« natürlich immer auch ein hervorragendes Mittel gegen eine oberflächliche Art zu leben, und sie eröffnet dem Menschen die Chance, aus seinem Halbschlaf zu erwachen und heilsame Veränderungen in seiner Denkweise zu bewirken.

Vor allem aber hilft die Philosophie uns dabei, wieder »selbst denken zu lernen«. Wenige Jahre vor seinem Tod stellte Kant in seiner um 1800 erschienenen Schrift »Anthropologie in pragmatischer Hinsicht« drei Grundregeln der Philosophie auf, als er schrieb:

»Für alle Denker können folgende Grundsätze zu unwandelbaren Geboten gemacht werden:
1. Selbst denken
2. Sich in die Stelle jedes anderen denken
3. Jederzeit mit sich selbst einstimmig denken.«

Mit diesen drei Grundsätzen machte Kant auf die Notwendigkeit aufmerksam, sich seine eigenen Gedanken zu machen, sich gleichzeitig mit den Vorstellungen anderer zu beschäftigen und zu guter Letzt seinen eigenen Weg zu finden, um Probleme zu lösen.

Es versteht sich von selbst, daß die von Kant aufgestellten Grundsätze auch für die Philosophische Hausapotheke gelten. Im Laufe des Buches werden wir daher immer wieder den Versuch unternehmen, Sie dazu anzuregen, sich Ihre eigenen Gedanken über sich selbst und bestimmte Schwierigkeiten, die Sie vielleicht haben mögen, zu machen. Ferner werden wir Sie aber auch mit fremden Gedanken, nämlich mit einigen ausgewählten Ideen ganz unterschiedlicher Philosophen, bekannt machen. Diese Ideen können Ihnen dabei helfen, Ihre Perspektive, falls nötig, in einer günstigen Weise zu verändern. Letztendlich wird es aber darum gehen, daß Sie selbst entscheiden, in welche Richtung Sie Ihre

Gedanken lenken wollen und was für Veränderungen Ihnen wirklich wichtig erscheinen.
Eine Warnung sollte vielleicht noch ausgesprochen werden, die Rousseau in schöner Weise ausgedrückt hat (Émile 2, 4): *»Der Mensch beginnt nicht leicht damit, nachzudenken; wenn er aber erst einmal den Anfang damit gemacht hat, hört er nicht mehr damit auf. Wer einmal gedacht hat, wird immer denken, und wenn er einmal im Denken geübt ist, kann der Verstand nie mehr untätig bleiben.«*

Zusammenfassung:
Indem Sie philosophische Methoden im täglichen Leben anwenden, können Sie Klarheit in Ihre Gedanken bringen und die Dinge in einem neuen Licht sehen. Dadurch, daß Sie Fragen stellen und bestimmte Dinge anzuzweifeln beginnen, können Sie erkennen, daß Ihre bisherigen Meinungen und Ansichten vielleicht unzureichend sind und Ihrem Glück im Wege stehen könnten. Mit Hilfe der Philosophie können Sie lernen, immer häufiger »selbst zu denken« und auch fremde Gedanken in Ihre Anschauungen miteinzubeziehen. Auf diese Weise können Sie feststehende Meinungen, an die Sie bisher durch äußere Einflüsse und geltende Wertvorstellungen gefesselt gewesen sein mögen, über Bord werfen, zu neuen Einsichten gelangen und mehr Freiheit und Selbständigkeit für Ihr Leben gewinnen.

III

Von der unerträglichen Leichtigkeit der Philosophie

Ob jemand der Philosophie offen oder eher reserviert gegenübersteht, wird davon abhängen, welche Erfahrungen er mit ihr gemacht hat und wie seine ersten Kontakte mit ihr verliefen.

Wenn Ihre erste Annäherung an philosophisches Gedankengut beispielsweise darin bestand, daß Sie neugierig ein Buch mit dem Titel »Kritik der reinen Vernunft« aufschlugen, das Immanuel Kant im Jahre 1781 als sein erstes Hauptwerk veröffentlicht hat, werden Sie sich schnell eine bestimmte Meinung gebildet haben. Und wenn es denn mit rechten Dingen zugegangen sein sollte, wird Ihre Meinung nicht die beste gewesen sein, weshalb anzunehmen ist, daß sie Ihre Lust, sich weiterhin mit Philosophie zu befassen, nicht gerade geweckt haben dürfte. Ein wenig, wenn auch nicht viel besser, wäre es Ihnen wohl ergangen, wenn Sie Schopenhauers »Die Welt als Wille und Vorstellung« in die Hand genommen hätten.

So interessant und tiefschürfend viele Lebenswerke von Philosophen wie Kant, Schopenhauer oder Nietzsche sein mögen, so unverständlich und unpraktisch sind sie oft auch. Daher ist es übrigens kein Wunder, daß eine große Anzahl von Philosophen weniger durch ihre oft etwas ausufernden Lebenswerke als vielmehr durch kleine Schriften, durch leichtverdauliche und einigermaßen unterhaltsame Bücher bekannt wurden. So waren es die kleinen »Parerga und

Paralipomena«, die Arthur Schopenhauer zu erstem Ruhm gelangen ließen, und nicht etwa »Die Welt als Wille und Vorstellung«. Und auch Kant wurde ursprünglich nicht durch seine »Kritik der reinen Vernunft«, sondern durch seine »Beobachtungen über das Gefühl des Schönen und Erhabenen« berühmt.

Zweifellos können komplizierte philosophische Texte das Denken schulen und sehr anregend sein. Manche Philosophieanhänger ergreift daher schon einmal die reine Begeisterung, wenn sie sich an die Analyse schwieriger phänomenologischer oder strukturalistischer Schriften wagen, die im Normalfall eher als undurchschaubar gelten. Dennoch sollten Sie bei alledem niemals vergessen, daß die Philosophie auch etwas sehr Menschliches und Naheliegendes sein kann. Falls Ihre Meinung diesbezüglich bisher vielleicht eine andere gewesen sein sollte, so dürfte eine kleine Korrektur sich hier sehr befreiend auswirken und Ihnen die Chance bieten, unbeschwert und mit der nötigen Leichtigkeit an die Philosophie heranzugehen.

Erinnern wir uns an die Definition von *Philo-sophie* als »Weisheitsliebe«. Im Rahmen der Philosophischen Hausapotheke ist es wichtig, sich der Bedeutung dieses Wortes immer bewußt zu bleiben. Schließlich wird es im folgenden immer wieder darum gehen, belastende Probleme in den Griff zu bekommen und den eigenen Gemütszustand durch die Anwendung »weiser Gedanken« zu harmonisieren.

Philosophie besteht nicht nur darin, verworrene und unüberblickbare Gedankengebäude zu errichten oder sich den Kopf darüber zu zerbrechen, ob das Sättigungsgefühl in direktem kausalen Zusammenhang mit den zuvor verzehrten Wurstbrötchen steht – ob also, einfach gesagt, das Verspeisen zahlreicher Brötchen dazu geführt hat, daß man danach satt geworden ist – oder ob es sich hier nur um beobachtbare Phänomene handelt, die eher zufällig zusammentreffen, wobei das häufige Eintreffen dieser Zufälle den trügerischen Anschein erweckt, daß man es nun mit Ursache-Wirkung-Prinzipien zu tun habe, was aber natürlich nicht unbedingt der Fall sein muß.

Eine Philosophie, die dazu geeignet ist, ganz konkrete Lebenshilfe zu leisten, sollte vor allem den Wunsch beinhalten, die »Liebe zur Weisheit« zu kultivieren, Weisheit zu erlangen und eine ausgeglichene Gemütsverfassung zu entwickeln, um so sein seelisches und körperliches Wohlbefinden zu erhöhen.

Wenn heute häufig ehrfürchtige Mienen aufgesetzt werden, wann immer von Philosophie die Rede ist, so liegt das meist daran, daß man sich kaum noch auf die Anfänge der Philosophie besinnt. Es wird nämlich oft vergessen, daß die Philosophie in Griechenland bei sogenannten *Symposien,* also bei Gastmählern, die nicht selten den Charakter von Gelagen hatten, geboren wurde. Dabei handelte es sich um durchaus lockere Versammlungen, meist unter freiem Himmel, die vorzugsweise am angenehm kühlen Abend abgehalten wurden. Während reichlich Wein floß und Oliven gereicht wurden, durfte jeder der Gäste, die nicht selten auch einmal mehr oder minder stark angeheitert gewesen sein dürften, nach einer festgelegten Reihenfolge eine Rede zu einem vorher bestimmten Thema halten, so ihm danach zumute war. Daß es dabei trotz der zuweilen durchaus ernsten Themen insgesamt recht heiter zugegangen sein mag, versteht sich von selbst.

Und auch später – im alten Rom – war die Philosophie eine ganz alltägliche und keinesfalls komplizierte Sache. Die Bürger gehobener Schichten liebten es, sich zur Unterhaltung und für die Beratung bei Lebensproblemen einen Philosophen zu »halten«. Darüber hinaus wurde aber auch auf dem

Marktplatz, im Areopag, in Sporthallen und vor allem in den öffentlichen Bädern emsig diskutiert und philosophiert, wobei die Erzähler spannender Anekdoten und Gerüchte ebenso beliebt waren wie die tiefsinnigeren, mit den Zuständen von Welt und Seele beschäftigten Philosophen.
Alles in allem war die Philosophie in ihren Ursprungszeiten mit einer gewissen Lebenseinstellung verbunden und wurde mit sehr viel mehr Humor und Gelassenheit behandelt, als in späteren Zeiten, da sie sich zunehmend zu einer bierernsten, akademischen Angelegenheit entwickelte. Die Philosophen der Antike diskutierten noch recht unbeschwert über Liebe, über Frauen und Männer, die Erziehung der Kinder, über den Umgang mit Sklaven und mit Geld oder über die beste Art, ein Land zu regieren. Besonders gerne aber dachten sie über die Entwicklung der Tugend und über Wege, den kleinen und größeren menschlichen Charakterschwächen entgegenzuwirken, nach.
So beinhaltete Philosophie ursprünglich nicht nur Austausch, Anregung und eine gehobene Art der Unterhaltung, sondern auch eine Form der Lebenskunst. Nicht zuletzt war die Philosophie nämlich immer auf der Suche nach der angemessenen Lebensweise, nach der richtigen Art, in dieser Welt zu sein, in rechter Weise zu essen, zu trinken, zu lieben und dabei die höchstmögliche Gelassenheit und Zufriedenheit zu erlangen.
Wie eng die Philosophie mit der Lebenskunst verbunden war, wird auch klar, wenn wir einen Blick auf die antiken Philosophen werfen. Denken wir nur an Diogenes, den respektlosen Aussteiger, der es sich in seiner Tonne gemütlich machte, ohne sich von weltlichen Angelegenheiten allzusehr beeindrucken zu lassen. Oder an Sokrates, der nicht nur Philosoph, sondern auch ein recht passabler Bildhauer war und der es liebte, im direkten Gespräch mit den Men-

schen nach der Wahrheit zu suchen, wobei er immer verzweifelt nach jemandem Ausschau hielt, der mehr wußte als er selbst. Und auch Epikur, dessen Philosophie auf ein schmerzfreies Leben abzielte und der in Athen seinen »Garten« - eine philosophische Schule, die zugleich den Charakter einer Lebensgemeinschaft hatte - gründete, war ein ausgesprochener Lebenskünstler.

Doch selbst die »strengeren« Philosophen wie der überaus fleißige Aristoteles oder Platon, der bisweilen einen enormen politischen Ehrgeiz entwickelte, verloren nie den Sinn für die Schönheit des Lebens. So liebte Aristoteles beispielsweise schöne Kleider und edlen Schmuck. Und seit er im Alter von etwa 49 Jahren seine eigene Schule, den Peripatos, gegründet hatte, versammelte er seine Schüler regelmäßig im Lyzeum um sich, um seine Gedanken mit ihnen auszutauschen, wobei gemeinsam in der Säulenhalle auf und ab spaziert wurde.

Platon hatte einen ausgeprägten Hang zur Poesie und versuchte es daher zunächst mit dem Dichten, bevor er später als einer der größten Philosophen in die Weltgeschichte eingehen sollte. Als Leiter seiner Akademie achtete Platon stets darauf, alle Mitglieder als Freunde *(philoi)* anzusehen und eine liebevolle, geistige Verbindung, die heute als »platonische Liebe« bezeichnet wird, zu pflegen. Das Geschäftsmäßige war ihm hingegen verhaßt.

Übrigens ging auch die östliche Philosophie in ihren Anfängen mit einer bemerkenswerten Leichtigkeit und Unbeschwertheit einher. So verkündete Laotse, der »Alte Meister« und Begründer des Taoismus, schon um 600 v. Chr. die Bedeutung eines einfachen, naturgemäßen und friedvollen Lebens, wobei er eine besondere Vorliebe für die meditative Betrachtung des Daseins entwickelte, die auch seinen Nachfolgern zu eigen war.

Zusammenfassung:
Es gibt keinen vernünftigen Grund dafür, die Philosophie als eine recht komplizierte Angelegenheit anzusehen. Vielmehr sollten Sie im Gegenteil ganz entspannt und mit der notwendigen Leichtigkeit an sie herangehen. In der Antike war die Philosophie vor allem eine Lebenskunst, die viele Möglichkeiten bot, den alltäglichen Problemen durch das Kultivieren der Weisheit zu begegnen. Auch in der Philosophischen Hausapotheke werden Sie die Philosophie als eine sehr einfache Methode kennenlernen, die Ihnen dabei helfen kann, den richtigen Weg zu einem glücklichen und erfüllten Leben zu finden. Nicht zuletzt kann Ihnen die Philosophie als »Liebe zur Weisheit« auch in bedrohlichen Momenten dabei helfen, die Dinge, die da kommen, nicht zu schwer zu nehmen und auch in schwierigen Zeiten ein Lächeln auf den Lippen zu bewahren.

IV

Alltägliche Philosophie

Bevor Sie die Philosophie einsetzen können, um positive Veränderungen in Ihrem Leben zu bewirken, sollten Sie sich bewußt machen, daß Philosophie etwas vollkommen Alltägliches ist. Jeder Mensch hat seine eigene Lebensphilosophie. Darunter versteht man für gewöhnlich feste Anschauungen und Prinzipien, die es einem erleichtern sollen, Entscheidungen zu treffen und einigermaßen vernünftig zu handeln.

Können Sie sich beispielsweise mit einigen der folgenden Aussagen identifizieren oder kommen Ihnen zumindest manche davon bekannt vor?

»Lügen haben kurze Beine.«

»Man soll Streit aus dem Weg gehen.«

»Ich lasse mich nicht so leicht ärgern und nehme mir die Dinge nicht zu Herzen.«

»Was ich nicht weiß, macht mich nicht heiß.«

»Wenn man nicht hat, was man liebt, muß man lieben, was man hat.«

»Man sollte sich in Gesellschaft anständig betragen.«

»Lieber arm und gesund als reich und krank.«

»Du solltest deine Eltern respektieren.«

Bei den aufgeführten Beispielen handelt es sich teils um Sprichwörter, teils um allgemeine Meinungen, und natürlich ließe sich die Liste mit derartigen Aussagen endlos weiterführen. Wichtig ist jedoch, festzuhalten, daß jeder Mensch, indem er bestimmte Erfahrungen gemacht hat, in einem bestimmten Kulturkreis aufgewachsen ist, einem bestimmten Glauben zugehörig oder anderweitig konditioniert ist, gewisse subjektive Einsichten erlangt hat. Und natürlich wird er Schlüsse aus seinen persönlichen Einsichten ziehen, die sich wiederum in seiner Lebensphilosophie und seiner Art und Weise, mit Problemen umzugehen, ausdrücken werden.

Selbst wenn jemand einen so paradoxen Satz äußert wie beispielsweise: »Meine Philosophie besteht darin, Problemen aus dem Weg zu gehen«, vertritt er damit immer noch *seine* Lebensphilosophie. Daß es ja gerade nicht Angelegenheit der Philosophie ist, Probleme zu vermeiden, sondern sie statt dessen genau zu untersuchen und sie sich anzusehen, um dadurch neue Erkenntnisse zu gewinnen, tut dem keinen Abbruch.

Karl Popper sagte einmal: *»Alle Menschen haben eine Philosophie, ob sie es nun wissen oder nicht. Zugegeben, daß diese Philosophien allesamt nicht viel taugen. Doch ihr Einfluß auf unser Denken und Handeln ist geradezu verheerend. Deshalb ist es notwendig, unsere Philosophien kritisch zu untersuchen. Das ist die Aufgabe der Philosophie ...«*

Tatsächlich ist Ihre persönliche Lebensphilosophie für Sie von besonderer Bedeutung, denn in ihr können nicht nur Möglichkeiten, sondern auch Einschränkungen und Probleme verborgen liegen. Ihre Lebensphilosophie bestimmt die Perspektive, die Sie eingenommen haben. Nicht selten verhindert sie darüber hinaus auch die Chance, die Dinge einmal in einem ganz neuen Licht zu betrachten und bisherige Werte in Frage zu stellen.

Unsere Meinungen sind durch viele Faktoren – durch Eltern, Lehrer, Werbung, Freunde, Gesellschaft usw. – beeinflußt und damit mehr oder weniger zufällig. Dennoch ist der Einfluß, den unsere einmal gewonnenen Ansichten auf

unser Denken, Handeln und Fühlen haben, wie Popper bemerkte, in der Tat zuweilen äußerst fatal.
Wenn Ihre Lebensphilosophie beispielsweise beinhaltet, sich keinesfalls »kleinkriegen« zu lassen und sich unter allen Umständen und notfalls unter Zuhilfenahme Ihrer Ellbogen durchzusetzen, wird es Ihnen vermutlich schwer fallen, andere Meinungen zu akzeptieren und Verständnis für fremde Bedürfnisse zu entwickeln. Daraus folgt dann, daß Sie einige kleinere oder größere Schlachten werden führen müssen, die Sie ganz gewiß Ihrer Seelenruhe und möglicherweise auch Ihrer Gesundheit berauben werden.
Wenn Ihre Lebensphilosophie hingegen darin besteht, Problemen immer aus dem Weg zu gehen und um des lieben Friedens willen auf offene Äußerungen zu verzichten, wird es für Sie recht schwierig werden, wichtige Entwicklungsschritte zu machen oder sich anderen gegenüber auch nur verständlich auszudrücken. Dann sollten Sie lernen, sich mit den Dingen, die Sie belasten und stören, auseinanderzusetzen. Beispielsweise könnten Sie überlegen, warum ein Problem bei Ihnen gerade jetzt auftaucht und was seine Botschaft an Sie sein mag. Oder Sie können lernen, Menschen, die Ihnen Schwierigkeiten bereiten, offen und ehrlich darauf ansprechen - und auf diese Weise werden Sie neue Erfahrungen sammeln. Und natürlich werden sowohl Sie als auch die anderen dabei gewisse Erkenntnisse gewinnen, die auf ewig verborgen geblieben wären, wenn Sie weiterhin versucht hätten, Ihre Probleme allesamt unter den Teppich zu kehren.
Dies sind nur einige Beispiele für die Macht, die unsere Lebensphilosophie und unsere Denkweise auf unser Leben ausübt. Im folgenden Kapitel werden wir diese Zusammenhänge noch etwas näher beleuchten. An dieser Stelle soll es genügen, zu betonen, daß jeder Mensch sich seine Gedan-

ken macht und bestimmte Ansichten vertritt. Daraus folgt, daß jeder Mensch - ob er es nun weiß oder nicht - seine eigene Lebensphilosophie vertritt. Ob diese Philosophie, um mit Popper zu sprechen, tatsächlich wenig taugen und verheerende Folgen haben mag, sei dabei zunächst einmal dahingestellt. In jedem Fall wird es nicht von Schaden sein, sich seiner Gedanken bewußter zu werden, seine Ansichten ab und an in Frage zu stellen und sein Denken einer kritischen Betrachtung zu unterwerfen. Und natürlich kann es zuweilen auch sehr sinnvoll sein, seine Lebensphilosophie etwas zu optimieren.

Zusammenfassung:
Jeder Mensch hat seine ihm eigene Lebensphilosophie, die er vor allem durch seine Meinungen und Ansichten zum Ausdruck bringt. Die Lebensphilosophie ist durch vielerlei Faktoren wie Erziehung, Umgebung, Kulturkreis, Freunde usw. geprägt. Während manche Lebensphilosophien sehr gute Werkzeuge sind, um Probleme zu lösen und ein unbeschwertes Leben zu führen, können andere fatale Folgen für unser Handeln und unser Glück haben. Gottlob ist unsere Lebensphilosophie nichts Feststehendes, sondern sie kann jederzeit verändert werden. Oft ist es sehr lohnend, seine Art und Weise, die Dinge zu betrachten und mit Schwierigkeiten umzugehen, genau zu überprüfen und wenn nötig zu verändern, da man sich dadurch unter anderem eine Menge Ärger ersparen kann.

V

Die Macht der Gedanken

Wie durch einen kurzen Blick auf den Umschlag ersichtlich, haben wir das vorliegende Buch nicht etwa als »Philosophisches Lesebuch«, sondern als »Philosophische Hausapotheke« bezeichnet, was natürlich kein Zufall ist. Nicht, daß ein philosophisches Lesebuch mit Texten unterschiedlicher Philosophen nicht auch eine feine Sache wäre. Schließlich ist es immer schön, sich mit dem Thema Philosophie zu beschäftigen. Dennoch ging es uns in der Philosophischen Hausapotheke um mehr. Es ging vor allem darum, geeignete Aussagen und Zitate unterschiedlichster Philosophen zusammenzustellen, die allesamt einem ganz bestimmten Zweck dienen. Und dieser Zweck besteht im Ausgleich negativer Seelenzustände oder besser noch im Erlangen einer harmonischen Gemütsverfassung und damit auch eines guten Gesundheitszustandes, der häufig als Folge einer positiven Seelenlage zu beobachten ist.

Kurz gesagt besteht der Sinn der Sache also darin, dem Geist ein wenig Raum für kraftspendende und aufbauende Gedanken zu schenken. Gedanken sind Energien. Und auch wenn es sich dabei um sehr subtile, feine und kaum meßbare Energien handelt, sollte die Macht der Gedanken nie unterschätzt werden. Bedenken Sie nur einmal, daß alles, was im täglichen Leben in Erscheinung tritt, die Auswirkung bestimmter Gedanken oder Ideen ist. Egal ob Sie es mit Flugzeugen, Autos, Schnellimbißrestaurants, Atombomben, Medikamenten, Büchern, Kinofilmen oder Gummibärchen zu tun haben - sie alle sind die »materialisierten« Folgen von *Ideen*, die irgendwann zunächst einmal in menschlichen Köpfen ausgebrütet werden mußten. Ohne die Idee, ohne bestimmte Vorstellungen, Eingebungen und Hirngespinste, ohne Gedanken also, wären die meisten sichtbaren und hörbaren Erscheinungen in unserer Welt vollkommen »undenkbar«.

Unsere Gedanken bestimmen unser Leben in beeindruckendem Maße. Vielleicht können sich einige Menschen das gar nicht so recht vorstellen, weil sie sich bisher zu wenig »Gedanken darüber gemacht haben«. Dennoch ist es uns unmöglich, unsere Ziele zu verwirklichen und Hindernisse, die unserem Glück im Wege stehen, aus demselben zu räumen, ohne die entsprechenden Gedanken zu denken. Und - wie wir noch sehen werden - unser Geist spielt auch im Zusammenhang mit unserer »körperlichen« Gesundheit eine entscheidende Rolle, die nicht unterschätzt werden darf.

Die einzig vernünftige Möglichkeit, sein Leben zu verändern, besteht in der Tat darin, seine Gedanken zu verändern. Um Probleme in kreativer Weise zu lösen, muß man beispielsweise kreativ denken. Und das gelingt natürlich nur, wenn alteingefahrene Denkmechanismen abgelegt werden.

Die Philosophie kann uns ganz konkret dabei behilflich sein, »gesündere« Gedanken zu entwickeln. Indem wir philosophische Prinzipien anwenden und bei Problemen damit beginnen, bestimmte Dinge anzuzweifeln oder vermehrt Fragen zu stellen, können wir leichter Klarheit gewinnen. Nun lauten typische philosophische Fragen ja beispielsweise: »Kann ich davon ausgehen, daß das, was ich vor mir sehe, wirklich ist?« - »Worin liegt der Sinn dieses Lebens?« - »Bin ich meine Gedanken oder habe ich Gedanken?« - »Wo bin

›ich‹, wenn ich in einem traumlosen Schlaf bin. Und wo war ›ich‹, bevor ich auf die Welt kam?«

In bezug auf die Lösung von Problemen aber auch für das Überprüfen der eigenen Lebensphilosophie sollten natürlich andere Fragen gestellt werden. So beispielsweise:

- »Warum nehme ich manche Dinge schwer, die andere Menschen viel leichter nehmen, die man also scheinbar nicht *unbedingt* schwer nehmen muß?«
- »Ist es möglich, auf eine belastende Situation in einer vollkommen neuen Art und Weise zu reagieren – und was müßte ich dazu verändern?«
- »Liegt die Ursache für Zustände wie Angst, Neid, Traurigkeit, Einsamkeit oder Wut außerhalb oder innerhalb meiner selbst?«
- »Ist ein negativer Aspekt, den ich an mir zu entdecken glaube, wirklich oder eingebildet?«
- »Können scheinbar negative Gefühle wie Angst, Haß, Eifersucht oder Neid auch etwas Positives für mich bewirken?«

Die Philosophie kann Ihnen dabei helfen, Ihre bisherige Denkweise in Frage zu stellen und eine neue Perspektive einzunehmen, falls Ihnen dies nötig erscheinen sollte. »Denken« Sie daran: Sie *sind*, was Sie *denken*! In seinen »Pensées sur la religion et sur quelques autres sujets« schreibt Blaise Pascal: *»Das Denken macht die Größe des Menschen aus.«* Wollte Pascal womöglich darauf hinaus, daß der Mensch nur deshalb so »groß« ist, *weil* er (im Gegensatz zur übrigen Schöpfung) denkt? Einem christlich orientierten Philosophen könnte man das vielleicht unterstellen. Doch natürlich sollten wir bedenken, daß der menschliche Geist sich zuweilen auch mit sehr primitiven, trieborientierten und zerstörerischen Gedanken zufriedengibt. Daraus folgt, daß Pascals Aussage ergänzend hinzuzufügen wäre, daß das

Denken nicht nur die Größe, sondern auch das Elend des Menschen ausmacht. Fairerweise müssen wir zugeben, daß Pascal soweit natürlich auch selbst gedacht hat, als er an anderer Stelle fortfuhr: *»Im Denken liegt die ganze Würde der Menschen. Doch was ist dieses Denken? Wie dumm ist es doch.«*

Das menschliche Denken ist an sich nichts Großartiges, sondern eben einfach nur menschlich - eine natürliche Gegebenheit. Ebenso wie die Evolution, das Universum oder, wenn Sie so wollen, der Liebe Gott Hunde bellen, Bäume blühen und den Fluß fließen läßt, läßt sie/es/er den Menschen denken. Auch wenn man sich darüber ein Leben lang den Kopf zerbrechen würde, würde sich daran nichts ändern. Sehr viel läßt sich aber an der *Art des Denkens* verändern. Gedanken können gelenkt werden, und gerade das ist faszinierend und übrigens auch recht praktisch.

Der Grund dafür, daß die Auswirkungen unseres Geistes auf unser Leben so stark sind, liegt darin, daß es sich bei einer Vielzahl an Gedanken, die uns tagtäglich im Kopf umherwandern, um ausgeprägte Denk-Gewohnheiten handelt. Diese Denk-Gewohnheiten bilden sich im Laufe der Zeit aufgrund gewisser Erfahrungen, Vorlieben, Perspektiven, Einflüsse usw. heraus. Wer sich daran gewöhnt hat, sich viele Sorgen zu machen, ängstliche Gedanken zu hegen und sich selbst als ungebildet, unattraktiv, erfolglos usw. zu »denken«, pflegt negative Gedankenmuster, die sich natürlich auch auf das Lebensgefühl und die Gesundheit auswirken werden.

Von Gedanken, die sich einige Philosophen und weise Menschen im Laufe der Geschichte zu allerlei Themen, die direkt mit dem menschlichen Dasein zusammenhängen, gemacht haben, können starke positive Impulse ausgehen. Um zerstörerische Gedankenmuster zu durchbrechen, bedürfen wir dieser Impulse, die uns die Philosophie geben kann. Der Mensch lebt eben, wie es so schön heißt, nicht vom Brot allein. So wichtig die zugeführte Nahrung für den Erhalt und die Erneuerung der Zellen ist, so bedeutsam ist zugleich auch die Aufnahme geistiger Anregungen und Impulse, wenn es darum geht, sich von schädlichen Gedanken zu befreien und sein Denken zu »erneuern«.

Zusammenfassung:
Die Macht der Gedanken ist beachtlich und sollte daher niemals unterschätzt werden. Während positive, kraftvolle und aufbauende Gedanken ein erfolgreiches und glückliches Leben bewirken, gilt für negative, ängstliche und zerstörerische Gedanken das Gegenteil. Negative Gedanken werden vor allem dann bedenklich, wenn sie gewohnheitsmäßig ablaufen. Doch auch schädliche Denk-Gewohnheiten können jederzeit verändert werden. Eine der besten Möglichkeiten dazu besteht darin, die aufbauenden Einsichten verschiedener Philosophen zu nützen und die »Liebe zur Weisheit« zu kultivieren. Auf diese Weise können Sie Ihren Gedanken neue, befreiende Impulse geben, was sich sehr direkt auf Ihr Lebensgefühl auswirken wird. Nicht umsonst heißt es bei Chamfort: *»Das Denken vermag alles zu trösten und alles zu heilen«* (Maximes et pensées), was natürlich nur zutrifft, wenn wir aufbauende und förderliche Gedanken hegen.

VI

Krank durch Sorgen, Kummer und Neid?

Vielleicht werden Sie bereits davon gehört haben, daß sich negative Gedanken und Gefühle äußerst verheerend auf unseren Gesundheitszustand auswirken. Obwohl eigentlich jeder im Grunde seines Herzens ahnen wird, daß Kummer und Sorgen nicht gesund sein können, haben Forschungsergebnisse der letzten Jahrzehnte nochmals deutlich belegt, daß fröhliche und ausgeglichene Menschen über ein besser funktionierendes Immunsystem verfügen und folglich seltener erkranken als ihre allzeit verdrießlich dreinschauenden Zeitgenossen.

Seit der Endokrinologe Dr. Hans Selye in den dreißiger Jahren den Streßbegriff prägte, hat die *Psychosomatik* diese Phänomene umfassend untersucht. Die Psychosomatik erforscht die Bedeutung seelischer Vorgänge auf die Entstehung und den Verlauf körperlicher Erkrankungen. So wissen wir, daß Nervosität, Angst, Streß, ein Mangel an Selbstvertrauen oder das Gefühl der Minderwertigkeit zu recht typischen körperlichen Reaktionen führen.

Negative Gedanken bewirken negative Gefühle und dadurch wiederum negative organische Reaktionen. Zwar konzentriert sich die Psychosomatik hauptsächlich auf den Zusammenhang zwischen Psyche und Soma, also zwischen Seele und Körper, und rückt daher naturgemäß eher negative Seelenzustände beziehungsweise negative *Gefühle* in

den Mittelpunkt ihrer Betrachtungen als negative *Gedanken*. Doch im Grunde sind Gefühle und Gedanken nicht wirklich getrennt – ganz im Gegenteil: Bestimmte Gedanken erzeugen ja erst bestimmte Gefühle, die sich dann wiederum auf den Körper auswirken.
Das psychosomatische Schema sieht also folgendermaßen aus:

Negative Gedanken ➛ negative Gefühle ➛
unerwünschte körperliche Reaktionen

Um zu veranschaulichen, wie diese Reaktionskette in der Praxis aussehen kann, folgt hier ein kleines Beispiel. Nehmen wir einmal an...
...unser Partner kehrt des Abends nach einem kleinen Rendezvous mit einem früheren Liebhaber nicht zu vereinbarter Stunde zu uns nach Hause zurück. Möglicherweise ziehen wir nun den Schluß, daß er/sie nach etlichen Gläschen Wein auf die Idee gekommen sein mag, sich der charmanten Begleitung sowie auch dem Abenteuer der Nacht hinzugeben. Durch diese *Gedanken* entstehen in uns unangenehme *Gefühle*, nennen wir sie einmal Eifersucht und Wut. Der bedrückende Seelenzustand bewirkt wiederum *körperliche Reaktionen* – unser Magen verkrampft sich, wir spüren unser Herz klopfen, können nicht einschlafen, und unsere Wut führt zu einigen unangenehmen Verspannungen in der Nacken- und Rückenmuskulatur. Als wir morgens um acht Uhr feststellen müssen, daß unser geliebter Partner immer noch nicht zugegen ist, lassen wir sogar unser sonst so geliebtes Frühstück links liegen und gehen vielleicht nervös im Zimmer auf und ab oder fangen an, andere recht merkwürdige Dinge zu tun.
Jeder von uns kennt ähnliche Situationen:

- die Angst vor der kommenden Prüfung, die unsere Darmaktivität erhöht
- der Streit mit dem Kollegen, der unsere Hände zittern läßt
- die Trauer, die uns die Kehle zuschnürt
- eine dumme Anspielung, die uns die Schamesröte ins Gesicht treibt
- die Ansprache, die wir schlecht vorbereitet halten sollen und die unseren Mund trocken werden läßt.

Der Körper reagiert sehr unterschiedlich auf seelische Belastungen. So neigen bestimmte Organe eher dazu, auf Angst zu reagieren, während andere auf Wut, Enttäuschung oder innere Unruhe ansprechen. Jeder kennt die landläufigen Ausdrücke, die sich darauf beziehen. Wir »haben die Nase voll«, »machen uns vor Angst in die Hosen«, »haben Schiß«, eine »Last liegt auf unseren Schultern«, etwas »geht uns an die Nieren«, »liegt uns auf dem Magen«, »schnürt uns die Kehle zu«, können wir »nicht schlucken«, »macht uns Kopfzerbrechen« oder »nimmt uns die Luft zum Atmen«.

Natürlich kann es durchaus interessant sein, sich mit den einzelnen Krankheitssymptomen und den dahinterstecken-den Emotionen zu befassen. Da zu diesem Thema jedoch bereits viel geschrieben und gesagt worden ist, wollen wir uns an dieser Stelle auf das viel Wesentlichere konzentrieren, nämlich auf das Prinzip beziehungsweise das Gesetz, das dem Gesagten zugrunde liegt.

Erinnern wir uns noch einmal an das obengenannte Beispiel: Der einzige Grund dafür, daß wir wegen unseres vermeintlich untreuen Lebensgefährten unter Schlaflosigkeit, Appetitlosigkeit und einer Beschleunigung des Herzschlags – der Mediziner würde von Befindlichkeitsstörungen sprechen – leiden, liegt im Bewußtsein, daß etwas vor sich geht, das unseren *Vorstellungen* widerspricht.

Wir *denken* unangenehme Gedanken, wir stellen uns zum Beispiel vor, wie unser Partner in den Armen einer/eines anderen liegt und dabei womöglich auch noch ungeheuren Spaß hat. Mal abgesehen davon, daß es noch ganz andere Gründe für sein Fernbleiben geben könnte, ist viel weniger die Situation an sich als vielmehr unsere Einstellung oder eben unsere Lebensphilosophie entscheidend für unser seelisches und körperliches »Unwohlbehagen« verantwortlich.

Immerhin zwingt uns ja niemand dazu, eifersüchtig und wütend auf bestimmte Gegebenheiten zu reagieren. Alles hängt vielmehr sehr stark davon ab, wie wir die Dinge betrachten. Eine Philosophie, die Wert darauf legt, die Gemütsruhe zu entwickeln, wie wir sie etwa bei Philosophen wie Epikur oder Seneca finden, mag ebenso wie die »Philosophie des Nicht-Anhaftens« eines Buddha oder Laotse sehr hilfreich sein, um auch in schwierigen Situationen gelassen zu bleiben.

Durch philosophische Impulse lassen sich streßauslösende Gedankenkreisläufe verändern und neue Einsichten gewinnen. Und genau das ist auch der Sinn der Philosophischen Hausapotheke – es geht darum, positive Veränderungen in unserem Bewußtsein zu bewirken, die es uns ermöglichen, auf eine leichtere, angenehmere und freudvollere Weise zu leben. Damit bestimmte Situationen, wie beispielsweise das mögliche Fremdgehen unseres Partners, die Beleidigung durch einen Nachbarn oder die bevorstehende Prüfung, Streß in uns auslösen können, müssen wir diesen Situationen eine bestimmte Bedeutung verleihen. Verändern wir die Bedeutung, so verändern wir auch die Reaktionen.

Wenn Sie beispielsweise eine Rede halten müssen und es Ihnen vollkommen gleich ist, ob Ihre Ansprache beim Publikum Gefallen finden und auf Akzeptanz stoßen wird oder ob Sie nach einigem Gestottere den Faden völlig verlieren und die gelangweilte Zuhörerschaft nach und nach aus dem Saal vertreiben, werden Sie im Hinblick auf Ihren Auftritt kaum in einen angespannten Zustand geraten.

Je mehr Gedanken Sie sich machen, je ernster Sie die Sache nehmen und je mehr Sorgen und Kopfzerbrechen Sie zulassen, desto wahrscheinlicher ist es, daß Sie auch auf organischer Ebene reagieren und es mit handfesten Symptomen wie Herzklopfen, Magenproblemen oder Schweißausbrüchen zu tun haben werden. Natürlich könnten Sie einfach einen Schnaps trinken, um den Teufelskreis von angstauslösenden Gedanken, psychischer Unruhe und körperlichen Reaktionen zu unterbrechen. Andererseits könnten durch diese verbreitete »Strategie« erst recht unlösbare Teufelskreise entstehen – vor allem aber führt Alkoholgenuß bekanntlich nur zu einer kurzfristigen und oberflächlichen Entspannung, niemals aber zu einer dauerhaften Veränderung der eigenen Sichtweise.

Es mag daher der bessere Weg sein, statt der Schnapsflasche ein Philosophiebuch in die Hand zu nehmen und an der Entwicklung seiner Seelenruhe zu »arbeiten«. Sind neue Einsichten zuweilen auch schwerer zu erlangen als ein schneller Rausch, so sind sie doch auch wesentlich wertvoller und effektiver. Die Beschäftigung mit philosophischen Gedanken ist immer auch eine Beschäftigung mit der eigenen Sichtweise, den eigenen Grenzen und der eigenen Person.

Philosophie verändert. Sie ermöglicht ein neues und tieferes Verständnis von dem, was gemeinhin als »Leben« bezeichnet wird. Und so definiert Wilhelm Weischedel einen Weisen in seinem Buch »Die Philosophische Hintertreppe« auch als einen Mann, *»der nicht nur tief nachdenkt, sondern auch das Leben und seine Absonderlichkeiten kennt«*. Je besser aber jemand das Leben mit seinen Höhen und Tiefen zu erkennen vermag, desto leichter wird es ihm fallen, die richtige Art und Weise herauszufinden, flexibel zu reagieren.

Zusammenfassung:
Seit vielen Jahrzehnten weist die psychosomatische Medizin auf die Zusammenhänge zwischen Psyche (Seele) und Soma (Körper) hin. Es gibt keinen Zweifel daran, daß Sorgen, Kummer und Verdruß sich auch auf körperlicher Ebene auswirken und unter Umständen sogar unangenehme körperliche Beschwerden verursachen können. Allerdings hat schon Platon auf den engen Zusammenhang zwischen Körper und Seele aufmerksam gemacht. So lesen wir bei ihm: *»Denn für Gesundheit und Krankheit, wie auch für Tugend und Laster ist kein Ebenmaß und kein Mißverhältnis wichtiger als das unmittelbar zwischen Seele und Körper bestehende.«* (Timaios, 42).
Aus wissenschaftlichen Untersuchungen wissen wir heute, daß negative Gefühle, wie beispielsweise Ängste, zu unerwünschten körperlichen Reaktionen, wie beispielsweise Verdauungsstörungen, führen. Doch auch negative Gefühle entstehen nicht zufällig, sondern sind meist Folge negativen Denkens. Streß entsteht also letztlich im Kopf. Um einen neuen Weg zu finden, mit belastenden Situationen oder schwierigen Menschen umzugehen, sind meist tiefgreifende Veränderungen nötig. Effektive Veränderungen können jedoch nur in der »Schaltzentrale«, dort, wo die eigentlichen Ursachen für falsche Programme liegen, vorgenommen werden – im Denken. Eine Veränderung und Erneuerung des Denkens ist seit jeher Angelegenheit der Philosophie.

VII

Gesundheit ist »denkbar«

Viele Menschen haben heute das ehemals so blinde Vertrauen in bestimmte Vorgehensweisen der Schulmedizin mehr oder minder stark verloren. So wird dann oft viel Zeit und Mühe darauf verwandt, nach Alternativen zu suchen. Aus diesem Grunde konnten sanfte und natürliche Heilmethoden wieder zunehmend in den Mittelpunkt des allgemeinen Interesses rücken.
So positiv diese Entwicklung in vielen Bereichen ist, so bedauerlich ist es doch auch, daß die enormen Möglichkeiten, die im eigenen Geist verborgen liegen, bisher immer noch viel zu wenig genutzt werden. Dabei können Heilungsprozesse durch positives Denken oder sagen wir lieber durch »weises Denken« besonders gut unterstützt werden.
Trotz aller Fortschritte im Bereich der alternativen Heilkunde wird die Macht des Denkens immer noch sehr selten eingesetzt, um den »inneren Arzt« zu aktivieren. Dies ist eigentlich recht erstaunlich, denn erstens wußten bereits primitive Kulturen die Kraft des Geistes durch Rituale und Beschwörungen zu nutzen. Zweitens befaßt sich die Psychosomatik schon seit Jahrzehnten mit den Zusammenhängen zwischen seelisch-geistigen und körperlichen Abläufen. Und drittens erforschen Immunologen, Neurologen und Psychologen in der *Psychoneuroimmunologie* – einem relativ neuen Zweig der Wissenschaft – die Wechselbeziehungen zwischen Gedanken, Hormonen und Immunsystem.

Die Psychoneuroimmunologie konnte in zahlreichen Untersuchungen nachweisen, daß unsere Gedanken ganz unmittelbar mit dem Körper verbunden sind. In diesem Zusammenhang wurde der Begriff der *Mind-Body-Bridge* - einer *Geist-Körper-Brücke* - geprägt. Er besagt nichts anderes, als daß Gedanken und geistige Zustände unmittelbar mit der Hormontätigkeit und dem körpereigenen Immunsystem verbunden sind.
Im Gegensatz zur Psychosomatik, die vor allem den Zusammenhang zwischen Gefühlen und Körper herausstellt, konzentriert sich die Psychoneuroimmunologie auf den Zusammenhang zwischen Gedanken und Körper. Dabei konnte sie unter anderem nachweisen, daß negative Gedanken unser Immunsystem meßbar schwächen, und zwar bereits in dem Moment, wo sie stattfinden.
Alle Erkenntnisse der Psychosomatik wie auch der Psychoneuroimmunologie weisen darauf hin, daß unsere Gedanken in vielen Fällen wesentlich bessere Heilmittel sein können, als es so manch ein pharmazeutisches Präparat ist, das oft nur eine (kurzfristige) Beseitigung der Symptome, nicht aber der wirklichen Krankheitsursache verspricht und dabei manchmal noch erhebliche Nebenwirkungen erzeugt. Dennoch ist es natürlich manchmal unumgänglich und höchst sinnvoll, ein verordnetes Präparat einzunehmen, und es geht uns hier auch nicht darum, die Schulmedizin, die immerhin Beachtliches geleistet hat, zu kritisieren. Jede Heilmethode dient eben ganz speziellen Zwecken. So sind bestimmte Medikamente und Operationen notwendig, um das Leben zu retten oder höchst unangenehme Symptome zu beseitigen. Ebenso ist oft auch die Anwendung alternativer Heilverfahren empfehlenswert, die meist weniger das Beseitigen eines bestimmten Symptoms als vielmehr die Stärkung des »ganzen Menschen« im Auge haben, etwa in

Form von Wassergüssen, der Pflanzenheilkunde, Ernährungsumstellungen, der Homöopathie usw.
Trotzdem sollten wir nie vergessen, daß negative Programme, die innerhalb unseres eigenen Bewußtseins ablaufen, nicht nur jegliche wirkliche Heilung verhindern, sondern uns obendrein auch noch unglücklich machen. Neid, Angst, Sorgen, Mißtrauen, Trägheit, Nervosität und viele andere Streßfaktoren, die sich im geistig-seelischen Bereich abspielen, schwächen unser Immunsystem, machen uns anfällig für Angriffe von außen, beispielsweise in Form von Bakterien, Viren und Pilzen – mit einem Wort, sie zerstören nicht nur unser seelisches Gleichgewicht, sondern gleichzeitig auch unsere körperliche Gesundheit.
Der amerikanische Chirurg und Kinderarzt Dr. Bernie Siegel, der oft mit Krebskranken arbeitete, hat sich mit Menschen beschäftigt, bei denen es trotz aussichtsloser Diagnosen zu Spontanremissionen, also zu unerwarteten und plötzlichen Rückbildungen von Tumoren kam. Dr. Siegel betont, daß der Impuls für ungewöhnliche Heilungsprozesse meist durch eine Umorientierung der Patienten ausgelöst wurde. In vielen Fällen konnte er beobachten, wie die Betroffenen ihre Krankheit als Möglichkeit betrachteten, ihre Perspektive zu verändern, mehr innere Ruhe und Gelassenheit zu entwickeln und ihrem Leben einen neuen Sinn zu geben.
In letzter Zeit suchen Psychologen, Immunologen, Neurologen und Endokrinologen weltweit intensiv nach Erklärungen für den offensichtlichen Zusammenhang zwischen Gedanken, Hormonen und organischen Reaktionen. Tatsächlich scheint die Art unserer Gedanken sich ganz direkt auf die Funktion unseres Immunsystems auszuwirken. Dafür spricht übrigens auch der Placebo-Effekt, der innerhalb der Schulmedizin seit langer Zeit bekannt ist. Ein Placebo gleicht zwar in

Form und Aussehen einem richtigen Medikament, ist aber ein vollkommen wirkungsloses Scheinmedikament, beispielsweise eine Zuckerpille. Es wurde oft beobachtet, wie Menschen, die ein Placebo eingenommen haben und an dessen Heilwirkungen glaubten, schnell von ihren Schmerzen oder anderen Symptomen geheilt werden konnten.

Tatsächlich scheint die Einstellung eines Menschen, die Art und Weise, in der er seine Gedanken organisiert, einen starken Einfluß auf Krankheit, Heilung und Gesundheit zu haben. In letzter Zeit finden vor allem in den USA vermehrt Untersuchungen statt, die herauszufinden versuchen, warum einige schwerkranke Menschen ihre Gesundheit wiederfinden, während andere, deren Prognosen oft weniger bedrohlich waren, gestorben sind. Die bisherigen Ergebnisse deuten darauf hin, daß es tatsächlich eine »Geist-Körper-Verbindung« gibt, da Faktoren wie innere Ruhe oder Gelassenheit gegenüber dem Schicksal wesentlich dazu beizutragen scheinen, die Selbstheilungskräfte des Körpers zu aktivieren.

Dem gesunden Menschenverstand leuchtet es schnell ein, daß Menschen, die einer sinnvollen Tätigkeit nachgehen, zufrieden und heiter sind und sich weder von Sorgen, Neid oder Haßgefühlen auffressen lassen, nur sehr selten krank, dafür aber oft erstaunlich alt werden. Trotzdem wird es sicher noch eine ganze Weile dauern, bis die Wissenschaft die letzten Geheimnisse der Kommunikation zwischen Gedanken, Gefühlen und Körper gelüftet hat. Bis dahin sollten wir uns prophylaktisch, also vorbeugend, darum bemühen, unsere Mitte, sofern »abhanden gekommen«, wiederzufinden und einen Zustand der Heiterkeit und des Gleichmuts zu erreichen. Auf diese Weise können wir Seele, Körper und Geist nämlich weitgehend vor schädlichen äußeren Einflüssen bewahren.

Zusammenfassung:
Der ganzheitliche Ansatz, nach dem Körper, Seele und Geist nicht wirklich getrennt sind, sondern zusammenwirken und sich wechselseitig beeinflussen, wird durch wissenschaftliche Erkenntnisse untermauert. Die psychosomatische Medizin weiß seit langem, daß negative Emotionen auch dem Körper schaden. Die Psychoneuroimmunologie hat entdeckt, daß Gedanken sich über die *Mind-Body-Bridge* unmittelbar auf das Immunsystem auswirken. Daraus folgt, daß Gedanken und Einstellungen sowohl bei der Verursachung als auch bei der Heilung von körperlichen Erkrankungen eine wesentliche Rolle spielen. Gerade im Hinblick auf negatives Denken, kann die Beschäftigung mit der Philosophie sehr heilsam sein. Durch teilweise jahrtausendealte Einsichten, die heute so aktuell wie eh und je sind, können wir Sorgen, Kummer, Ängste und andere negative Gemütszustände auflösen.
Auch Karl Jaspers betonte, daß »Ruhe« das Ziel allen Philosophierens sei. Indem wir mittels philosophischer Einsichten Ruhe und Gelassenheit entwickeln, können wir unserem Körper indirekt guttun, Heilungsprozesse unterstützen und unser Immunsystem stärken.

VIII
»Psycho-sophie« statt Medikamente?

Wie Sie inzwischen bemerkt haben werden, behandelt die Philosophische Hausapotheke in gewisser Weise den psychologischen Aspekt der Philosophie. Schließlich geht es vor allem darum, Weisheit zu erlangen, um der Seele dadurch zu einer ausgeglicheneren Verfassung zu verhelfen. Der Begriff der »Psycho-sophie« drängt sich also auf. Allerdings möchten wir diesen Begriff nicht im Sinne Rudolf Steiners, sondern vielmehr in einer umfassenderen Bedeutung, nämlich in der Tat als »Seelen-Weisheit« verwenden.

Um die Philosophie bei alltäglichen Schwierigkeiten einsetzen und zudem positive Auswirkungen auf unseren Gesundheitszustand zeitigen zu können, hilft es wenig, sich zum Beispiel mit Problemen der Logik herumzuschlagen. Es ist ja durchaus nicht so, daß *jede Art* der Philosophie einen heilenden Einfluß auf Geist, Seele und Körper hätte. Ganz im Gegenteil sind nicht wenige große Philosophen sehr unglücklich gestorben. Nietzsche erlitt vor seinem Tod den vollkommenen psychischen Zusammenbruch und endete im Wahn. Kierkegaards letzter niedergeschriebener Satz lautet: »Die Bestimmung dieses Lebens ist: zum höchsten Grad von Lebensüberdruß gebracht zu werden«, was sich auch nicht gerade aufmunternd ausnimmt. Und selbst Kant – man muß es leider sagen – war eher ein neurotische Eigenbrötler als ein vom menschlichen Leid befreiter Weiser.

Auch als »Gesundheitsexperten« waren die meisten Philosophen übrigens nicht viel wert. So war Kant von eigenartigen Gesundheitsregeln besessen. Während seiner Spaziergänge, die er täglich pünktlich zur selben Stunde auszuführen pflegte, vermied er es um jeden Preis, den Mund zu öffnen, da er der Meinung war, daß das Einatmen frischer Luft durch den Mund schmerzhaften Rheumatismus hervorrufen könne. Daraus folgerte er nicht ohne Logik, daß auch das Sprechen beim Spazierengehen ungesund und zu vermeiden sei, weshalb er auch nie in Gesellschaft spazieren ging.

Im Gegensatz zu Kant scheute Schopenhauer die Mundatmung zwar nicht. Dafür glaubte er fest an die Heilkräfte eines wunderbaren Fluidums und war von der Idee des »Mesmerschen Magnetismus« geradezu besessen. Mehrere Male ließ Schopenhauer sich beispielsweise von einem französischen Magnetiseur behandeln, um seine Schmerzen im linken Ohr zum Verschwinden zu bringen – wenn auch vergebens.

Die Philosophie ist ein weites Feld und kennt unterschiedlichste Varianten und Verzweigungen. Es gibt viele verschiedene Möglichkeiten zu philosophieren, und dabei ist es durchaus nicht so, daß die Philosophie an sich automatisch der Gesundheit dienen würde. Wer sich – wie manche Philosophen – zeit seines Lebens ins stille Kämmerlein zurückzieht, um mit gebeugtem Rücken und schlechter Beleuchtung über komplizierten Philosophiewerken zu brüten, darf kaum mit einem positiven gesundheitlichen Effekt rechnen. Dies mag auch der vorchristliche Komödiendichter Aristophanes im Sinn gehabt haben, als er die jungen Athener in seiner Schwanksatire »Die Wolken« vor den Folgen der Philosophie warnte:

»Bleich und gelblich wird davon dein Gesicht
Gedrückt die Schultern, schmächtig die Brust

Lang die Zunge, aufgerissen dein Maul
groß dein Gemächt
und klein dein Gesäß.«

Na, das sind ja schöne Aussichten. Ob man das Philosophieren da nicht besser meiden sollte? Nun gibt es natürlich auch Gegenbeispiele, da es unter den Philosophen auch außergewöhnliche Gesundheitsfanatiker gab. Der englische Philosoph Thomas Hobbes galt beispielsweise als überaus sportlich, und er erreichte immerhin das stolze Alter von 91 Jahren, woran auch seine Unsitte, nächtliche Stimmübungen zu zelebrieren und dabei lauthals zu singen, da er meinte, dadurch seiner Gesundheit dienen zu können, nichts änderte. Und auch Seneca war geradezu ein Gesundheitsfreak, denn er hielt sich nicht nur durch Gewichtheben, Weit- und Hochsprung und kalte Bäder fit, sondern ging sogar so weit, seinen Sklaven zum Lauftrainer umzufunktionieren.

Nun ist allerdings zu bedenken, daß es eher die sportliche Betätigung und weniger die Philosophie war, die einigen Philosophen ein gesundes und langes Leben bescherte. Verwechseln wir die Philosophie daher nicht mit einem einfachen Körpertraining. Die positiven Wirkungen der Weisheitsliebe auf den Körper funktionieren über Umwege, wie wir schon besprochen haben. Wer also meint, daß er bei einer laufenden Nase nur ein paar Seiten Aristoteles lesen muß, um seine Beschwerden wegzuzaubern, den müssen wir enttäuschen. Ganz so einfach ist es dann doch nicht.

Die »Psycho-sophie« nutzt Einsichten und weise Gedanken dazu, um schädliche Denk-Gewohnheiten zu durchbrechen und einen harmonisierenden Einfluß auf den Gemütszustand auszuüben. Eine ausgeglichene Grundstimmung und die Fähigkeit, auch in Krisenzeiten Ruhe und den Überblick zu bewahren, wird sehr heilsame Effekte auf die allgemeine

Gesundheit zeitigen. In der Philosophischen Hausapotheke haben wir deshalb ausschließlich jene philosophischen Einsichten zusammengetragen, die dazu geeignet sind, mehr Ruhe und Klarheit in Geist und Seele zu erzeugen. Aus dieser Sicht gibt es durchaus sehr viel Wertvolles, was die Philosophen uns zu sagen haben.

Um heilsame Veränderungen in unser Leben zu bringen, sollten wir uns also vor allem an die »brauchbare« und »praktisch orientierte« Philosophie halten, wie sie im Laufe der Geschichte auch tatsächlich immer wieder von vielen Philosophen in verschiedener Art und Weise angeboten worden ist. So ist aus dem alten Griechenland beispielsweise das über 2000 Jahre alte *tetrapharmakon* des Epikur überliefert. Dabei handelt es sich um »vier Heilmittel gegen die Furcht«, die da lauten:

»Man fürchte nicht die Götter
Man fürchte nicht den Tod
Lust ist für alle erreichbar
Schmerz kann ertragen werden.«

Wie Sie sehen, muß Philosophie nicht immer unverständlich und kompliziert sein. Und selbst Philosophen, die einen Hang zu undurchblickbaren Aussagen hatten, waren in bestimmten Abschnitten ihrer Werke durchaus allgemeinverständlich. Vielleicht erinnern Sie sich noch an den unverständlichen kleinen Ausschnitt aus Kants »Kritik der reinen Vernunft«, den wir im ersten Kapitel zitiert haben und bei dem es sich, um mit Herder zu sprechen, in der Tat um einen schwerverdaulichen Brocken handelt. Im Gegensatz zu Seneca, Epikur, La Rochefoucauld oder Laotse gehört Kant wirklich nicht gerade zu den Philosophen, die in ihren Werken brauchbare »Lebenstips« verbreiten. Dennoch werden wir auf der Suche nach weisen Einsichten und Gedanken, die uns im täglichen Leben weiterhelfen können, mit etwas Geduld auch bei Kant fündig.

Als Beispiel folgen hier einige Auszüge aus »Was ist der Mensch?« (3. Über die Kunst und das Lachen, über die Geschlechter, die Krankheit und den Tod), die zeigen, zu welch einfachen und zugleich von tiefem Verständnis geprägten Aussagen auch Kant durchaus fähig war:

»Habituell zur Fröhlichkeit gestimmt zu sein, ist zwar mehrenteils eine Temperamentseigenschaft, kann aber auch oft eine Wirkung von Grundsätzen sein; wie Epikurs, *von anderen so genanntes und darum verschrieenes* Wohllusterprinzip, *was eigentlich das* stets fröhliche Herz *des Weisen bedeuten sollte. –*

Gleichmütig *ist der, welcher sich weder erfreut noch betrübt, und von dem, der gegen die Zufälle des Lebens* gleichgültig, *mithin von stumpfem Gefühl ist, sehr unterschieden ...«*

»... Empfindsamkeit *ist jener Gleichmütigkeit nicht entgegen. Denn sie ist ein* Vermögen *und eine* Stärke, *den Zustand sowohl der Lust als Unlust zuzulassen, oder auch vom Gemüt abzuhalten, und hat also eine Wahl ...«*

»Von dem Schmerz, über dem man vorsetzlich als einem, der nie anders als mit dem Leben aufhören soll, brütet, sagt man, daß jemand sich etwas *(ein Übel)* zu Gemüte ziehe. – *Man muß sich aber nichts zu Gemüte ziehen; denn was sich nicht ändern läßt, muß aus dem Sinn geschlagen werden: weil es Unsinn wäre, das Geschehene ungeschehen machen zu wollen. Sich selbst bessern geht wohl an, und ist auch Pflicht; an dem aber, was schon außer meiner Gewalt ist, noch bessern zu wollen, ist ungereimt ...«*

Zusammenfassung:

Die »Philosophie an sich« dient nicht automatisch einer ausgeglichenen Seelenstimmung und einer guten Gesundheit. Sonst wären alle Philosophen seelisch und körperlich gesund gewesen, was nicht der Fall ist. Um die Philosophie in der Praxis für das eigene Wohlbefinden einsetzen zu können, sollte sie im Sinne der »Psycho-sophie«, der Suche nach »Seelen-Weisheit« betrieben werden. Dazu ist es nötig, die Spreu vom Weizen zu trennen und nach jenen philosophischen Gedanken Ausschau zu halten, die uns helfen können, Probleme zu lösen. In der Philosophischen Hausapotheke haben wir einen Teil dieser Arbeit für Sie erledigt. Wir bieten Ihnen gewissermaßen die philosophischen »Perlen« an, die besonders gut dazu geeignet sind, negatives Denken zu durchbrechen. Natürlich erhebt die Philosophische Hausapotheke dabei keinen Anspruch auf Vollständigkeit. Bei fast jedem Philosophen finden sich edle Gedanken und wertvolle Einsichten, so daß es sich für Sie lohnen kann, selbst auf die Suche zu gehen und herauszufinden, welche Philosophen besonders gut zu Ihnen passen.

IX

Vom Umgang mit philosophischen »Kraftgedanken«

Wir wollen an dieser Stelle noch einige Worte zur »Praxis« der Philosophischen Hausapotheke sagen. Das Ziel der »Hausapotheke« besteht ja letztlich darin, neue Einsichten zu gewinnen und mit etwas mehr Muße zu leben. Nun ist »Muße« ein recht altes Wort, das etwas aus der Mode gekommen ist. Heute wird »Muße« oft mit »Dolce far niente«, dem »süßen Nichtstun« gleichgesetzt, was die Bedeutung von »Muße« ebensowenig trifft wie »Freizeit« oder »Ruhe«.

Tatsächlich ist die nötige »Muße« im Grunde die Voraussetzung dafür, zu sich selbst zu finden, sich kreative Gedanken über sein Dasein zu machen und sich zu guter Letzt selbst zu verwirklichen. »Muße« beinhaltet, den nötigen Abstand zu den Wirrnissen des täglichen Lebens zu gewinnen. Dieser Abstand ermöglicht es dem heutigen Menschen ebenso wie dem antiken Philosophen, sich aus gesellschaftlichen Abhängigkeiten und dem damit verbundenen Streß zu befreien. So ist die Muße im übrigen auch ein gutes Mittel gegen Suchtverhalten und Konsumzwänge, vor allem aber ein Weg zu mehr Freiheit und Unabhängigkeit.

Jede Philosophie, die darauf ausgerichtet ist, gesunde und förderliche Gedanken zu entwickeln und mehr Klarheit in die Verwirrung, der wir im Laufe unseres Lebens naturgemäß immer wieder mal zum Opfer fallen, zu bringen, ist grundsätzlich heilsam und hilfreich. Die wichtigste »Regel«, die wir

Ihnen an die Hand geben können, lautet, daß Sie sich genug Zeit und Muße für die Philosophie nehmen sollten.
Wir leben heute in einer relativ hektischen Welt mit vielen Reizen und mannigfaltigen Ereignissen, über die wir täglich ohne Unterlaß durch die Medien informiert werden. Je mehr Unruhe herrscht, desto schwieriger wird es jedoch, die Dinge klar und mit dem notwendigen Abstand zu sehen. Wenn Sie von den Ideen, die wir Ihnen in der Philosophischen Hausapotheke vorstellen, wirklich profitieren wollen, so sollten Sie sich daher einfach ein bißchen Zeit nehmen. Am günstigsten wäre es natürlich, wenn Sie die Beschäftigung mit der Philosophie als eine Möglichkeit ansehen, dem zuweilen etwas grauen Alltag zu entfliehen und sich eine kleine Insel der Ruhe zu schaffen.
Was den Umgang mit philosophischen »Kraftgedanken« betrifft, so sollten Sie sich darüber im klaren sein, daß Worte auf verschiedenen Ebenen wirken. Sie können einen Satz rein intellektuell verstehen, was noch nicht bedeutet, daß sie ihn auch wirklich für Ihr Leben umsetzen können. Die philosophischen Aussagen, die wir im folgenden zitieren werden, können nur dann wirklich zu aufkeimenden Samen werden, wenn Sie sie achtsam und behutsam »einpflanzen«. In diesem Zusammenhang wollen wir Sie hier deshalb nochmals darauf aufmerksam machen, daß der Untertitel des vorliegenden Buches »Mit Kant *gegen* Kopfschmerzen« lautet und daß es daher überhaupt nicht darum geht, sich nun in irgendeiner Weise den Kopf zu zerbrechen. Ziel der Philosophischen Hausapotheke ist ja lediglich, »gesunde«, positive Gedanken zu entwickeln, um die Dinge klarer sehen zu können. Dadurch können Sie den Abstand zu Ihrem aktuellen Problem vergrößern und die Identifikation mit ihm abschwächen.
Sie können zerstörerische Emotionen unterbinden, wenn

Sie ihnen kreative Gedanken entgegensetzen. Und mit jedem Mal, wo Sie sich darin üben, neue Blickwinkel auszuprobieren, werden Sie sich ganz von selbst in der Weisheit »üben«. Daß es sich lohnt, aus einer oberflächlichen Betrachtungsweise auszubrechen und die üblichen Reaktionsketten zu beenden, die uns daran binden, auf unangenehme Ereignisse mit Ärger, Wut oder Verzweiflung zu antworten, das lesen wir schon bei Buddha, der ja nicht nur Religionsstifter, sondern auch Philosoph war: *»Ein einziger Tag im Leben eines Menschen, der die Weisheit und die Kontemplation pflegt, ist besser als hundert Jahre im Leben eines Menschen, der sich unweise verhält und seine Gedanken nicht unter Kontrolle hat.«* (Dhammapada, VIII).

Wie aber pflegt man die Weisheit und die Kontemplation? Denn das ist auch für den Umgang mit philosophischen Gedanken die große Frage! Sicher nicht, indem man sich den Kopf zerbricht und Probleme »wälzt« oder in Grübelei verfällt. Eher kommen wir der Sache auf die Spur, wenn wir an das Wort »Kontemplation« denken, denn Kontemplation heißt nichts anderes als innere Sammlung und beschauliches Nachdenken. Und dazu braucht man Zeit oder besser gesagt Muße.

Wenn Sie beispielsweise ein Problem damit haben, daß Sie Ihre Begierden nicht unter Kontrolle haben und diese Ihnen immer wieder einmal ein Schnippchen schlagen, werden Sie vielleicht im »A-Z-Teil« nachschlagen und irgendwo folgenden Satz finden: *»Deine Begierden ... werden am sichersten eingeschläfert und endlich gar überwunden, wenn man ihnen freies Feld läßt. Sie reiben sich selbst auf.«* Der Satz stammt natürlich nicht von uns, sondern von Gotthold Ephraim Lessing (Miss Sara Sampson, II, 3).

Was machen Sie jetzt aber konkret mit diesem Satz? Wie können Sie davon profitieren? Nun – ganz einfach: Zunächst lesen Sie ihn ja einmal und automatisch wird Ihr Geist den Satz zu verstehen und einzuordnen versuchen. Es geschieht also erst einmal ganz von selbst etwas. In der Folge werden Sie schnell intuitiv entscheiden, ob Sie mit diesem Zitat etwas anfangen können oder ob es Ihnen im Moment nichts »sagt« und Sie dann vielleicht gleich weiterlesen.

Um wirklich zu philosophieren ist es jedoch nötig, den Satz ein wenig in Ihrem Geist zu bewegen und ihn in Bezug zu Ihrem Leben zu setzen. Sie könnten diesbezüglich beispielsweise einige Fragen stellen. Die erste Frage sollte dabei immer lauten: »Stimmt die Aussage überhaupt? Stimmt das, was da – in diesem Fall von Lessing – behauptet wird?« Oft läßt sich dies nicht ohne weiteres beantworten, und somit ist es sinnvoll, weitere Fragen zu stellen: »Ist die Aussage allgemeingültig, oder trifft sie für manche Menschen zu und für andere nicht? Und wenn letzteres der Fall sein sollte, trifft sie dann *für mich* zu oder nicht? Habe ich schon einmal die Erfahrung gemacht, daß das, was behauptet wird, stimmt – ist es also, um bei unserem Beispiel zu bleiben, tatsächlich so, daß ich irgendwann in meinem Leben meinen Begierden freien Lauf gelassen habe und sie sich dadurch aufgelöst hätten?«

Und natürlich können Sie noch weiter fragen: »Was gibt es überhaupt für Begierden? Welche davon sind normal und welche könnten meiner Entwicklung schaden? Ist das, wonach ich mich sehne, vielleicht Ersatz für etwas anderes, das mir fehlt? Wie fühle ich mich, wenn ich meiner Lust nachgebe, und wie, wenn ich ihr widerstehe? Was fühlt sich besser an? Und was hindert mich eigentlich daran, Freiheit von meiner Begierde oder Sucht zu erlangen? Ist Lessings Vorschlag nicht eher gefährlich, denn immerhin könnte es doch auch sein, daß das Ausleben der Begierde diese verstärkt ...?«

Um noch konkreter zu werden, sollten Sie schließlich darüber »meditieren«, welche Möglichkeiten es gibt, die geäußerten Ideen in die Tat umzusetzen. Überlegen Sie sich, ob es irgendeinen Bereich Ihres täglichen Lebens gibt, der sich für ein kleines Experiment eignet. Vielleicht mag auch ein Tagebuch dabei behilflich sein, Resultate und Erfahrungen zu überprüfen.

Im vorliegenden Beispiel könnten Sie beispielsweise versuchen, *einer* bestimmten Gier Tür und Tor zu öffnen. Wenn Sie etwa eine Schwäche für Fernsehen oder Sahnetorten haben, so versuchen Sie doch einmal, eine Woche lang täglich mindestens 12 Stunden lang fernzusehen beziehungsweise täglich zum Frühstück, Mittag- und Abendessen beträchtliche Sahnetorten-Portionen zu verspeisen. Und dann schauen Sie mal, ob Lessing nicht vielleicht doch recht hatte ...

Wie Sie sehen, gibt es viele Möglichkeiten, philosophische Gedanken in seinem Geist zu bewegen und sie dann auch im Alltag umzusetzen. Alles, was man dafür benötigt, ist ein wenig Kreativität und Experimentierfreude sowie die Lust, Gedanken weiterzuverfolgen und nach Lösungen zu suchen.

Ferner kann auch die Bereitschaft, seinen eigenen Standpunkt in Frage zu stellen, nicht schaden. Wenn Sie in bestimmten Momenten, die immer wieder auftauchen, zum Beispiel verkrampft reagieren, können Sie einmal versuchen, den Standpunkt eines Menschen, der sehr gelassen ist und Nerven wie Drahtseile hat, einzunehmen. Vielleicht müssen Sie dazu zunächst ein wenig schauspielern, doch Sie werden bemerken, daß es durchaus möglich ist, übliche Verhaltensweisen, die wir uns irgendwann einmal antrainiert haben, zu verändern. Und was das Beste ist: Das Ganze kann wirklich Spaß machen.

Die von uns gesammelten Gedanken sind im Grunde nichts anderes als Vorschläge. Sie enthalten ein Potential, das Sie dazu anregen kann, neue Wege auszuprobieren und eine Verwandlung zu bewirken. Allerdings bleibt es Ihnen nicht erspart, sich Ihre eigenen Gedanken zu machen und auf spielerische, entspannte Weise mit den Vorschlägen umzugehen. Lassen Sie Ihrer Phantasie freien Lauf. Wenn Sie Lust haben, einige der vorgestellten philosophischen Ideen auswendig zu lernen und sie innerlich immer wieder einmal zu wiederholen, damit sie ihre Wirkungen auch im Unterbewußtsein entfalten können, so tun Sie das doch einfach. Wenn Sie den ein oder anderen Gedanken überschlafen wollen, bevor Sie sich entscheiden, ob Sie ihn »weiterspinnen« möchten, dann gute Nacht – schlafen Sie gut. Und wenn es Ihnen eher liegt, bei einem bestimmten Philosophen nachzulesen, der Sie interessiert, können Sie einmal einen Blick auf die Literaturempfehlungen im Anhang werfen.

Zusammenfassung:
Um den höchstmöglichen Gewinn aus den philosophischen Zitaten, die wir in diesem Buch für Sie zusammengetragen haben, zu erzielen, können Sie einige »lockere Regeln« befolgen, als da lauten:

- Nehmen Sie sich genug Zeit für die Philosophie. Nur mit der nötigen Ruhe und Muße, können Sie wirklich ins Philosophieren hineinkommen und Spaß an der Sache finden.
- Machen Sie sich keinen Streß. Auch wenn es um Probleme geht, die Sie derzeit belasten, sollten Sie sich von jeder Art von Grübelei und Kopfzerbrechen befreien, da Sie die Dinge sonst nicht klar sehen können.
- Nehmen Sie philosophische Gedanken nicht nur intellektuell, sondern auch mit dem Herzen auf.

- Lesen Sie die Zitate nicht nur, sondern gehen Sie ihnen auf den Grund. Stellen Sie dazu Fragen, die Ihnen dabei helfen, zu erfahren, inwiefern die aufgezählten Aussagen zutreffen und inwiefern Sie sie praktisch umsetzen können.
- Gehen Sie kreativ und phantasievoll mit der Philosophie um. Nur Sie selbst kennen sich gut genug, um zu wissen, was das richtige für Sie ist. Sie können eher analytisch oder auch meditativ vorgehen, Sie können Gedanken »weiterspinnen« und entwickeln oder sie unterbewußt wirken lassen.
- Last but not least: Wenn Sie das Gefühl haben, daß Ihnen die Aussagen bestimmter Philosophen besonders gut gefallen, könnte es gut sein, daß deren jeweilige Philosophie Ihnen besonders gut liegt. In diesem Fall wäre es natürlich schlau, sich die entsprechenden Bücher zu besorgen.

X

Die wichtigsten Prinzipien der »Philosophischen Hausapotheke« auf einen Blick

Bevor wir im nun folgenden Hauptteil einige der häufigsten seelischen Probleme ansprechen und Lösungsanregungen geben wollen, möchten wir an dieser Stelle nochmals kurz einen Überblick über die wichtigsten Aussagen und »Grundregeln« der Philosophischen Hausapotheke anbieten. Mit dieser Zusammenfassung ist die praktische Anleitung gewissermaßen abgeschlossen. Sie wissen nun, welche Art von Philosophie Ihnen nützlich ist und welche Sie weniger gut gebrauchen können, um positive Veränderungen zu bewirken. Auch wissen Sie inzwischen einiges über die Zusammenhänge zwischen Denken, Fühlen und Körper, und Sie haben erfahren, wie man am besten mit philosophischen »Kraftgedanken« umgeht.

Aus diesen Gründen werden wir Sie im nun folgenden Teil nicht weiter mit praktischen Anleitungen bombardieren, sondern Ihnen genug Raum geben, sich Ihre eigenen Gedanken zu machen. Bei unseren Kommentaren zu philosophischen Zitaten handelt es sich wie gesagt um Anregungen und Veranschaulichungen. Sie können eine Brücke zwischen philosophischen Gedanken und dem alltäglichen Leben schlagen. Es sei jedoch nochmals ausdrücklich betont, daß es sich hierbei nicht um Patentrezepte und schnelle Lebenstips handelt, da dies ganz und gar nicht im Sinne der Philosophie, der Liebe zur Weisheit, wäre.

Es hilft nichts, denn Kant hatte schon recht, als er in seiner »Anthropologie in pragmatischer Hinsicht« die erste Grundregel für das Philosophieren aufstellte, die da lautet: *selbst denken!* Und so bleibt uns nichts anderes übrig, als daß wir uns immer wieder einmal unsere eigenen Gedanken machen. Denn erstens können sich auch die größten Philosophen irren. Zweitens mag ein und dieselbe Einsicht einem Menschen die Erleuchtung bringen, während sie bei einem anderen lediglich den Gähnreflex auslöst. Drittens mag ein Satz, der uns heute banal oder unsinnig vorkommt, vielleicht schon morgen hilfreich sein.

Die wichtigsten Prinzipien auf einen Blick:

- Die Philosophische Hausapotheke ist weder ein schwer lesbares Philosophiewerk noch eine Einführung in die Philosophie, aber auch kein üblicher »Lebensratgeber« mit schnellen Lösungstips und Patentrezepten.
- Der Philosophischen Hausapotheke liegt die Idee zugrunde, daß psychische Probleme in Form von Ängsten, Sorgen, Neid oder Minderwertigkeitsgefühlen letztlich auch den Körper schädigen, was durch die Psychosomatik und die Psychoneuroimmunologie vielfach bestätigt wurde.
- Wenn glückliche und ausgeglichene Menschen selten krank werden, ist ein ausgeglichener Gemütszustand die wichtigste Voraussetzung für eine gute Gesundheit und ein gut funktionierendes Immunsystem.
- Ihre Gedanken haben eine nicht zu unterschätzende Auswirkungen auf Ihr Lebensgefühl. Negative Gedankenmuster wirken sich zerstörerisch aus, während aufbauende Gedanken Erfolg, Zufriedenheit, Glück und nicht zuletzt auch Gesundheit bewirken.
- Die Philosophie kann Ihnen dabei helfen, schädliche Denk-Gewohnheiten zu durchbrechen, indem sie Ihnen Im-

pulse gibt, die dazu beitragen, die eigene Sichtweise zu verändern und mehr Klarheit in die Gedanken zu bringen.

- Eine gewisse Berührungsangst ist im Hinblick auf die Philosophie verbreitet und verständlich, wenn auch oft unberechtigt. Wenn wir die Philosophie wörtlich, also als »Liebe zur Weisheit«, verstehen, können wir sie als Mittel einsetzen, unser Leben mit mehr Muße und innerer Ruhe zu leben und mehr Gelassenheit entwickeln.
- Nicht jede Art der Philosophie macht automatisch glücklich. In der Philosophischen Hausapotheke wurden daher vor allem jene Gedanken östlicher und westlicher Denker gesammelt, die sich besonders gut dazu eignen, positive Anregungen zu geben.
- Die Philosophische Hausapotheke hilft Ihnen dabei, Ihre eigene Lebensphilosophie zu überprüfen und zu optimieren. Je nachdem, welche Ansichten und Einstellungen Sie vertreten, kann Ihre persönliche Lebensphilosophie Sie einerseits unglücklich machen und hemmen, sie kann Ihnen andererseits aber auch ein wertvolles Werkzeug sein, um Probleme zu lösen und Zufriedenheit zu erlangen.
- Indem Sie philosophische Methoden anwenden und Ihre üblichen Meinungen und Reaktionen in Frage stellen, können Sie alternative Perspektiven entwickeln. Allein dadurch, daß Sie es sich angewöhnen, Probleme aus verschiedenen Blickwinkeln zu betrachten, können Sie mehr Abstand zu Ihrem Problem gewinnen und erhalten dadurch mehr Spielraum für neue Verhaltensweisen.
- In dem Maße, indem es Ihnen gelingt, »selbst zu denken«, anstatt lediglich gutgemeinte Ratschläge zu befolgen, können Sie die Zügel für Ihr Leben mehr und mehr selbst in die Hand nehmen und Vertrauen in Ihre eigenen Einsichten gewinnen.
- Die beste Garantie für ein entspanntes, glückliches und

gesundes Leben besteht in der Kultivierung der Seelen- oder Gemütsruhe. Das heißt, daß Sie Streß und psychische Anspannungen weitgehend vermeiden sollten. Die sinnvollste Möglichkeit, Streß zu vermeiden, besteht darin, ihn dort, wo er entsteht, gar nicht erst aufkommen zu lassen - im eigenen Geist. Während Sie die Menschen und Situationen, mit denen Sie es zu tun haben, kaum verändern können, können Sie die Bedeutung, die Sie den Dingen geben, durchaus verändern und dadurch Anspannungen lösen.

- Je mehr Sie sich mit der Philosophie oder besser gesagt mit der »Psycho-sophie«, also mit den psychologischen Aspekten der Philosophie beschäftigen, desto unwahrscheinlicher wird es, daß Sie zum Spielball der jeweils auftretenden Schwierigkeiten werden. Wenn Sie selbst die Regie übernehmen, wird es Ihnen leicht fallen, die Kontrolle zu bewahren, statt sich von plötzlich auftauchenden Emotionen aus der Ruhe bringen zu lassen.
- Wenn Sie sich mit philosophischen Gedanken beschäftigen, so sollten Sie es entspannt, locker und in spielerischer Weise tun. Sehen Sie die Einsichten großer Philosophen als kleine Meditationen an. Bewegen Sie ihre Gedanken nicht nur im Kopf, sondern auch im Herzen und lassen Sie zu, daß Sie wie von selbst verwandelt werden.
- Denken Sie daran: Philosophie muß nichts Anstrengendes und Kompliziertes sein. Vielmehr sollten Sie sie als eine Lebenskunst betrachten. Im Gegensatz zur Musik oder Malerei liegt das Ziel dieser Kunst jedoch nicht in der Erschaffung eines Kunstwerks. Ihr Ziel liegt vielmehr in einer reifen Persönlichkeit, die mit sich selbst zufrieden, ausgeglichen und lebendig ist, flexibel reagieren kann und aufgrund ihrer Einsichten und Ihres Verständnisses Weisheit erlangt hat, was durchaus nicht das Schlechteste ist, was einem Menschen passieren kann.

XI

Die Philosophische Hausapotheke von A bis Z

Die im folgenden aufgezählten Zustände haben eines gemein: Sie sind allesamt wenig wünschenswert. Es handelt sich nämlich durchwegs um Probleme, die im Leben kaum zu vermeiden sind, dessen ungeachtet jedoch oft so allerlei Kummer und Sorgen verursachen. Manche Philosophen haben sie teils als Charakterschwächen, moralische Fehler oder gar als »Untugenden« bezeichnet. Wir wollen das aber sein lassen, da solche wertenden Benennungen bei einigen Lesern unnötigerweise negative Gefühle erzeugen und den Eindruck erwecken könnten, daß etwas mit ihnen nicht ganz stimme.

Probleme sind an sich nicht sonderlich bedenklich, da sie für den Menschen ganz natürlich und normal und somit überaus weit verbreitet sind. Gleiches gilt für sogenannte Schwächen, Fehler oder Laster. Nichtsdestotrotz sollten wir uns natürlich tendenziell darum bemühen, jene negativen Aspekte, die uns seelisch belasten und unsere Gemütsruhe stören, aufzulösen. Nur auf diese Weise wird es gelingen, einen harmonischen Zustand in Körper und Seele und damit ein hohes Maß an Gesundheit und Wohlbefinden zu schaffen.

Entgegen einiger falscher Hoffnungen können störende Eigenschaften und unerfreuliche Seelenzustände langfristig nicht wirklich durch ein paar einfache Lebenstips gelöst werden. Die Anwendung philosophischer Rezepte und

Strategien ist naturgemäß etwas anspruchsvoller als das bloße Befolgen von guten Ratschlägen. So mögen denn auch Sätze wie »Kopf hoch, wird schon wieder« durchaus einmal aufmunternd gemeint sein; doch selbst wenn sie hier und da eine suggestive Wirkung haben, lösen sie meist keine Probleme, da sie die Sichtweise des Betroffenen wohl kaum von Grund auf verändern werden. Um die Anatomie eines Problems zu verstehen, bleibt nichts anderes übrig, als etwas genauer hinzusehen und sich ein paar Fragen zu stellen, was bedeutet, daß hier »philosophisch« vorzugehen ist.

Wie sich noch zeigen wird, sind einige der unten aufgelisteten »seelischen Quälgeister« weniger prinzipiell als vielmehr subjektiv problematisch. Nicht jeder sieht in einem allgemein als großes Problem empfundenen Zustand automatisch ein Hindernis für seine seelische Zufriedenheit und seine körperliche Gesundheit. Während beispielsweise die Tatsache des Älterwerdens manche Menschen zutiefst beunruhigt, können andere sich durchaus mit der Aussicht anfreunden, die Dinge mit der Zeit etwas ruhiger angehen und die Albernheiten jugendlichen Übermuts hinter sich zu lassen.

Zwei andere Beispiele: 1. Während manch einer keinen größeren Wunsch hat, als seine Eifersucht zu überwinden, mag diese für andere als Liebesbeweis oder doch zumindest als Würze in einer ansonsten etwas fad gewordenen Beziehung gelten. 2. Während Abertausende ihre Faulheit und Trägheit als Hindernis für ihr Fortkommen sehen und gegen sie ankämpfen, erscheint sie manchen als natürliche Schutzfunktion gegen Überanstrengung und sinnloses, hektisches Treiben.

Wie Sie sehen, sind die Dinge immer differenziert zu sehen. Dies gilt natürlich insbesondere bei jeder Art der

philosophischen Betrachtung. Es ist daher übrigens auch kein Versehen der Autoren, sondern vielmehr reine Absicht, wenn die zitierten Philosophen zu ein und demselben Problem teilweise höchst unterschiedliche Auffassungen vertreten werden. Es ist gut zu wissen, daß es im folgenden nicht darum gehen kann, darf und wird, Weisheit mundgerecht zu servieren. Schließlich ist Weisheit nicht leicht mit Löffeln zu essen, sondern eher als günstiges Ergebnis eigenen, kreativen Denkens und einer entspannten Lebenseinstellung anzusehen.
Wir haben uns im folgenden redlich bemüht, einer Fülle von menschlichen Schwierigkeiten eine bunte Vielfalt philosophischer Gedanken gegenüberzustellen und zudem noch die ein oder anderen Anregungen zu deren Gebrauch zu geben. Darüber hinaus sind Sie jedoch herzlich dazu eingeladen, sich Ihre ganz und gar eigenen Gedanken zu machen, denn das Schöne an der Philosophie und der Suche nach Wahrheit ist ja, daß es keine Patentrezepte geben kann. Jeder darf und muß sich letztlich seinen eigenen Reim machen und für sich selbst herausfinden, wie sein persönlicher Weg zu mehr Gelassenheit, Zufriedenheit und Seelenruhe aussieht, da sich eines bekanntlich nicht für alle schickt.

Abhängigkeit ➛ Unfreiheit

Abschied ➛ Trennung

Alter – »blühend aber ist dein Geist ...«

Während kleine Kinder im Hinblick auf ihren jeweils bevorstehenden Geburtstag noch mit einer aufregenden Mischung aus Ungeduld und Vorfreude reagieren, die bei ihnen sonst höchstens noch kurz vor dem planmäßigen Eintreffen des Weihnachtsmanns zu beobachten ist, nimmt diese beneidenswerte Gefühlsregung bei den meisten von uns recht früh, bei anderen später, im allgemeinen jedoch so etwa ab dem dritten, vierten oder fünften Lebensjahrzehnt rapide ab.

Niemand wird gerne alt. Sollten Sie also ein Problem mit dem Älterwerden haben, ist das zunächst einmal ganz normal. Warum sollte es Ihnen auch anders gehen als Abertausenden Ihrer Leidensgenossen? Man kennt das ja: Da wird die Beleuchtung beim allabendlichen Badezimmerritual um den Spiegel herum so weit gedämpft, daß zumindest die gröbsten Falten dem Blick ins eigene Angesicht verborgen bleiben. Eine kleine Legion von Antifalten-, Antiorangenhautcremes, Feuchtigkeitslotionen, Pudertöpfchen, Zahnbleich- und Haarfärbemitteln wurde im Badezimmerschränkchen stationiert, bereit, den aussichtslosen Kampf gegen die Jahre anzutreten. Massagebürsten werden gekauft, Fitneßstudios gebucht, Ananas-Diäten ausprobiert oder ähnliche, zumindest aus philosophischer Sicht gesehen, recht fragwürdige Dinge getan.

Solange Sie die Altersflucht mit dem nötigen Humor betreiben, besteht kein Anlaß zur Sorge. Der Grund dafür, daß wir uns entschlossen haben, dem Thema Alter an dieser Stelle einen Abschnitt zu widmen, ist der, daß es für viele Menschen ein großes Problem ist, den langsam fortschreitenden Verfall ihrer Jugend am eigenen Leibe mit ansehen zu müssen.

»Wenige Menschen verstehen sich darauf,
alt zu werden.«
(François de La Rochefoucauld,
Réflexions morales, 423)

Um sie vorwegzunehmen folgt nun: 1. die schlechte Nachricht, die da lautet: »Sie werden älter!« und 2. sogleich die gute hinterher – siehe dazu: 1. die schlechte Nachricht.
Das Älterwerden, und das ist das Tröstliche, ist an sich weder gut noch schlecht, doch immerhin eher erstrebenswert, es sei denn, daß Sie lieber früh sterben möchten, was Ihnen natürlich frei steht und was es ja zuweilen geben soll. Dennoch ist Alter an sich keine Strafe und auch keine vom Lieben Gott böswillig eingefädelte Schikane.
Im Grunde ist es unsinnig, das kommende Alter zu bekämpfen. Ebenso könnte man, so man die entsprechende Anschrift hätte, einen Beschwerdebrief einreichen und fordern, daß wenigstens dieses Jahr einmal eine Ausnahme gemacht werden solle und dem Frühling statt des Sommers der Herbst zu folgen habe, da man persönlich eine Abneigung gegen hohe Außentemperaturen hege.
Die Tatsache, daß auf die Jugend die Lebensmitte und schließlich der Lebensabend folgt, ist unumstößlich. Wie bei allen derartigen Tatsachen, wird ein Weiser oder Weisheitsliebender sich davor hüten, gegen sie anzukämpfen, um schließlich doch nur an ihnen zu verzweifeln und dadurch lange vor seiner Zeit alt und grau zu werden. Statt dessen wird er versuchen, die Dinge realistisch zu sehen und das Beste aus ihnen zu machen.

»Wird der Mensch geboren,
ist er weich und zart,
wenn er stirbt,
ist er fest und hart.
Lebendig sind die zehntausend Dinge, Gräser, Bäume
biegsam und zart,
tot sind sie vertrocknet und starr.

Daher ist, was hart und starr ist,
Begleiter des Todes,
was weich und zart ist,
Begleiter des Lebens.«
(Laotse, Tao Te King, 76)

Zwar lehnen sich viele gegen das Altwerden auf, doch nur wenige machen sich tiefergehende Gedanken darüber, gegen was sie da eigentlich ankämpfen. Was ist überhaupt Alter, was Jugend? Ist Alter eine Frage nach der Anzahl der Jahre? Ist man so alt, wie man sich fühlt – um die entsprechende Binsenweisheit zu bemühen? Ist Alter eine Sache, die sich ausschließlich auf den Körper bezieht, oder gibt es auch einen seelischen oder geistigen Alterungsprozeß? Geht es Ihnen heute schlechter als vor zehn Jahren, weil Sie heute um diese Differenz älter sind? Gibt es überhaupt einen Zusammenhang zwischen Alter und Glück? Und wenn ja, wie sieht er aus?

Wie Sie sehen, ist es manchmal gar nicht so einfach, die Dinge, die die Menschen unglücklich machen, auch nur annähernd vernünftig zu definieren. Um beim »Tao Te King« zu bleiben: Laotse tut nichts anderes, als auf Zusammenhänge hinzuweisen. Seine Beobachtung ist, daß Jugend etwas mit Flexibilität, Zartheit, Biegsamkeit und Weichheit – Tod hingegen mit Starre, Härte, Trockenheit und Unbeugsamkeit zu tun hat. Von »Alter« ist wohlgemerkt gar nicht mal die Rede.

Ein Mensch, der flexibel, interessiert und aufnahmefähig bleibt, der einer Tätigkeit nachgeht, die ihn begeistert und sein Leben zu genießen versteht, ist auch mit 80 Jahren noch nicht alt. Daran ändern auch ein paar Falten und körperliche Wehwehchen nichts. Alter ist weniger ein biologischer als ein psychologischer Prozeß. Wer sich keine Ge-

danken über die Zahl seiner Jahre macht, wird kaum ein Problem mit dem Altwerden haben.
Hingegen machen Sorgen um das Alter schnell alt. Und diese Sorgen werden leicht genährt. Beispielsweise durch altbekannte Gesellschaftsspielchen. Sie wissen schon, solche Sätze wie: »Was? Sooo alt bist du schon. Das sieht man dir aber gar nicht an – hätt' ich wirklich nicht gedacht, du siehst ja mindestens x Jahre jünger aus!« (x entspricht dabei der Variablen, die es dem feinsinnigen Beobachter ermöglicht, den Unterschied zwischen Sympathie, Höflichkeit, Lüge und blanker Ironie zu erkennen).
So nett und wohlgemeint ein derartiger Austausch von Höflichkeiten auch sein mag, so hat er doch einen psychologisch ungünstigen Effekt: Zu leicht mag dadurch der Eindruck entstehen, daß es unheimlich wichtig ist, jung zu sein oder wenn man es schon nicht ist, wenigstens so auszusehen. Doch es gibt auch andere Sichtweisen.

»Ich habe die Bemerkung gemacht,
daß der Charakter fast jedes Menschen einem Lebensalter
vorzugsweise angemessen zu sein scheint,
so daß er in diesem sich vorteilhafter ausnimmt.
Einige sind liebenswürdige Jünglinge,
und dann ist's vorbei, andere kräftige, tätige Männer, denen
das Alter allen Wert raubt. Manche stellen sich
am vorteilhaftesten im Alter dar, als wo sie milder,
weil erfahrener und gelassener sind.«
(Arthur Schopenhauer,
Aphorismen zur Lebensweisheit)

Manche Menschen fühlen sich nur wohl, solange sie jung sind. Sie denken Ihr Leben lang sehnsuchtsvoll an den

ersten Kuß, die erste Naßrasur und die vermeintlichen Glücksmomente der »Sturm-und-Drang-Zeit« zurück.
Andere hatten eine Kindheit und Jugend, auf die sie liebend gern verzichten würden. Im mittleren Alter gelingt es ihnen, sich aus Abhängigkeiten zu befreien, unliebsame Erziehungspersonen endgültig aus ihrem Bewußtsein zu verdrängen, sich selbständig zu machen, viel Geld zu verdienen, zu heiraten, Kinder in die Welt zu setzen und zu erreichen, was das menschliche Herz sonst noch so alles begehren mag. Jugend und Alter sind ihnen ein Graus.
Die dritte von Schopenhauer aufgestellte Gruppe sind diejenigen, die erst so richtig aufblühen, wenn sie die Lebensmitte deutlich überschritten haben. Glücklich, der mehr oder weniger verhaßten Arbeitswelt entkommen zu sein und die Dinge nun etwas ruhiger angehen zu lassen, fallen ihnen plötzlich ganz neue Interessen und Betätigungen ein, für die sie nie die Zeit hatten – und tatsächlich scheinen sie von Tag zu Tag jünger zu werden.
Ebenso wie es Frühaufsteher und Nachtmenschen gibt, richten manche Menschen ihr Augenmerk ganz auf die Jugend, während andere sich einfach wohler fühlen, wenn sie das Schlimmste hinter sich haben. Daran erkennen wir, daß das Problem nicht daran liegt, daß wir älter werden, sondern in der Bedeutung, die wir dem Älterwerden beimessen. Und hier liegt dann eigentlich auch der Hund begraben, denn für viele von uns ist diese Bedeutung ganz und gar negativ besetzt.
Die große Angst vor dem Alter ist bei genauerer Betrachtung oft die Angst vor dem Tod, noch häufiger die Angst, an Attraktivität einzubüßen. In unserer Werbespot-Gesellschaft ist nicht viel Platz für reife und betagte Menschen. Während die Medien diktieren, daß der ideale Mensch jung, allzeit lächelnd, dynamisch, frisch und konsumwahnsinnig zu sein

habe, schleicht sich bei allen, die nicht diesem Idealbild entsprechen, Angst ein. Diese Angst ist nur allzu verständlich. Der Wettlauf gegen die Falten ist dort, wo »Alt-Sein« mit »Out-Sein« verbunden wird und wo der Wunsch nach ewiger Jugend täglich neu genährt wird, kaum zu vermeiden.
Wie können Sie die Angst vor dem Alter nun aber am besten auflösen? Nur indem Sie sich der Tatsache stellen, daß Sie, wie alle anderen, älter werden, darüber hinaus die Gefühle, die Sie mit dem Altwerden verbinden, überprüfen und diese wo nötig positiv verändern. Denken Sie daran: Alter ist vor allem Ansichtssache. Es gibt schließlich immer wieder ausgesprochen glückliche Neunzigjährige, woraus folgt, daß selbst hohes Alter nicht zwingend zu Verdruß führt, während es andererseits eine Menge außerordentlich unglücklicher junger Menschen gibt.
Nun sind beim Älterwerden tatsächlich sogar einige ausgesprochene Vorteile zu beobachten, und dies ist nun der richtige Moment, auf diese Vorzüge hinzuweisen.

»Es ist sicher ein Vorzug des Alters,
den Dingen der Welt ihre materielle Schärfe
und Schwere zu nehmen und sie
mehr in das innere Licht der Gedanken zu stellen,
wo man sie in größerer,
immer beruhigender Allgemeinheit übersieht.«
(Wilhelm von Humboldt,
Briefe an eine Freundin, 2, 56)

Sind die Dinge der Welt erst einmal in all ihren Facetten und Tücken erfahren worden, stellt sich oft eine wohltuende Gelassenheit ein. Tatsächlich finden sich Eigenschaften wie Gelassenheit, innere Ruhe und eine entsprechende Portion Humor in bezug auf die kleineren Dramen menschlichen Lebens sehr viel häufiger beim reifen Menschen.

Jung und dumm ist, wem es an Lebenserfahrung mangelt, wohingegen Reife und Erkenntnis selten vor der Lebensmitte eintreffen und ihren Höhepunkt meist erst während der sogenannte Lebensneige erreichen. Dabei sind Begriffe wie »Lebensneige« oder »Blütezeit des Lebens« mit Vorsicht zu genießen, da sie leicht in die Irre führen. Wo beginnt die »Lebensneige« bei einem Menschen, der 100 Jahre alt wird? Wo bei jemandem, der als Jugendlicher einer tödlichen Krankheit zum Opfer fällt? Mit der »Blütezeit« ist es auch nicht leicht. Bezieht sich der Begriff auf sexuelle Potenz und Fruchtbarkeit, so können wir der Verzweiflung schon anheimfallen, sobald wir die 20 überschritten haben, denn biologisch gesehen, ist die »beste« Zeit dann bereits vorbei. Andererseits erlebten viele Künstler und Wissenschaftler den Höhepunkt ihres Erfolges, ihre Blütezeit, beispielsweise erst in relativ oder außerordentlich hohem Alter.

Doch kommen wir nochmals auf die Vorzüge des sogenannten Alters zurück:

»In der Jugend gilt es, die Weisheit zu erlernen.
Das Alter ist die Zeit, sie auszuüben.«
(Jean-Jacques Rousseau, Émile)

Erfahrungsgemäß ist das Alter die beste Zeit für Philosophie, Besinnung, Entspannung und Meditation. In der Jugend haben wir meist anderes um die Ohren. Vor allem aber fehlt es da an der wertvollen Zeit, die dem Menschen jenseits der 60 oder 65 in sehr viel stärkerem Maße zur Verfügung steht. Wer diese Zeit recht zu nutzen weiß, kann in der Muße Einsichten und Erkenntnisse gewinnen,

die dem jungen Menschen nur in Ausnahmefällen zugänglich sind.
Natürlich schützt Alter nicht vor Torheit - egal wie alt Sie sind, wenn Sie den ganzen Tag vor dem Fernseher sitzen, keine anderen Menschen mehr treffen und sich mit Alkohol oder Boulevardzeitungen betäuben, werden Sie auch nicht automatisch zu einem Weisen werden. Ebensowenig macht Jugend jemanden automatisch zum Affen. Wir sprechen hier als ausschließlich von Chancen, ebenso wie Lessing, wenn er schreibt:

»Welche Freude, wenn es heißt:
Alter, du bist alt an Haaren,
blühend aber ist dein Geist.«
(Gotthold Ephraim Lessing,
Die siebenundvierzigste Ode Anakreons)

Da haben wir's also: von wegen »Blütezeit«. Aber wie dem auch sei, wenn es uns gelingt - und das ist durchaus im Bereich des Möglichen - in Würde alt zu werden, wohlwissend, daß die Welt mit uns altert, gleichzeitig unserem Geist gestatten, wach und aufnahmefähig oder, wie Laotse es ausdrücken würde, zart und beweglich zu bleiben, werden wir keinen Grund und keine Zeit mehr haben, uns zu sorgen. Dann ist es auch nicht wichtig, ob wir alt an Haaren (oder vielleicht könnte es bei Lessing auch »arm an Haaren« heißen) sind, denn ein blühender Geist tröstet über so manch ein Ungemach hinweg, und wer schlau ist, sollte ihn niemals gegen ein paar schnelle Beine oder eine makellose Gesichtshaut eintauschen.

Angeberei ➛ Hochmut

Angst – »ein Unbehagen des Gemüts...«

Angst gehört bei entsprechender Intensität sicherlich zu einem der unangenehmsten Gefühlszustände. Angst erzeugt Enge, läßt den Atem flach und schnell werden, führt zu einer Beschleunigung des Herzschlags und treibt einem den berüchtigten Angstschweiß auf die Stirn. Angst ist ein gutes Beispiel für die Macht des Denkens über Seele und Körper. Ein ängstlicher Mensch zieht die Schultern hoch, neigt zu Muskelverspannungen, einer beschleunigten Darmaktivität und anderen unliebsamen Beschwerden.

Angst hat viele Gesichter. Auf einige davon, wie Eifersucht, werden wir noch zu sprechen kommen. Angst zeigt sich unter anderem in Form von Furcht, Grauen, Schrecken, Alptraum, Phobie, Ängstlichkeit, Panikattacken usw. – nur bringt uns das alles leider nicht weiter. Es gibt in der Tat unglaublich viele Angstvarianten, wobei die körperlichen Reaktionen auf Angst aber immer sehr ähnlich sind. Darüber hinaus: Angst ist ein sehr weit verbreitetes Übel, und nie zuvor hatten die Menschen so viele verschiedene Ängste, wie in unseren Tagen.

Um uns von der Angst befreien zu können, müssen wir sie zuerst einmal erkennen und einiges über sie in Erfahrung bringen. Wie funktioniert Angst? Was steckt dahinter? Ist Angst berechtigt und sinnvoll oder einfach nur überflüssig?

Prinzipiell läßt sich die Angst ja einmal in zwei Kategorien einteilen. Zunächst sind da einerseits die konkreten Ängste, die viele von uns kennen: die Angst vor dem Fliegen, dem Zahnarzt, der Steuererklärung, Spinnen, Schlangen und ähnlichem Getier, vor Lehrern, Eltern, Verbrechern, Erkrankun-

gen oder vor einer ungewollten Schwangerschaft. Auf der anderen Seite gibt es aber auch unbestimmte Ängste, die in tiefen Schichten des Unterbewußtseins lauern und keinen konkreten Inhalt haben. Trotzdem können sie so intensiv werden, daß sie mitunter panische Zustände hervorrufen.
Natürlich gehören alle bedrohlichen Arten von Angst in die Hände eines erfahrenen Therapeuten. Dennoch läßt sich auch aus philosophischer Sicht einiges zum Thema Angst sagen, was dem ein oder anderen Betroffenen helfen kann, das Problem Angst etwas besser in den Griff zu bekommen.

»Angst ist ein Unbehagen des Gemüts
bei dem Gedanken an ein zukünftiges Übel, das uns mit
aller Wahrscheinlichkeit treffen wird.«
(John Locke,
Über den Menschlichen Verstand, 1, 2, 20, 10)

Eine von vielen möglichen Definitionen von Angst bietet uns der englische Philosoph, Pädagoge und Arzt John Locke an. Diese Definition ist insofern interessant, als sie gleich zwei Geheimnisse der Angst lüftet.
Erstes Geheimnis: In den allermeisten Fällen bezieht sich Angst auf etwas, was noch nicht eingetreten ist, ist also eine »Angst vor etwas«, genauer gesagt vor etwas Unangenehmem und Unerfreulichem. Angst ist also meist zukunftsbezogen. Die alten Germanen fürchteten sich davor, daß ihnen der Himmel auf den Kopf fallen könnte. Diese Furcht hegen heute nur noch wenige. Hingegen fürchten wir uns dafür vor dem Zahnarztbesuch, der Führerscheinprüfung, einer ärztlichen Diagnose, einem Bewerbungsgespräch oder einem Schreiben des Finanzamtes mit beigelegter Überweisungsaufforderung – allesamt Ängste, die den Germanen keine schlaflosen Nächte beschert haben. Dennoch beziehen

auch sie sich – ähnlich wie bei dem vermeintlichen Himmelseinsturz – auf Ereignisse, die noch eintreffen werden oder von denen dies zumindest angenommen wird. Die Angst vor dem, was gestern passiert ist, gibt es hingegen nicht. Zweites Geheimnis: Es sind die Gedanken, die die Angst oder, wie es bei Locke heißt, das »Unbehagen des Gemüts« erzeugen. Einzige Ausnahme bilden instinktive Ängste, die uns vor dem Fallen bewahren oder uns in Anbetracht eines sich uns rasant nähernden Lasters mit einem beherzten Sprung auf den Gehsteig reagieren lassen. Diese lebenserhaltenden Ängste, zu denen auch Angst vor Schmerzen oder plötzlichen lauten Geräuschen zählen und die einen Flucht- oder Kampfmechanismus auslösen, sind äußerst gesund. Ungesund und überflüssig sind hingegen Ängste vor Ereignissen, die nicht einmal mit Sicherheit eintreffen – und dazu gehören die meisten. Dabei sind es übrigens immer die Gedanken, die die Furcht erzeugen.

»Tatsächlich – hätte der Geist kein Vorgefühl der Zukunft
und müßte all seine Gedanken innerhalb
der Grenzen belassen, die unseren Lebensraum
umschließen, er würde sich nie durch so große Mühen
erschöpfen, nie durch so viele Sorgen und
schlaflose Nächte ängstigen, nie so oft den Kampf
auf Leben und Tod aufnehmen.«
(Cicero, Rede für den Dichter Archias)

Soviel wissen wir also schon einmal: Ängste beziehen sich sehr häufig auf das, was kommen wird oder kommen könnte, und sie werden durch das Denken erzeugt. Na immerhin. Ein Lösungsvorschlag, der diese beiden Aussagen berücksichtigt, könnte also ungefähr lauten: »Weniger an die Zukunft denken!«

Nun ist es jedoch leider alles andere als leicht, seine Gedanken »innerhalb der Grenzen zu belassen, die unseren Lebensraum umschließen«, um mit Cicero zu sprechen. Denn das hieße ja auch, sich ganz und gar auf das zu konzentrieren, was einem im jeweiligen Augenblick begegnet, und dazu ist eine beachtliche Disziplinierung des eigenen Geistes nötig. Wenn Sie nicht gerade mit gewissen Meditationstechniken arbeiten oder zufällig Zen-Mönch sind, wird es Ihnen wie den meisten Menschen ergehen: Ihre Gedanken werden von morgens bis abends relativ chaotisch um die unterschiedlichsten Themen kreisen, ohne daß Sie darauf allzu großen Einfluß hätten. Und natürlich wird Ihr Geist sich dabei auch immer wieder einmal in angstauslösende Gedanken verstricken. Obwohl es gut ist, zu wissen, daß die Konzentration auf die Gegenwart Sie vor manchen Ängsten bewahren kann, reicht diese Technik kaum aus, um der Vielzahl der Befürchtungen und Sorgen beizukommen, es sei denn, Sie würden diese »Technik der Konzentration auf das Unmittelbare« sehr konsequent anwenden.

Wie Sie wissen, ist es vor allem die *Richtung* unserer Gedanken, die über Angst oder Zuversicht, Unglück oder Zufriedenheit entscheidet. Wenn Sie also einige Korrekturen in der Richtung, in der sich Ihre Gedanken bewegen, bewirken könnten, könnten Sie bereits einen Großteil der Ängste verhindern. So können Sie beispielsweise versuchen, sich darauf zu konditionieren, daß ein angstauslösender Reiz sofort reflexartig durch einen positiven Gedanken überlagert wird, indem Sie jedesmal, wenn Sie Angst verspüren, etwas besonders Angenehmes tun.

Auch könnten Sie fragen, was denn eigentlich passieren würde, wenn das Befürchtete tatsächlich eintreten würde. Was ist das Schlimmste, was Ihnen dabei widerfahren könnte? Müßten Sie Ihr Leben lassen, einen Kredit aufnehmen oder eine Prüfung wiederholen? Wenn Sie sich in möglichst konkreter Form vorstellen, wie die beängstigende Situation sein wird, wenn sie tatsächlich eingetreten sein sollte, werden Sie bemerken, daß Ihr Leben in den meisten Fällen auch danach noch weitergehen wird. Manche Ängste lassen sich aber auch schon dadurch vermeiden, daß Sie genauer auf Ihre Handlungen und Worte achten.

»Tue nichts, wovon du weißt, daß es dir
Angst machen wird, sobald es dein Nachbar bemerkt.«
(Epikur, Spruchsammlung)

Nehmen wir Epikurs Satz allzu wörtlich, kommen natürlich nicht viele Ängste zusammen, die wir vermeiden können. Doch in erweiterter Form bedeutet der Satz, daß wir nach Möglichkeit alles unterlassen sollten, was uns später einmal einigen Ärger bereiten wird. Es geht also um die Konsequenzen, die für uns auf Grund unserer Handlungen zu erwarten sind. Wer eine Bank ausraubt, täglich fünf Schachteln Zigaretten raucht oder sich zu einem Seitensprung mit der Freundin seiner eigenen Lebenspartnerin hinreißen läßt, mag dadurch eine nicht unbeträchtliche Anzahl von Ängsten und Sorgen entwickeln, die er sich mit ein wenig Besonnenheit hätte ersparen können.
Eine weitere Möglichkeit, Angst aufzulösen, besteht natürlich noch darin, Mut zu entwickeln.

»Der Mut wirkt besser gegen das Unglück als die Vernunft.«
(Marquis de Vauvenargues, Réflexions morales)

Mut ist eine Eigenschaft, die viele schwierige Situationen entschärfen kann. Marquis des Vauvenargues spricht das Phänomen an, daß weniger den Vernünftigen als vielmehr

den Mutigen die Welt gehört. Es stimmt eben tatsächlich, daß »Frechheit siegt«. Vor allem trägt Mut aber dazu bei, die Angst loszuwerden – zumindest all jene Ängste, die damit zusammenhängen, daß wir uns etwas nicht trauen, und das sind nicht wenige.
Wer mutig ist, kann nicht gleichzeitig ängstlich sein, was wohl einleuchten dürfte. Glücklicherweise läßt Mut sich entwickeln. Der Schlüssel dafür liegt darin, sich den Situationen, die Ihnen Angst machen, zu stellen. Mit dieser Einstellung ist ein Erfolgserlebnis viel wahrscheinlicher, als wenn Sie sich von Ihrer Angst einschüchtern oder sogar lähmen lassen.

»Ungeachtet dessen, daß der Grund für die Angst
in einem Mangel an Erkennen liegt, findet man
es doch nicht der Mühe wert, die Erkenntnis zu besitzen,
um die Angst loszuwerden.«
(Seneca, Naturbetrachtungen, 6, 3)

Last but not least sei erwähnt, daß auch die Erkenntnis von Angst befreien kann, und das recht gründlich. Um diese Erkenntnis zu gewinnen, ist allerdings eine gewisse geistige Anstrengung und etwas Geduld erforderlich. Schließlich muß man an die Beantwortung so schwieriger Fragen gehen wie: »Kann das Unvermeidbare vermieden werden? Wenn Verlust, Krankheit, Tod und andere angstauslösende Momente Angelegenheiten des Schicksals sind, warum sollte dann soviel Energie in Form von Angst verschwendet werden, um ihnen, den Unausweichbaren, auszuweichen? Steckt hinter der Angst ein Mangel an Vertrauen in das Leben, den Lieben Gott oder – wem das lieber ist – ein Mangel an der Einsicht, daß die Dinge schon ihren Lauf nehmen werden? Ist Angst überhaupt dazu geeignet, das Unglück zu verhindern und genauer, welche Ängste sind dazu geeignet und welche sind es nicht? Ist Angst außerhalb unseres Denkens denkbar, oder ist sie vielleicht nur eine kurzweilige Beschäftigung unseres Geistes – ein Trick, um der Langeweile zu entkommen und Abwechslung in unseren Alltag zu bringen? Was hindert uns daran, die Angst aus unserem Bewußtsein zu entfernen? Haben wir vielleicht am Ende gar Angst vor einem Leben ohne Ängste?«

Leider sind Erkenntnisse nicht leicht durch schnelle Patentrezepte zu gewinnen. Es ist eben ein großer Unterschied, ob jemand lediglich Ratschläge befolgt oder sich seine eigenen Gedanken zu machen pflegt. Während die erste Methode recht bequem ist, ist natürlich fragwürdig, ob andere so viel Einsicht und Erkenntnis besitzen, daß sie uns durch ihre (wenn auch gut gemeinten) Tips wirklich weiterhelfen können. Im Gegensatz dazu können eigene Erkenntnisse natürlich nicht immer erzwungen werden. Wo sie sich allerdings einstellen, wo Probleme durchschaut und individuelle Lösungen für deren Bewältigung gefunden werden, wird der Effekt sehr viel beeindruckender sein.

Armut ➛ Materielle Nöte

Begehren – »das Wesen des Menschen ...«

Die Begierde ist süß. Süß wie Schokoladenpudding. Und überhaupt fragt sich, was die Begierde in einer Auflistung negativer Seelenzustände zu suchen hat. Ist Begehren etwas Schlechtes? Führt sie zu Leiden? Oder anders gefragt: »Kann denn Liebe Sünde sein?«

»Die Begierde ist das Wesen des Menschen.«
(Baruch de Spinoza, Ethik III, 49)

Na also, Spinoza geht sogar so weit, die Begierde gleich mit dem menschlichen Wesen schlechthin gleichzusetzen. Ein bißchen gewagt vielleicht, aber wir können das ja überall beobachten: Schon lange bevor ein Kindchen auch nur weiß, wie es heißt, begehrt es bereits heftig - und zwar die Nähe und Wärme seiner Mutter, ihre Milch oder, wenn's nicht sein darf, wenigstens die aus dem Fläschchen. Darüber hinaus oft mancherlei buntes Spielzeug, mit dem seine Verwandten es unterschwellig darauf stoßen, daß in der Welt viele lustige Dinge zu holen und davor natürlich zu begehren sind.
Tatsächlich ist die Begierde, der Wunsch, die Sehnsucht, das Haben-Wollen eine wesentliche und früh einsetzende, wie übrigens auch spät endende Eigenschaft des Menschen.

»Das Schönste auf Erden ist die Gerechtigkeit,
das Beste eine gute Gesundheit, das Süßeste aber,
wenn man bekommt, was man begehrt.«
(Aristoteles, Nikomachische Ethik 1, 8)

Nun erhält Spinoza auch noch Unterstützung von einem der ganz Großen - von Aristoteles, dem genialen »Vater der Logik«, der der Begierde immerhin schon etwa 2000 Jahre vor seinem holländischen Kollegen eine beachtliche Stellung einräumte. Wenn es tatsächlich so süß ist, das zu bekommen, was man begehrt, können wir getrost davon ausgehen, daß unser Leben eine Vielzahl an Süßigkeiten für uns bereithalten wird und wir insofern keine Diät werden halten müssen. Denn was kann ein Mensch nicht alles begehren? Geld, Autos, Flirts, Reisen, Sex, Abenteuer, Sahnetorten, Liebe, beruflichen Erfolg, Kleider, Marihuana-Zigaretten oder eine Rückenmassage.
Werden uns auch nur etwa die Hälfte unserer Wünsche

erfüllt, sind viele erfreuliche Erfahrungen zu erwarten, denn die Befriedigung einer Begierde erzeugt, was von unkompliziert denkenden Köpfen als Glück bezeichnet wird. Wäre da nicht der Pferdefuß.

»Bevor man etwas brennend begehrt,
sollte man das Glück dessen prüfen, der es bereits besitzt.«
(François de La Rochefoucauld, Maximes)

Für gewöhnlich geht man davon aus, daß die Erfüllung sämtlicher Wünsche einem paradiesischen Zustand gleichkommen dürfte, wo Milch und Honig fließen und es keine Telefonrechnungen gibt. Doch leider ...

Wie die Erfahrung und die Betrachtung zeigen, ist Glück nicht leicht dadurch zu erlangen, daß man erhält, was man sich wünscht. Und das liegt ungefähr daran: Der Wunsch oder das Begehren entspringt einem Gefühl von Mangel. Sie bilden sich beispielsweise ein, einen neuen Hut zu benötigen, da Ihnen Ihr alter nicht mehr gefällt oder Sie vielleicht gar keinen besitzen. Sie befinden sich also im Zustand der »Ermangelung eines Hutes«. Dieser Zustand ist unbefriedigend und leidvoll – der Konflikt zwischen der gegebenen Situation und dem, »wie es sein sollte«, wird spürbar. Also setzt das Wünschen ein.

Der Wunsch erzeugt den Wahn, daß Sie glücklich(er) wären, wenn Sie nur endlich die Zeit oder das Geld hätten, sich das lang entbehrte Kleidungsstück zu beschaffen. Auch dieser Zustand, in dem Sie voller Sehnsucht sind und das Begehren Ihr Denken einnimmt, ist leidvoll. Wenn es das Schicksal nun »gut« mit Ihnen meint, wird es nicht lange dauern, bis Sie Ihr Haupt mit Ihrem Traumhut schmücken können – was kurzzeitig zu einem Glücksgefühl führen mag.

Das »Glück« kommt daher, daß es Ihnen »ge-(g)lückt« ist, die

»Lücke« zu füllen. Doch leider wird es nicht lange anhalten. Es ist, wie wenn Sie sich am Rücken kratzen – die Zufriedenheit währt nur, bis erneutes Jucken auftritt.
Nimmt sich der Mechanismus des Begehrens (Mangel – Begehren – Befriedigung – erneuter Mangel ...) beim Hutbeispiel noch recht harmlos aus, so wird die Sache wesentlich ernster, wenn Sie damit beginnen, sich nach einem neuen Auto, einem anderen Partner oder einer Flucht aus Ihrem bisherigen Leben zu sehnen. Die Mittel, die Sie nämlich für die Befriedigung solcherlei Wünsche aufbringen müssen, können Sie gute Nerven, viel Geld und damit vielleicht sehr viel wertvolle Zeit kosten oder Sie zu gefährlichen Experimenten, etwa in Form von Drogen- oder Alkoholexzessen, verleiten.
Fragt man, ob sich die Mühe lohne, so muß die Antwort lauten: »Das ist fraglich.« Zweifellos gibt es natürliche Wünsche, wie etwa der Wunsch nach Nahrung, Unterkunft, Kleidung usw. Allerdings wird das Wort »Begierde« in diesem Zusammenhang weniger gebraucht, sondern bezieht sich eher auf Objekte, die nicht unmittelbar für das Überleben benötigt werden.
Wenn Sie also, wie La Rochefoucauld es formulierte, etwas brennend begehren, sollten Sie sich einmal die Gesichter jener Menschen ansehen, die bereits besitzen, was Sie noch zu entbehren wähnen. Vor allem im Hinblick auf mannigfaltige Luxusgüter werden wir deren Besitzer in den meisten Fällen ebenso, wenn nicht griesgrämiger dreinschauend finden als ihre weniger betuchten Zeitgenossen.

»Den größten Reichtum hat, wer arm an Begierden ist.«
(Seneca, Briefe, 29)

Seneca geht einen ganzen Schritt weiter als La Rochefoucauld, denn er rät nicht zur Überprüfung der Begierde, sondern verwirft sie statt dessen gleich in Bausch und Bogen. Die Erkenntnis, daß unsere Wünsche uns einigen Ärger aufbürden, uns eigenartige, zeitaufwendige, riskante, seltsame und kindische Dinge tun lassen und uns dadurch auch noch unsere Seelenruhe rauben, muß vernünftigerweise zur Folge haben, daß wir versuchen, diese Begierden und Albernheiten zu dezimieren.

Hier nähern wir uns auch der buddhistischen Auffassung, die besagt, daß die Begierde in jedem Fall Leid erzeugt. Nach Buddha ist der Grund für das Leiden zuallererst einmal in der Begierde zu suchen. Ein Grundsatz der buddhistischen Philosophie lautet: »Von dem getrennt zu sein, was man begehrt, führt zu Leiden.«

Doch selbst die Erfüllung der Wünsche birgt Leiden in sich, da nun die Angst einsetzt, das einmal Erlangte wieder zu verlieren, beziehungsweise die Hoffnung, den durch die Wunschbefriedigung erzeugten, angenehmen Reiz wiederholen zu können. Wer's nicht glauben mag, kann einige interessante Beobachtungen machen, wenn er sich einen Kettenraucher ansieht, der aufgrund einer unbedachten Buchung einen Nichtraucherflug nach New York durchzustehen hat. Ein Spaß ist das jedenfalls nicht.

»Verlaß alles, so findest du alles;
laß deine Begierde, so findest du Ruh.«
(Thomas von Kempen, Nachfolge Christi, 3, 32, 4)

Daß Thomas von Kempen es mit der Konsequenz seiner Erkenntnis noch etwas weiter treibt als Seneca, ist für ihn als christlichen Mystiker nur logisch. Ein im Gottesbewußtsein Ruhender hat wenig Schwierigkeiten damit, die Reize der Welt, die ihm wie unwirkliches, schimärisches Kinderspielzeug erscheinen, aufzugeben. Doch unsereins kann schon

von Glück sagen, wenn es gelingt, uns weniger Unsinn im Fernsehen anzusehen oder auf den Kauf eines überflüssigen Badezimmerteppichs zu verzichten.
Nun müssen wir nicht gleich zu Asketen werden, denn warum sollten wir uns nicht ruhig hin und wieder einmal manch einen kleinen oder größeren Wunsch erfüllen? Trotzdem ist es auch hierbei immer sehr heilsam und befreiend, sich darüber im klaren zu sein, daß die Erfüllung unserer Begierden zwar unterhaltsam, jedoch nicht unbedingt beglückend ist.

»Deine Begierden ... werden am sichersten eingeschläfert
und endlich gar überwunden, wenn man ihnen
freies Feld läßt. Sie reiben sich selbst auf.«
(Gotthold Ephraim Lessing, Miss Sara Sampson, II, 3)

Abgesehen davon, daß Sie versuchen können, Ihre Begierden mit zusammengebissenen Zähnen zu unterdrücken, was nicht viel einbringt, können Sie sie am besten schwächen, indem Sie sich der Zusammenhänge bewußt sind und sich einige Fragen stellen, wie beispielsweise »Werde ich wirklich glücklicher, zufriedener und ausgeglichener sein, wenn ich mir diesen Wunsch erfülle?«.
Eine weitere, recht angenehme Art, sich von seinen überflüssigen Begierden zu befreien, besteht darin, ihnen freien Lauf zu lassen. Obwohl Lessings Idee grundsätzlich gut ist, funktioniert sie nicht immer, da manche Menschen nun einmal dazu neigen, sich in die Welt zu verstricken und dann meist auch nicht viel dazulernen. Dem wachen Kopf ist es jedoch durchaus möglich, sich von seinen durch Begierden erzeugten Abhängigkeiten zu befreien.
Und wie vorgehen? Ganz einfach: Man renne allem, was einem wertvoll erscheint, sogleich hinterher, versuche, das

Fehlende möglichst schnell zu erlangen, und dabei beobachte man die eigene Seelenlage und das Ausmaß der Glückseligkeit aufs Gründlichste. Folglich lerne man aus seinen Erfahrungen, vor allem aus den Fehlern, schließe aus einzelnen Mißerfolgen auf übergeordnete Gesetzmäßigkeiten, und schon ist man der Begierde bar.

Vielleicht ist das Problem mit dem Begehren aber auch nur eine Sache des richtigen Maßes. Ein bißchen Lust wird Ihre Seelenruhe wohl ebensowenig gefährden wie ein wenig Schmerz. Dies mag auch Platon im Sinn gehabt haben, als er schrieb:

»... und zwar sind die schlimmsten Krankheiten
Lust und Schmerz, sobald sie das Maß überschreiten.
Denn ein Mensch, der vollkommen in der
Lust aufgeht oder sich ganz im Schmerz verliert,
völlig erfüllt von dem unzeitigen Streben
die eine zu erhaschen, den anderen zu vermeiden,
ist nicht in der Lage, irgend etwas richtig zu sehen
oder zu hören; er ist ein Rasender und somit
nicht fähig, vernünftige Gedanken anzustellen.«
(Platon, Timaios, 41)

Begierde ➛ **Begehren**

Depression – »groß, weil er sein Elend erkennt ...«

Wenn im folgenden von »Depression« die Rede ist, so meinen wir damit die verbreitete Form der depressiven Verstimmung, der Lustlosigkeit und Antriebslosigkeit, die jeden Menschen im Laufe seines Lebens irgendwann einmal befällt. Im engeren Wortsinn gehört die »echte«, pathologische Depression zu den psychischen Erkrankungen und somit natürlich immer in die Hände eines erfahrenen Arztes. In der Umgangssprache heißt es jedoch oft, daß jemand depressiv ist. Und gemeint ist damit meist, daß der oder die Betroffene traurig ist, wobei Traurigkeit nicht das einzige Merkmal einer Depression ist.

»Die Freude ist ein Gefühl, das des Körpers Macht
zu handeln vermehrt und unterstützt.
Die Traurigkeit ist dagegen ein Gefühl, das des
Körpers Macht zu handeln vermindert oder hemmt.«
(Baruch de Spinoza, Ethik III, 12)

Spinoza hatte in seinem Leben vielerlei Schwierigkeiten zu überstehen. Als er »dank« seiner philosophischen Äußerungen schon in jungen Jahren mit dem Bannfluch auf Lebenszeit aus der jüdischen Gemeinde ausgestoßen wurde, dürfte er es verständlicherweise durchaus mit der ein oder anderen depressiven Verstimmung zu tun gehabt haben.
Oft treten Depressionen ja als Reaktion auf äußere Geschehnisse erstmals auf. Aus Spinozas Sätzen ist ersichtlich, daß er ein typisches Symptom der depressiven Verstimmung hautnah kennengelernt haben dürfte, nämlich die Lähmung, die das Gefühl der Trauer auch auf den Körper hat. Schon das Wort »Depression« deutet ja auf die »gedrückte« Stimmungslage und die »Niedergeschlagenheit« hin. Gerade in der Depression finden wir also wieder ein Beispiel dafür, daß Seele und Körper eng miteinander verbunden und nicht wirklich voneinander getrennt sind.
Spinoza betont den Zusammenhang zwischen Seele und Körper, wenn er sagt, daß die Freude die Energie des Körpers vermehrt, während die Traurigkeit die Körperenergie senkt. Falls Sie unter depressiven Verstimmungen leiden, könnte es für Sie interessant sein, daß das genannte Prin-

zip auch umgekehrt funktioniert: Es hat sich gezeigt, daß mäßige, aber regelmäßige körperliche Aktivität, beispielsweise ein wenig Sport und Bewegung, durchaus geeignete Maßnahmen sind, um positive Effekte auf die Seele auszuüben. In der Tat leiden Sportler vergleichsweise selten an starken Gemütseinbrüchen.

Vergessen Sie nicht, daß philosophische Gedanken auch ganz praktische Folgen haben können. Wenn Sie beispielsweise zu der Erkenntnis gelangen sollten, daß Ihre seelische Energie erhöht werden kann, indem Sie Ihre körperliche Energie anregen, könnte dies durchaus dazu führen, daß Sie sich öfter einmal aufs Rad setzen oder regelmäßig zum Schwimmen gehen. Vielleicht hatte Juvenal, der römische Satiriker, ja tatsächlich eine sehr weise Einsicht, als er seine Behauptung aufstellte, nach der »ein gesunder Geist in einem gesunden Körper« haust.

»Die Größe des Menschen ist deshalb groß,
weil er sein Elend erkennt. Ein Baum kann sein Elend
nicht erkennen. Es heißt also unglücklich sein,
wenn man sein Unglücklichsein erkennt.
Aber es heißt groß sein, wenn man erkennt,
daß man unglücklich ist.«
(Blaise Pascal, Gedanken, 189)

Vielen leidvollen Zuständen und alltäglichen Widrigkeiten kann bereits allein dadurch, daß man sich ihrer bewußt wird, oft der bittere Stachel gezogen werden. Auf den ersten Blick mag Pascals Trost, der besagt, daß die menschliche Größe zum Teil schon in der Erkenntnis des eigenen Unglücks begründet ist, als ein schwacher erscheinen. Was soll es Ihnen schon helfen, wenn Sie bemerken, daß Sie unglücklich oder depressiv sind, und was ist daran besonders großartig?

Das Großartige ist schnell erklärt: Als menschliches Wesen steht Ihnen nämlich die einmalige Möglichkeit zur Verfügung, über sich selbst nachzudenken und ihre eigene Situation zu erkennen. Sie besitzen also die Fähigkeit zur Selbstreflexion, was schon gewisse Vorteile bietet. Nur wenn Sie erkennen, daß es Ihnen nicht gut geht, können Sie nach Ursachen und Gründen fragen und nötigenfalls Korrekturen vornehmen. Und nur wenn Sie sich Ihres »Elends« wirklich bewußt sind, können Sie es zum Gegenstand Ihrer philosophischen Gedanken machen und Ihr Denken dazu nutzen, mehr Abstand zu Ihren Problemen zu gewinnen.

Die buddhistische Philosophie erachtet das »reine Beobachten«, also die Achtsamkeit gegenüber den jeweiligen Zuständen, durch die Menschen immer wieder gehen müssen, als geeignetes Mittel, um Leiden zu überwinden. Wenn Sie beispielsweise traurig oder depressiv sind, so sollten Sie diesen Zustand in Ruhe wahrnehmen und beobachten. Erkennen Sie: »Ich bin in der Tat traurig« oder »Wie mir scheint, bin ich gerade depressiv«. Versuchen Sie also nicht, wegzulaufen und allzu schnell nach Lösungen zu suchen, sondern bleiben Sie einfach mit klaren Gedanken in dem Zustand, in dem Sie sich gerade befinden: Schalten Sie nicht den Fernseher ein, trinken Sie keinen Schnaps, zerstreuen Sie sich nicht.

Wenn Sie derartige Experimente öfter durchführen, werden Sie bemerken, daß Pascal sich wahrscheinlich durchaus seinen Teil gedacht hat, als er sagte: »Es heißt groß sein, wenn man erkennt, daß man unglücklich ist.«

»Die höchsten Menschen leiden am meisten am Dasein,
aber sie haben auch die größten Gegenkräfte.«
(Friedrich Nietzsche,
Die Unschuld des Werdens 1, 658)

Nietzsche tröstet in anderer Weise als Pascal, wenn er darauf hinweist, daß es besonders die »höchsten Menschen« sind, die häufig Gefühle der Trauer und Niedergeschlagenheit zu ertragen haben. Doch was könnte er mit den »höchsten Menschen« meinen? Von Bergbewohnern wird wohl kaum die Rede sein. Eher schon von besonders sensiblen, intelligenten und begabten Menschen. In der Tat scheint es bei einem Blick auf die Geschichte auch besonders oft so zu sein, daß große Künstler, Philosophen oder Genies relativ häufig unglücklich waren und an Stimmungsschwankungen litten.
Je sensibler und intelligenter Sie sind, desto wahrscheinlicher werden Sie einen Sinn für die Dinge entwickeln, die auf unserer Welt schief zu laufen scheinen. Es ist der »Nachteil« sensibler Menschen, daß sie einen wachen Geist und weit geöffnete Sinne haben und sich vieles somit stärker zu Herzen nehmen als ihre »dumpferen« Zeitgenossen. Indes ist dies natürlich auch ihr Vorteil. Denn wie Nietzsche richtig bemerkt, stehen ihnen dadurch auch mehr Gegenkräfte zur Verfügung, um flexibel zu reagieren und kreative Lösungen zu finden.

Egoismus – »Der Weise stellt sich nicht zur Schau«

Über Egoismus zu schreiben ist insofern problematisch, als dieser Wesenszug einigen schadet und anderen nützt. Die Ichsucht generell zu verdammen ist demnach ebenso unsinnig, wie sie zu empfehlen. Um es kurz zu machen: Wenn jemand den Satz: »Ich mag mich eigentlich ganz gerne, so wie ich bin« nie und nimmer über die Lippen bringt, sollte er nicht an der Selbstlosigkeit arbeiten. Wer sich hingegen für den tollsten aller Hechte hält und es gewohnt ist, sich mit Ellbogen durchzusetzen, kann sehr wohl davon profitieren, seinen Egoismus einzuschränken. Egoismus kann nämlich sehr

ungesund werden, da er nicht selten soziale Kontakte zerstört und in die Einsamkeit führt.
Doch schauen wir uns zunächst einmal an, was philosophische Köpfe so alles über den Egoismus zu sagen hatten, um uns ein deutlicheres Bild machen zu können.

»Die gewöhnliche Annahme, daß der Mensch
von Natur selbstsüchtig sei und auch
das Kind mit dieser Selbstsucht geboren werde,
gründet sich auf eine sehr oberflächliche
Beobachtung und ist durchaus falsch.«
(Johann Gottlieb Fichte,
Reden an die deutsche Nation, Nr. 10)

Hier haben wir also einen Philosophen, der an das Gute im Menschen glaubt. Fichte vertritt die Ansicht, daß es sich bei der Selbstsucht nicht um eine natürliche, sondern vermutlich eher um eine angelernte, eine gesellschaftlich bedingte Eigenschaft handelt. Und in der Tat können wir täglich beobachten, daß es ja auch Menschen gibt, die sich aufopfern und viele Widrigkeiten in Kauf nehmen, um anderen zu helfen und unseren Planeten einigermaßen bewohnbar zu halten. Ebenso haben wir es aber auch immer wieder einmal mit ausgesprochen selbstsüchtigen Menschen zu tun. Ist Egoismus also eher eine Sache der Veranlagung oder der Erziehung? Oder handelt es sich doch eher um eine Grundeigenschaft des Menschen, die manche nur geschickt zu verstecken vermögen?

»Von dem Tage an, wo der Mensch anfängt,
durch Ich zu sprechen, bringt er sein geliebtes Selbst,
wo er nur darf, zum Vorschein,
und der Egoismus schreitet unaufhaltsam fort.«
(Immanuel Kant, Anthropologie, 1, 2)

Im Gegensatz zu Fichte ist Kant der Ansicht, daß der Egoismus zur menschlichen Entwicklung gehört und ohnehin nicht aufzuhalten ist. Irgendwann zwischen Wiege und Kindergarten beginnt ein Kind, sich als gesondertes Wesen zu fühlen, sagt »Ich« und vollzieht somit die Trennung vom »Du«, womit dann für gewöhnlich die Probleme anfangen. Schließlich gilt es, sein »Ich« gegen eine Vielzahl anderer Ichs abzugrenzen und zu behaupten.

»Ich habe eine Neigung, mich bestehlen,
ausbeuten zu lassen. Aber als ich merkte, daß alles
darauf aus war, mich zu täuschen,
geriet ich in den Egoismus.«
(Friedrich Nietzsche, Die Unschuld des Werdens, 1, 1133)

Egoismus hat durchaus eine Schutzfunktion. Wer nicht zeigt, daß er dazu bereit ist, sich gegen Ausbeutung, Betrug, Täuschung und Ausnutzung zu wehren, wird leicht zum Opfer von Ganoven. Auf unserem Planeten ist das Recht des Stärkeren leider noch lange nicht Vergangenheit. Und oft ist der Stärkere einfach nur deshalb stärker, weil er egoistischer ist. Mag dies auch alles furchtbar hart und gemein klingen, so muß es doch erwähnt werden. Nur wenn wir uns das Phänomen Egoismus von allen Seiten ansehen, können wir vernünftige Schlüsse ziehen. In Wirklichkeit ist die Sache natürlich halb so schlimm, da es ja wie gesagt auch viele nette und liebe Menschen auf der Welt gibt und sicher nicht jeder darauf aus ist, uns das Fell über die Ohren ziehen.
Dennoch: Nehmen wir einmal an, Sie hätten ein Problem damit, »nein« zu sagen und Ihre Grenzen deutlich zu machen – so etwas soll es ja schließlich recht oft geben. Dann werden Sie den Eindruck haben, immer nur für andere zu leben und nie Ihre eigenen Interessen durchzusetzen. Die-

ses bedrückende Gefühl, das viele aufopferungsbereite Menschen, darunter Krankenschwestern, liebende Mütter oder schüchterne Angestellte, sehr gut kennen, ist natürlich bedenklich. Irgendwann werden dadurch nämlich Aggressionen anwachsen, die sich gegen andere oder gegen einen selbst richten. Zu viel Aufopferung tut nicht gut, weil Egoismus nun einmal ein menschlicher Grundantrieb ist, der nicht verleugnet werden darf.

»Überall, wo der Mensch den menschlichen
Egoismus in dem entwickelten Sinn bekämpft,
sei es nun in der Religion oder Philosophie
oder Politik, verfällt er in puren Unsinn und Wahnsinn;
denn der Sinn, der allen menschlichen Trieben,
Bestrebungen, Handlungen zugrunde liegt,
ist die Befriedigung des menschlichen Egoismus.«
(Ludwig Feuerbach,
Wesen der Religion, 7. Vorlesung)

Es gibt viele verschiedene Formen von Egoismus, doch in unserer Kultur ist das Wort meist negativ behaftet, weshalb auch niemand sich auf die Straße stellen und ungeniert bekunden würde, daß er ein ausgemachter Egoist sei.

Zunächst einmal ist der Egoismus jedoch, wie Feuerbach treffend bemerkt, Antriebsmotor für sämtliche menschlichen Triebe, Handlungen, Bestrebungen und Ziele. Um die Wahrheit zu sagen, Sie können gar nicht anders als egoistisch sein. Wenn Sie morgens Ihr Frühstück machen, so deshalb, weil Sie Ihren Hunger stillen wollen. Wenn Sie arbeiten gehen, brauchen Sie wahrscheinlich Geld, um Ihr Leben angenehmer zu gestalten – Sie arbeiten also nicht für Ihren Chef oder Ihre Firma, sondern letztendlich für sich selbst. Egoismus wird sichtbar, wenn Sie sich eine

neue Uhr kaufen, am Wochenende an den See fahren, sich abends zu Bett legen, sobald Sie müde sind, eine Frau oder einen Mann erobern oder eine Sprache lernen, um sich auf Ihren zukünftigen Reisen besser ausdrücken zu können.
Egoismus ist ein Urtrieb, ein selbst- und arterhaltender Instinkt, der Sie vernünftigerweise dazu veranlaßt, an Ihr eigenes Wohl zu denken. Und selbst wenn Sie eine masochistische Ader haben und sich gerne ein wenige quälen lassen wollen, dann eben deshalb, weil Ihnen dies eine gewisse Form der Lust bereitet.

»Der Egoismus spricht alle Sprachen und spielt alle Rollen, sogar die der Selbstlosigkeit.«
(François de La Rochefoucauld, Réflexions morales)

Für gewöhnlich wird man geneigt sein, sozial eingestellten Menschen wie Ärzten, Krankenschwestern, Missionaren oder Wohltätern aller Art ein hohes Maß an Selbstlosigkeit zuzugestehen. Im Gegensatz dazu wird man Manager, Firmenchefs, Großindustrielle, Politiker oder gar Diktatoren schon eher einmal als pure Egoisten bezeichnen. Abgesehen von der Verallgemeinerung, die dieser Denkweise zugrunde liegt und die wie jede Verallgemeinerung zu Fehlschlüssen führt, liegt noch ein anderer Irrtum vor – daß die eine Gruppe nämlich selbstlos, die zweite egoistisch sei. Doch wie gesagt, auch die Selbstaufopferung findet nur statt, da sie beim Aufopferungsbereiten Freude und Befriedigung auslöst, ist also ein Akt des Egoismus.
Das Übel ist nicht der Egoismus an sich, vielmehr sind es die Blüten, die er bei unlauterer Gesinnung treibt.

»Gerade in Kleinigkeiten, bei welchen der Mensch sich nicht zusammennimmt, zeigt er seinen Charakter, und da kann man oft an geringfügigen Handlungen, an bloßen Manieren den grenzenlosen, nicht die mindeste Rücksicht auf andere kennenden Egoismus bequem beobachten, der sich nachher im Großen nicht verleugnet, wiewohl verlarvt.«
(Arthur Schopenhauer, Aphorismen zur Lebensweisheit V, 29)

Der Egoismus wird Ihrer »Seele-Körper-Harmonie« nur dann schaden, wenn er Ihre Charakterschwächen verstärkt. Es ist wichtig, immer wieder daran zu denken, daß Egoismus an sich gegeben und neutral ist - nicht gut, nicht schlecht. Gut oder schlecht ist hingegen, was der Egoismus so alles entlarvt.
Bei der Eröffnung des kalten Buffets weist das Gedränge auf den Drang der Drängenden hin, ihre eigenen Vorteile durchzusetzen. Gerade dort, wo Egoismus zu Rücksichtslosigkeit führt, bekommt er sein unschönes Gesicht. Andere Gäste auf die Seite zu drängen, um schneller am Lachsbrötchen zu sein ist schon häßlich, doch Menschen auszubeuten, um sich zu seiner Villa und den drei Eigentumswohnungen noch ein Ferienhaus leisten zu können, ist eine ausgeprägte Form rücksichtsloser Selbstsucht.
Weit davon entfernt, uns hier auf politische oder gesellschaftskritische Themen einlassen zu wollen, genügt es, zu erwähnen, daß unsere Lebensfreude, unsere Liebesfähigkeit, unsere Zufriedenheit und unsere seelische wie auch körperliche Gesundheit Schaden nehmen können, wenn wir unsere eigenen Interessen nicht überprüfen. Es ist daher bei all unseren Bestrebungen, Handlungen und Zielen die Frage zu

stellen, ob diese anderen Menschen irgendwann Schaden oder Leiden zufügen werden. Auch nicht dumm zu fragen, ob sie einem selbst gut tun werden. Noch ein Gedanke:

»Wer anderen nützt, warum soll der besser sein,
als wenn er sich nützt? Doch nur, wenn der Nutzen,
den er anderen erweist, in einem absoluten
Sinn höherer Nutzen ist als der, welchen er sich erweist.
Sind die anderen weniger wert, so wird er,
wenn er sich nützt, selbst auf Unkosten der anderen
recht handeln.«
(Friedrich Nietzsche,
Die Unschuld des Werdens 2, 765)

Im Grunde geht es gar nicht wirklich darum, den Egoismus zu bekämpfen oder zu schmälern, sondern nur darum, richtig zu entscheiden und zu handeln. Dazu wird Ihnen keine andere Möglichkeit bleiben, als sich weiterhin einige Gedanken über das Leben zu machen und im übrigen Ihrer inneren Stimme zu folgen.
Es ist nicht wertvoller, anderen zu dienen, als sich selbst zu dienen, vor allem dann nicht, wenn die anderen Dummköpfe sind. Ein treuer Soldat, der seinem machtbesessenen Oberbefehlshaber unter Einsatz seines Lebens dient, um ein anderes Volk auszulöschen, handelt nicht besonders egoistisch, sondern folgt eher einem Herdentrieb. Daß seine Handlungen deshalb dennoch nicht gut sein werden, versteht sich von selbst.

»Der Egoismus ist etwas Spätes und immer noch Seltenes.
Die Herden-Gefühle sind mächtiger und älter.«
(Friedrich Nietzsche,
Die Unschuld des Werdens 2, 432)

Im Gegensatz zum kollektiven Wahn ist der Egoismus zuweilen sehr befreiend und verhältnismäßig ungefährlich. Welch fatale Folgen die Herden-Gefühle in Form von manipulierten Massen haben können, ist hinlänglich bekannt. Ein einzelner vermag in seinem Egoismus kaum so viel Schaden anzurichten wie ein höriges Volk, das sich willig der Gemeinschaft und den vermeintlich höheren Zielen opfert.
Eine gesunde Portion Egoismus kann ein Rettungsanker sein, der uns davon abhält, Dinge zu tun, die uns im nachhinein leid täten. Außerdem: Wenn ein intelligenter und liebevoller Mensch egoistisch ist, ist das etwas ganz Wunderbares. Er wird nämlich alles daran setzen, einige sehr nette Dinge zu tun und somit einem höheren Nutzen dienen.
Für alle, die nun der Meinung sind, daß der Egoismus vor allem in Form von Selbstsucht, Ichbezogenheit und Eigennutz insgesamt zu gut weggekommen ist, hier noch ein kleiner Gedanke aus dem »Tao Te King«:

»Er [der Weise] stellt sich nicht zur Schau,
daher erstrahlt er.
Er will nichts selber sein,
daher ist er erleuchtet.
Er rühmt sich selbst nicht,
daher hat er Erfolg.
Er tut sich nicht hervor,
darum wird er erhoben.«
(Laotse, Tao Te King, 22)

Auf einer höheren Stufe menschlicher Entwicklung kann die Aufgabe der Ichsucht zu Ruhe, Frieden und Freiheit führen und aus einem Narren einen Weisen machen. Doch Vorsicht! Wer nicht zuerst gelernt hat, sich in der Welt zu behaupten, gegenüber unangenehmen Mitmenschen seinen

eigenen Kopf durchzusetzen und sich überhaupt einmal darüber klar zu werden, was er eigentlich in seinem Leben tun und erreichen möchte, sollte lieber nicht zu früh mit der Selbstlosigkeit liebäugeln. Diese erfordert nämlich eine außergewöhnliche innere Kraft und eine beachtliche Reife.
Der Weisheitsliebende verzichtet nicht aus Angst, Schüchternheit oder einem Mangel an Orientierung auf sein Ego. Ganz im Gegenteil ist er sich dessen bewußt, daß er an einen Punkt gelangt ist, wo es in dieser Welt keine äußeren Ziele für ihn mehr zu erreichen gibt. Die vielen, vielen Erfahrungen, die ausgelebten Bedürfnisse, die genossenen Reize, die zahlreichen Fehler, Siege, Verluste und Gewinne haben ihn dazu veranlaßt, sein »Ich« zurückzunehmen und sich zurückzuziehen von Ruhm, Glanz und der Jagd nach Erfolg. Er ist, wie man heute sagen würde, ziemlich »cool« geworden, denn sein früherer, »kleiner« Egoismus hat ihn zu guter Letzt an einen Punkt gebracht, an dem es vor allem darum geht, selbstlos zu werden, oberflächliche Ziele aufzugeben und sich endlich mal ein bißchen zu entspannen.
Doch täuschen wir uns nicht: Immer noch tut der Weise nichts anderes, als seinen Erkenntnissen zu folgen, wohl wissend, daß er dadurch in den Genuß eines angenehmen Seelenzustands kommt, und damit ist er – Sie werden es schon erraten haben – ein Egoist, wenn auch ein weiser.

Ehe **➛ Partnerschaft**

Ehrgeiz – eine »ernsthafte Dummheit«

Der Ehrgeiz wird im allgemeinen nicht unbedingt zu den Untugenden gezählt. Ehrgeizige Menschen sind oft sogar besonders hoch angesehen, denn immerhin »bringen sie es meist zu etwas« – so heißt es ja. Wie wertvoll das, wozu sie es im Einzelfall bringen mögen, ist, das sei einmal dahingestellt und soll hier auch gar nicht untersucht werden. Sicher ist jedoch, daß Ehr-Geiz sich aus zwei Worten zusammensetzt, die nichts Gutes erahnen lassen: Der Geiz nach Ehre dürfte nämlich kaum geeignet sein, inneren Frieden und Seelenruhe zu erzeugen.

»Liebe – liebenswürdige Dummheit;
Ehrgeiz – ernsthafte Dummheit.«
(Nicolas Sébastien Roch Chamfort,
Maximes et pensées, 2)

Chamfort setzt den Ehrgeiz mit Dummheit gleich. Die Liebe allerdings auch. Während er letztere jedoch als liebenswürdig bezeichnet, scheint er den Ehrgeiz durchaus als ernsthaften Fehler anzusehen. Falls Sie ein ehrgeiziger Mensch sein sollten, werden Sie das vermutlich nicht gerne hören. Außerdem ist ein gewisses Maß an Ehrgeiz doch wohl unerläßlich. Und schließlich hätte Chamfort seine »Maximes et pensées« ganz ohne Ehrgeiz kaum aufs Papier bringen können. Oder vielleicht doch?
Um herauszufinden, warum Chamfort im Zusammenhang mit dem Ehrgeiz von Dummheit spricht, sollten wir bedenken, daß der Weise sich grundsätzlich nicht um das kümmert, was gesellschaftlich anerkannt ist, sondern lediglich um das, was dem Individuum nützlich oder schädlich ist. Falls Ehrgeiz zu einem Ihrer Charakterzüge zählt, sollten Sie sich vielleicht fragen, ob Sie ganz für sich alleine ehrgeizig sind oder ob Ihr Ehrgeiz eher etwas mit der Anerkennung von außen zu tun hat. Wollen Sie also, anders gesagt, deshalb etwas Besonderes erreichen, weil Sie sich dadurch unmittelbar wohler fühlen? Oder ist es eher so, daß Sie sich dadurch, daß Sie bestimmte Leistun-

gen erbringen, hoffen, von anderen akzeptiert, geliebt oder bewundert zu werden?

»Die natürlichen Bedürfnisse sind begrenzt,
die aus einem Wahn entspringen kennen kein Ende.
Denn für den Wahn gibt es kein Ziel.«
(Seneca, Fragmente, Über die Armut)

Es gibt eine Redewendung, die besagt, daß jemand »vom Ehrgeiz zerfressen« ist. Nehmen wir einmal an, daß ein bißchen Ehrgeiz zuweilen nicht schaden kann – selbst das kann in Frage gestellt werden –, so wissen wir doch, daß übermäßiger Ehrgeiz alles andere als gesund ist. Deshalb sollten wir unsere Ziele ruhig einmal überprüfen und uns fragen, ob unser Streben dahin geht, unsere natürlichen Bedürfnisse zu befriedigen und uns selbst so gut wie möglich zu verwirklichen oder ob wir uns vielleicht Dinge wünschen, die, wie Seneca schreibt, »aus einem Wahn entspringen«. Übermäßiger Ehrgeiz wird nämlich oft durch wahnhafte Ziele genährt. Natürlich ist es nicht prinzipiell unsinnig, Außerordentliches zu leisten. Andererseits muß jemand, der sehr hohe Ziele hat, oft auch sehr viel dafür investieren.

Wenn Sie den Weltrekord im 400-Meter-Lauf brechen wollen, müssen Sie nicht nur gut zu Fuß sein, sondern Sie werden wohl auch sehr ehrgeizig sein müssen, um es mit der Konkurrenz aufnehmen zu können. In der Tat ist eine der unangenehmen Seiten des Ehrgeizes, daß er nicht selten mit Konkurrenzdenken einhergeht. Wenn es darum geht, andere zu übertrumpfen, kann Ehrgeiz durchaus auch soziale Probleme erzeugen und jemanden im Extremfall sogar in die Isolation treiben.

»Was jedoch den Ehrgeiz betrifft, so nimmt er sich zwar
vornehmer aus als die Habgier, hat aber keine geringeren
Schattenseiten im staatlichen Leben; geht er doch
mit einem größeren Wagemut zusammen. Denn er ist
keine Mitgabe der trägen und bedürftigen,
sondern der stärksten und kraftvollsten Geister, und der
stürmische Beifall der Masse macht ihn dadurch,
daß er ihn durch sein Lob anregt und verstärkt, für jede
Zähmung und Zügelung unerreichbar.«
(Plutarch, Politische Lehren, 27)

Plutarch macht auf einen interessanten Aspekt aufmerksam, der besagt, daß Ehrgeiz eher starke, energiegeladene Menschen und selten träge und schwache überkommt. Wie gesagt haben ehrgeizige Menschen oft hohe Ziele. Und auch starke Persönlichkeiten, die mit Willenskraft und Durchsetzungsvermögen ausgestattet sind, wollen oft viel erreichen. Ein Faktor, der Ehrgeiz verstärken und aus ihm ein nahezu unlösbares Problem machen kann, ist der »stürmische Beifall der Masse« und das Lob, das dem Ehrgeizigen zufällt. Denken Sie nur an die unglaubliche Begeisterung, mit der beispielsweise Spitzensportler oder große Künstler von der Masse empfangen und geehrt werden. Daß sich zum Ehrgeiz so manches Mal der Größenwahn gesellen mag, verwundert dann auch nicht weiter.

Damit wir uns nicht falsch verstehen: Auch wenn es gewisse Faktoren gibt, die zusammenzuhängen scheinen, heißt das noch lange nicht, daß sie auch immer gemeinsam auftreten *müssen*. Das heißt, daß Sie durchaus ein ehrgeiziger Mensch sein könnten, ohne größenwahnsinnig zu sein. Auch können Sie größenwahnsinnig sein, ohne auch nur den geringsten Ehrgeiz zu verspüren. Vor allem aber könnte es sein, daß Sie

hohe Ziele haben, ohne daß Sie deswegen von Ehrgeiz zerfressen werden.
Ehrgeiz nimmt erst dann wirklich gefährliche Ausmaße an, wenn er Streß erzeugt, ihre Beziehungen bedroht, Sie dem Herzinfarkt näherbringt oder Ihrer Gesundheit in anderer Weise schadet. Wenn Sie Ihrem Ziel verbissen nachjagen und Ihre Arbeit so viel Platz in Ihrem Leben einnimmt, daß viele andere Dinge auf der Strecke bleiben, haben Sie wahrscheinlich ein Problem. In diesem Fall könnten Sie darüber nachdenken, ob es nicht auch Wege gibt, die ohne Ehrgeiz oder, wenn Sie so wollen, mit einer kleinen Portion »gesundem Ehrgeiz« zum Erfolg führen.

»Die Leidenschaft tyrannisiert den Menschen.
Der Ehrgeiz unterdrückt jedoch die anderen Leidenschaften
in ihm und gibt ihm für eine Weile den Anschein
aller Tugenden.«
(Jean de La Bruyère, Charaktere, Von den Glücksgütern)

La Bruyère ist der Ansicht, daß Ehrgeiz sich gerne unter der Maske der Tugend verbirgt. Von außen ist es in der Tat oft nicht leicht, zu erkennen, ob jemand Freude an seiner Arbeit hat und eben einfach nur ein fleißiger und konzentriert arbeitender Mensch ist oder ob er vom Ehrgeiz getrieben wird. Auf den ersten Blick ist es ja so, daß jemand, der ehrgeizig seinen Weg geht, dadurch viele andere tyrannisierende Leidenschaften gar nicht erst aufkommen läßt und relativ diszipliniert bei der Sache ist. Andererseits werden Sie wissen, daß Ehrgeiz natürlich nicht vor Torheit schützt. Und so finden sich auch genug Menschen, die nicht nur ehrgeizig sind, sondern dazu auch noch von Suchtverhalten, Ängsten, Aggressionen oder mancherlei Trieben gequält werden.
Nun stellt sich nur noch die Frage, was Sie tun können, um

krankhaften Ehrgeiz zu überwinden. Vielleicht können folgende Überlegungen ein wenig weiterhelfen: Können Sie sich vorstellen, Ihre Ziele zu verwirklichen, ohne daß Sie sich dazu vom Ehrgeiz leiten lassen? Müssen Menschen, die von Ihrem Tun begeistert sind und beispielsweise unglaublich gerne Ärzte, Maler, Physiker oder Mütter sind, deshalb auch unbedingt ehrgeizig sein? Oder ist das eine grundsätzlich auch ohne das andere denkbar? Wenn es Ihnen möglich wäre, nicht nur Ihre Ziele, sondern auch den »Weg zum Ziel« im Auge zu behalten, könnte es dann einfacher werden, eine gewisse Leichtigkeit, Freude und Gelassenheit zu bewahren und deswegen trotzdem am Gipfel anzukommen?
Und noch eine interessante Frage können Sie sich als ehrgeiziger Mensch stellen: »Wovor bewahrt mich mein Ehrgeiz? Was ist das Gute, was bringt er mir? Hat mein Ehrgeiz einen Sinn?« Schließlich könnte es ja immerhin sein, daß Ihr Ehrgeiz nicht umsonst da ist, so daß es gute Gründe geben mag, ihn nicht zu schnell fallenzulassen.

Eifersucht – »... eine Art von Neid ...«

Eifersucht und Neid sind eng miteinander verwandt. Es gibt nur wenige Menschen, die zu großem Neid fähig sind, ohne gleichzeitig auch besonders eifersüchtig zu sein. Beide Zustände hängen mit der Angst zusammen. Die Eifersucht ist die Angst, einen anderen Menschen zu verlieren, zugleich das Gefühl, daß ein anderer oder eine andere mehr zu »bieten« hat als man selbst – letztendlich also eine Mischung aus Mißtrauen und Minderwertigkeitsgefühlen. Neid ist die Angst, selbst zu kurz zu kommen und benachteiligt zu sein und hängt mit dem Eindruck zusammen, daß andere mehr erreicht haben als man selbst.

»Die Eifersucht ist eine Art von Neid,
und Neid ist ein kleines, kriechendes Laster,
das keine andere Befriedigung kennt
als das gänzliche Verderben seines Gegenstandes.«
(Gotthold Ephraim Lessing,
Hamburgische Dramaturgie, 31)

Auch Lessing macht auf den Zusammenhang zwischen Eifersucht und Neid aufmerksam, wenn er behauptet, daß es sich bei diesen Seelenzuständen »um kleine, kriechende Laster« handelt. Daß beide Gefühle das »gänzliche Verderben ihres Gegenstandes« zum Ziel haben, heißt nichts anderes, als daß sie recht destruktiv und auf die Zerstörung fremden Glücks ausgerichtet sind. Übrigens zerstören sie zugleich auch das eigene Glück, denn es versteht sich, daß Neid und Eifersucht nicht gerade förderlich sind, um den Zustand inneren Friedens zu erlangen und ein gesundes Selbstbewußtsein zu entwickeln.
Der Freund der Weisheit wird natürlich versuchen, Gefühle, die Leiden und Verwirrung hervorrufen und die ihr Gift sowohl im seelischen als auch im körperlichen Bereich ausströmen, zu vermeiden. Wir täten daher gut daran, Tendenzen der Eifersucht oder des Neides bei uns selbst frühzeitig aufzuspüren und durch ein paar Überlegungen in bezug auf den Sinn und die Folgen derartiger Gefühle zu überprüfen.

»Der Neid der Menschen zeigt an,
wie unglücklich sie sich fühlen, und ihre beständige
Aufmerksamkeit auf fremdes Tun und Lassen,
wie sehr sie sich langweilen.«
(Arthur Schopenhauer,
Aphorismen zur Lebensweisheit V, 10)

Was Schopenhauer über den Neid sagt, läßt sich ohne weiteres auch auf die Eifersucht übertragen. Wenn Sie schon einmal eifersüchtig oder auch neiderfüllt waren, werden Sie wissen, daß Sie zu dieser Zeit wahrscheinlich alles andere als glücklich gewesen sind. Statt bei sich zu bleiben, haben Sie sich vermutlich viele Gedanken über das, was andere Menschen erreicht haben oder was sie besitzen, gemacht. Und so lag Ihre Aufmerksamkeit, wie Schopenhauer bemerkt, dabei ganz auf »fremdem Tun und Lassen«. Glücklich und ausgeglichen wird man aber eher dadurch, daß man seine Aufmerksamkeit auf sein eigenes Tun und Lassen und die Förderung seiner eigenen Kräfte und Fähigkeiten richtet, statt seine Energie auf die Lebensweise anderer zu verschwenden.

»Wer arm ist und gerne reich sein möchte,
redet ständig vom Mißbrauch des Geldes und den
Lastern der Reichen. Dadurch bewirkt er aber
nichts anderes, als daß er sich ärgert und zeigt, daß er nicht
nur über seine eigene Armut, sondern auch
über den Reichtum der anderen Unmut hegt.«
(Baruch de Spinoza, Ethik V, 10)

Neidische Menschen ärgern sich. Sie ärgern sich darüber, daß andere mehr können, besser aussehen oder eben, wie in Spinozas Beispiel, mehr besitzen. Nicht genug damit, daß sie über ihre eigenen Unzulänglichkeiten oder ihre eigene Armut verärgert sind, regen sie sich also auch noch darüber auf, daß es anderen Menschen besser ergeht. Gefühle wie Neid oder Eifersucht können uns, vor allem wenn sie lange aufrechterhalten werden, sehr unzufrieden und unglücklich machen. Und natürlich sollten wir das nie zulassen.
Falls Sie mißgünstige Gefühle bei sich entdecken, haben Sie

die Möglichkeit, Ihre alten Muster zu durchbrechen. So können Sie zunächst einmal erkennen, daß Neid eine Form negativen Denkens ist. Um mehr Einsicht in Ihre inneren Reaktionen zu bekommen, können Sie damit beginnen, genauer zu beobachten: Welche Situationen oder Menschen erzeugen in Ihnen neidische oder eifersüchtige Gedanken? Ist die Mißgunst eine versteckte Form, schlecht über sich selbst zu denken? Immerhin wird das Bild, das Sie von sich selbst haben, darunter leiden, wenn Sie andere Menschen beneiden. Wenn andere viel erreicht haben, steckt darin indirekt ja die Auffassung, daß Sie wenig oder zumindest weniger erreicht haben.

Welche Gedanken erzeugen Emotionen wie Neid? Sobald Sie die Zusammenhänge erkennen, wird alles sehr viel einfacher. Dann können Sie beispielsweise damit beginnen, eine Haltung der Freude einzunehmen, was natürlich heißt, daß Sie sich fortan mehr um Ihren Gemütszustand als um »fremdes Tun und Lassen« kümmern werden. Damit ist bereits der wichtigste Schritt auf dem Weg zu einem selbstbestimmten, zufriedenen Leben getan. Die Betonung auf Verständnis und Mitgefühl zu legen, ist ebenfalls eine Strategie, um Neidgefühle aufzulösen.

»Die Eifersucht hat mehr mit Eigenliebe zu tun
als mit Liebe.«
(François de La Rochefoucauld,
Réflexions morales)

Das Wort »eifersüchtig« wird oft im Sinne von »neidisch« gebraucht. So können Sie beispielsweise eifersüchtig auf jemanden sein, der erfolgreicher ist als Sie oder der wenigstens ein schöneres Auto in der Garage stehen hat. In der engeren Wortbedeutung meint Eifersucht aber vor allem

einen negativen Gefühlszustand, der sich auf partnerschaftliche Beziehungen bezieht. Wenn wir im folgenden nun einige Aussagen von La Rochefoucauld zitieren, so einfach deshalb, weil er sich zum Thema »Eifersucht« recht viele Gedanken gemacht hat.
Zunächst einmal behauptet der französische Philosoph ja, daß Eifersucht nicht viel mit Liebe zu tun hat. Viele Menschen sehen das ganz anders. Zeigt unsere Eifersucht nicht, wie wichtig uns der/die andere ist? Wäre es nicht ein Zeichen von Gleichgültigkeit, wenn wir beobachteten, wie unser Partner den ganzen Abend mit jemand anderem flirtet und wir unterdessen zufrieden lächelnd in die Runde blickten?

»Die Eifersucht ist in gewisser Weise gerechtfertigt und verständlich, da sie lediglich ein Gut bewahren will, das uns gehört oder von dem wir zumindest annehmen, daß es unseres sei.«
(François de La Rochefoucauld, Reflexions morales)

Immerhin räumt La Rochefoucauld ein, daß Eifersucht eine einigermaßen verständliche und gerechtfertigte Gefühlsregung ist. Wir lieben einen Menschen – sagen wir einmal »heiß und innig«. Solang dieser Auserwählte uns seine uneingeschränkte Zuneigung schenkt und für niemanden Augen hat als für uns, wird Eifersucht, falls es sich nicht um eine krankhaft gesteigerte Form handelt, kaum auftreten. Doch wie schnell ist die Harmonie verflogen, wenn der geliebte Mensch auf die unverschämte Idee kommt, Interesse oder gar Zuneigung für jemand anderen zu empfinden ...
Wenn nun die Eifersucht aus dem Wunsch geboren wird, ein Gut zu bewahren, stellt sich freilich die Frage, ob dieses

Gut denn überhaupt das unsere sei. Können wir einen Menschen als unseren Besitz betrachten? Können wir uns in einer Welt, die sich in ständiger Bewegung und Verwandlung befindet, ausgerechnet einer so unbeständigen Sache, wie es die Gefühle sind, sicher sein - vor allem wenn es sich auch noch um die Gefühle eines anderen Menschen handelt?

Und natürlich stellen sich noch andere Fragen. Zum Beispiel: Ist Eifersucht ein Beweis von Liebe? Oder ist sie vor allem Angst vor Verlust und Zurückweisung?

Bekanntlich gibt es außerordentlich eifersüchtige Menschen und andere, die kaum zur Eifersucht neigen. Auch gibt es bestimmte Gesellschaften - meist sind es jene, die sich vorwiegend an Besitz und Geld orientieren -, bei denen Eifersucht weit verbreitet ist, und andere - wie etwa einige Inselvölker der Südsee -, wo Eifersucht sehr selten auftritt. Wenn Sie unter Eifersucht leiden, können Sie sich damit trösten, daß diese Gefühlsregung, die letztlich viel eher Mißtrauen als Zuneigung zum Ausdruck bringt, kein notwendiges Übel ist. Vielmehr kann Eifersucht durch Vertrauen, durch die Fähigkeit loszulassen und durch die Konzentration auf sich selbst überwunden werden.

»Obwohl die Eifersucht immer mit der Liebe geboren wird,
stirbt sie nicht immer mit ihr.«
(François de La Rochefoucauld, Réflexions morales)

Dafür, daß Eifersucht nicht gerade ein Zeichen von Liebe ist, spricht, daß diese problembehaftete Gefühlsregung auch und vor allem dort herrscht, wo das gegenseitige Verständnis und die von Herzen kommende Zuneigung der alltäglichen Gewohnheit und Beziehungsroutine längst zum Opfer gefallen ist.

Wo ich mich an den anderen gewöhnt habe und ihn vorwiegend für mein Sicherheitsgefühl und für einige alltägliche Annehmlichkeiten in Anspruch nehme, kann von Liebe wohl kaum noch die Rede sein. Von Eifersucht indes – wie oft zu beobachten – sehr wohl. Es stimmt also durchaus, wenn Rochefoucauld behauptet, daß die Eifersucht nicht immer »mit der Liebe stirbt«. Ob sie »mit der Liebe geboren wird«, könnten wir zumindest in Frage stellen. Das hängt natürlich davon ab, wie wir »Liebe« definieren.

Entscheiden Sie sich beispielsweise dazu, einen anderen Menschen mit all seinen guten und schlechten Seiten vom Wesen her anzunehmen und ihm einen Platz in Ihrem Herzen zu sichern, so werden Verständnis, Vertrauen und Wärme dominieren. Diese Eigenschaften auch dann noch aufrechtzuerhalten, wenn plötzlich andere Menschen ins Spiel kommen, die das Bestehende gefährden, erfordert eine bewußte Entscheidung und Kraft. Schließlich ist es durchaus möglich, daß der andere seinen Weg alleine weitergehen muß und wir ihm dies seiner Entwicklung zuliebe auch zugestehen sollten. Doch ist dies kein Grund dafür, die Verbindung abzubrechen oder unsere Zuneigung durch eifersüchtige und panische Gefühle absterben zu lassen.

Wo die Orientierung auf »Geben« statt auf »Nehmen« liegt, kann zumindest der aufrichtige Versuch unternommen werden, jemand anderen selbstlos zu lieben und unter allen Umständen zu unterstützen. Oft werden diese Umstände unserem Ego einige Schwierigkeiten bereiten, doch um so größer ist der Gewinn, wo es einmal gelingt, seine Liebe nicht von dem »Tun und Lassen« des anderen abhängig zu machen. Oder wie Goethe es einmal ausdrückte: »Wenn ich dich liebe, was geht's dich an?«

Einsamkeit – »... ganz man selbst sein ...«

Menschen sind nicht gern allein. Jeder sehnt sich im Grunde seines Herzens nach Weggefährten, selbst diejenigen, die sich selbst als Einzelgänger bezeichnen. Die Kommunikation mit dem »Du« hilft der menschlichen Entwicklung vom Augenblick der Geburt an enorm auf die Sprünge. Und selbst bei einer simplen Unterhaltung auf Small-talk-Ebene findet immer noch Austausch und Mitteilung statt.

»Der gesellschaftliche Trieb gehört demnach
unter die Grundtriebe des Menschen. Der Mensch
ist bestimmt, in der Gesellschaft zu leben;
er soll in der Gesellschaft leben;
er ist kein ganz vollendeter Mensch und
widerspricht sich selbst, wenn er isoliert lebt.«
(Johann Gottlieb Fichte,
Über die Bestimmung des Gelehrten, 2. Vorlesung)

Wie Fichte richtig bemerkt, ist Gemeinschaft für den Menschen von grundlegender Bedeutung – ein Grundtrieb. Nur im Zusammenleben mit anderen kann er zu einem »ganz vollendeten Menschen« werden. Und so ist es ganz natürlich, daß Einsamkeit angst macht und das Wohlbefinden erheblich beeinträchtigt. Einsame Menschen werden deshalb übrigens auch schneller krank.
Was können Sie also tun, wenn Sie einsam sind? Zunächst könnten Sie versuchen, die Einsamkeit zu fliehen, indem Sie nach Kontakten suchen. Manchmal ist es wirklich nicht die schlechteste Lösung, dem örtlichen Vogelschutz-Verein beizutreten. Vor allem dann, wenn Einsamkeit zum Dauerzustand wird, ist es oft das beste, aktiv zu werden und Orte aufzusuchen, an denen die Wahrscheinlichkeit, andere ken-

nenzulernen, naturgemäß sehr viel größer ist als am heimischen Herd.
Neben dem erwähnten Vogelschutz-Verein, der vielleicht nicht jedermanns Sache sein mag, gibt es heutzutage so viele Möglichkeiten wie nie zuvor, Anschluß zu finden und Menschen kennenzulernen. So gibt es heute vielerlei Einrichtungen, die Sie schnell aus der Isolation befreien können. Allerdings müßten Sie sich dazu zumindest dafür entscheiden, den Telefonhörer in die Hand zu nehmen und sich zunächst einmal ein Infoblatt oder Programm zusenden zu lassen, das Sie beispielsweise über die Angebote von Volkshochschulen, Sportvereinen, Reisegruppen, politischen Parteien, Single-Stammtischen, Gesundheits-Seminaren, Sprachkursen oder über die Aktivitäten der jeweiligen Gemeinden informiert.
Nicht immer ist die Flucht nach vorne indes der beste Weg, das Alleinsein zu überwinden. Immerhin gibt es auch die Möglichkeit, Einsamkeit neu zu definieren und die übliche Assoziation zwischen Einsamkeit, Unwohlsein und Angst durch eine Veränderung der Perspektive in Frage zu stellen. Schließlich ist es nicht das »Alleinsein an sich« als vielmehr die damit verbundene Angst, die den Seelenfrieden stört. Was also, wenn wir, statt vor dem Alleinsein zu fliehen, sie freiwillig wählen würden?

»Wählt die gute Einsamkeit, die freie, mutwillige,
leichte Einsamkeit, welche euch auch
ein Recht gibt, selbst in irgendeinem Sinne
noch gut zu bleiben!«
(Friedrich Nietzsche,
Jenseits von Gut und Böse, Der freie Geist)

Die Angst vor Einsamkeit ist immer die Angst vor der »schlechten, unfreien Einsamkeit«. Es gibt schließlich immer wieder ein-

mal Menschen, die sich freiwillig für einige Zeit in Klöster zurückziehen – keine Geistlichen oder Büßende, sondern ganz normale Menschen, die plötzlich das Gefühl haben, daß ihnen etwas Abgeschiedenheit, etwas Ruhe gut täte.
Haben Sie so etwas schon einmal ausprobiert? Es ist ja nicht nötig, nun gleich für Monate in den Himalaja zu ziehen, aber vielleicht wäre es hilfreich, sich immer wieder einmal freiwillig für einen Spaziergang im Wald, einen Ausflug oder eine Kurzreise zu entscheiden, zu der Sie nur sich selbst mitnehmen. Wenn Sie sich dazu bringen, allein sein zu *wollen*, statt es sein zu *müssen*, sind Sie einen beachtlichen Schritt weiter und können daran gehen, das Geheimnis, das im Alleinsein verborgen ist, zu ergründen.

»Ganz er selbst sein darf jeder nur, solange er allein ist.
Wer also nicht die Einsamkeit liebt,
der liebt auch nicht die Freiheit; denn nur,
wann man allein ist, ist man frei.«
(Arthur Schopenhauer,
Aphorismen zur Lebensweisheit V, 9)

Solange wir alleine sind, können wir uns so manch albern anmutendes Rollenspiel sparen. Wir müssen nicht so tun, als ob wir besonders großartig seien, weil niemand da ist, der dies von uns erwarten könnte. Keine Notwendigkeit, im rechten Moment dümmlich zu grinsen, kein Bedarf an zwanghafter Höflichkeit, keine Katastrophe, das Deo nicht aufgetragen oder aus Unbedacht ein kariertes T-Shirt zu einer gestreiften Hose angezogen zu haben. Innerhalb gewisser gesellschaftlicher Notwendigkeiten kann ein Alleinlebender oder -reisender sich so manch eine Freiheit herausnehmen, von der Gebundene nur zu träumen wagen, was auch Nietzsche gemeint haben mag:

»Ein Glück bleibt es bei alledem, wenn man
in der Einsamkeit mit sich selbst fertig werden kann:
aber wie viele sind gebunden
und müssen ihr Elend im Verkehr mit Menschen
verdoppelt tragen!«
(Friedrich Nietzsche,
Briefe: An Peter Gast, Rapallo, 1. 2. 1883)

Hier kommen wir zu einem interessanten Aspekt: Ein unglücklicher Mensch ist unglücklich. Zugegeben, daß das bis jetzt noch keine besonders geistreiche Aussage ist, aber, um es weiter zu versuchen: Ein Unglücklicher, Nietzsche würde von einem »Elenden« sprechen, ist unglücklich, egal ob er nun einen Partner, eine Familie oder eine ganze Sippe sein »eigen« nennt oder ob er alleine und zurückgezogen lebt, übrigens auch egal ob auf Mallorca oder in der Oberpfalz (nichts gegen die Oberpfalz). Anders gesagt: Unglück ist mehr ein Wesenszustand als eine Angelegenheit des Schicksals.

Es gibt offensichtlich Menschen, die durchaus in der Lage sind, das Alleinsein zu genießen. Es mit sich selbst auszuhalten ist eine äußerst erlösende Eigenschaft, die einem zudem einigen Ärger erspart. Glücklicherweise kann diese Fähigkeit, sich selbst zu genügen, erlernt werden, sofern sie nicht ohnehin schon vorhanden ist.

Die Abgeschiedenheit an sich ist keinesfalls beklagenswerter als das In-Gemeinschaft-Sein. »Treibe dich in der Masse herum, damit dir die Einsamkeit wieder behage«, empfiehlt Plinius der Ältere in einem seiner Briefe (7, 3, an Präsens). Und in der Tat kann Gesellschaft überaus unangenehm werden. Wer kennt nicht beispielsweise die nervtötenden, dumpfen und in gnadenloser Regelmäßigkeit wiederkehrenden Familientreffen, die von den Beteiligten oft nur noch

unter Alkoholeinfluß ertragen werden? Und auch die Erinnerung an traumatische Kindergeburtstage und Schulausflüge mag manch einem kalte Schauer über den Rücken jagen.
Und trotz alledem sind die meisten von uns nicht gerne alleine. Das Problem mit der Einsamkeit liegt nämlich darin, daß wir normalerweise nicht an sie gewöhnt sind und sie uns, wenn sie dann doch einmal unvermittelt auftritt, oft auf dem falschen Bein erwischt. In bezug darauf heißt es bei Schopenhauer, der übrigens ein ausgesprochener Freund des Alleinseins war:

»Die Liebe zur Einsamkeit kann nicht als ursprünglicher Hang da sein, sondern erst infolge der Erfahrung und des Nachdenkens entstehen.«
(Arthur Schopenhauer, Aphorismen zur Lebensweisheit V, 9)

Der Mensch ist ja, um nochmals auf Fichtes eingangs erwähnte Aussage zurückzugreifen, ein Herdentier mit ausgeprägtem Sinn fürs Gemeinschaftliche. Hat er zwischen schlechter und gar keiner Gesellschaft zu wählen, wird seine Wahl oft auf erstere fallen. So zerstörerisch sich die Auswahl der falschen Begleitung aber auch auf das Gelingen des Abends im speziellen und die emotionale Ausgeglichenheit im allgemeinen auswirken wird, so groß ist doch auch die Angst vor der Einsamkeit. Einer der Gründe für diese Angst liegt oft in einem Mangel an positiven Erfahrungen mit dem Alleinsein.
Von Kindheit an sind wir für gewöhnlich in Gesellschaft – die Gemeinschaft empfinden wir also zunächst einmal als gegeben und somit als normal. Daher taucht der Wunsch nach Einsamkeit auch selten ganz von selbst auf. Dennoch können Sie lernen, gute und aufbauende Erfahrungen mit

dem Alleinsein zu sammeln. So können Sie sich beispielsweise, wie bereits angedeutet, bewußt für die Einsamkeit entscheiden.
Dies ist natürlich nur dann sinnvoll, wenn Sie auch wirklich die Auswahl haben, denn wenn Ihnen gerade keine konkreten Angebote zu geselligen Aktivitäten vorliegen, kann von einer bewußten Entscheidung keine Rede sein. Wenn Ihr Anrufbeantworter jedoch vor Einladungen zu Kinobesuchen, Partys, Ausflügen und ähnlichen Unterhaltungen überquillt, sieht es schon viel besser aus.
Jetzt brauchen Sie nur noch den Telefonhörer in die Hand zu nehmen und die ein oder andere Einladung mit dem Hinweis zu verschieben, daß Sie leider bereits anderweitig vergeben sind. Sie sollten dabei besser nicht hinzufügen, daß es sich dabei um eine Verabredung mit sich selbst handelt, denn zweifellos mag dies bei einigen Bekannten Verwunderung hervorrufen.
Falls Sie sich indes selbst schon zu fragen beginnen, warum Sie den Abend eigentlich alleine verbringen sollten, wenn sich schon einmal so viele Möglichkeiten bieten, der Einsamkeit zu entfliehen, hier einige mögliche Folgen einer derartigen Entscheidung:
1. Die Einsicht, daß Sie Ihr Leben sehr viel öfter, als Sie vielleicht glauben, selbst gestalten können, befreit Sie schnell von einigen automatischen Handlungen, die Ihre Auswahlmöglichkeiten normalerweise stark einengen.
2. Gerade wer Angst vor dem Alleinsein hat, wird diese Angst nicht leicht los, indem er jede sich bietende Gelegenheit zur Zerstreuung dankbar annimmt, ganz im Gegenteil. Vor allem wenn Sie sich mit Menschen treffen sollen, auf die Sie derzeit auch ganz gut verzichten könnten, wird ein kleiner Rückzug sehr befreiend und wohltuend sein.

3. Wenn Sie lernen, sich ab und zu einmal aus dem Geschehen herauszunehmen, werden Sie bald merken, daß Sie dabei viel weniger verpassen, als Sie glauben. Die Frage »Na, wie war's denn gestern noch?« mag hier für den Anfang einigen Aufschluß geben.
Falls Sie sich selbst trotz allem nicht gleich einen ganzen Abend schenken möchten, können Sie den Rückzug beispielsweise auch bei einem kleinen Fest ausprobieren. Verabschieden Sie sich dazu im Laufe des Abends kurz einmal still und heimlich von den übrigen Gästen. Gehen Sie ein Viertelstündchen spazieren, atmen Sie ein wenig frische Luft, schauen Sie sich den Abendhimmel an und vergessen Sie nicht, es zu genießen, daß Sie sich für ein Weilchen aus der Menge »ausklinken« und Ihren gesellschaftlichen Verpflichtungen entschlüpfen konnten.

»Die wenigsten Menschen verstehen,
wie unendlich viel in der Einsamkeit liegt.«
(Wilhelm von Humboldt,
Briefe an eine Freundin, 1. 10. 1823)

Es ist kein Wunder, daß wir den Wert der Einsamkeit nicht schätzen können, wenn wir zeitlebens versuchen, ihr zu entkommen. Daß Alleinsein keine Strafe ist, sondern vielmehr ein wertvolles Geschenk sein kann, erschließt sich nur jenen, die den Mut und die Experimentierfreude aufbringen, Alleinsein zu üben. Falls Sie dies tun möchten, sollten Sie natürlich darauf achten, daß das Alleinsein für Sie zu einem angenehmen Erlebnis wird, denn es geht ja nicht darum, sich zu langweilen.
Wenn die Statistiken nicht lügen, ist der Trend zur Single-Gesellschaft bei uns übrigens ungebrochen. Möglicherweise liegt diesem Trend die Einsicht beachtlich vieler Menschen

zugrunde, daß feste Beziehungen auch nicht unbedingt das Gelbe vom Ei sind. Einige einschlägige Erfahrungen mit langjährigen Partnerschaften mag einigen genügen, um die Liebe zur Unabhängigkeit und Freiheit zu entwickeln, die nötig ist, um den Sprung aus dem bergenden, aber auch beengenden »gleichen Boot«, in dem sie fortan nicht länger sitzen wollen, zu wagen. Daß der Seegang dann zuweilen unerwartet stürmisch wird und das Alleinsein nicht auf Anhieb gelingen mag, versteht sich von selbst.
Der Trennung vom Partner geht nicht selten die mehr oder minder bewußte Erkenntnis voraus, daß glücklich nur werden kann, wer nicht vor dem Alleinsein weglaufen muß, sondern es im Gegenteil durchaus genießen kann.

»Wenn ich alleine bin,
bin ich am wenigsten allein.«
(Cicero, Vom Staat, B 1, 17)

Was mag in Cicero bei der Formulierung dieses paradoxen Satzes so alles vorgegangen sein? Vielleicht nur, daß alleine sein und sich alleine fühlen zwei paar Sandalen sind. Einsamkeit im negativen Sinne ist zunächst einmal ein negatives Gefühl. Die Anzahl der tatsächlich anwesenden Personen ist dabei nebensächlich. Wahrscheinlich werden Sie das unangenehme Gefühl kennen, inmitten einer Menschenmenge vollkommen einsam zu sein, sei es, weil die Menschen um Sie herum Sie nicht im geringsten verstehen, sei es, weil Ihnen gerade danach ist, sich ein bißchen einsam zu fühlen. Auf der anderen Seite können Sie alleine auf einen Berg steigen oder am Meer sitzen, den Himmel bestaunen und sich mit der Welt und dem All verbunden fühlen – also einmal so richtig All-Ein-Sein. Doch dabei werden Sie sich nicht einsam fühlen.

Erschöpfung ➛ Krankheit

Faulheit – »Die Furcht vor der bevorstehenden Arbeit«

Es gibt eine Fülle von Charakterschwächen, die sich mehr oder weniger katastrophal auf Ihre innere Ausgeglichenheit auswirken werden, Ihnen den Spaß am Leben verderben mögen, Ihrer seelischen Entwicklung allerlei Steine in den Weg legen können und überhaupt ganz ungesund und somit auch insgesamt durchwegs ablehnenswert sind. Doch gehört die Faulheit dazu? Die tut doch eigentlich nichts Böses. Und wer wäre nicht lieber mit einem Faulpelz als mit einem Hektiker, einem Choleriker oder einem ausgemachten Neidhammel befreundet? Schließlich ist Fleiß und Arbeitswut nun mal nicht jedermanns Sache.

»Von allen unseren Fehlern erklären wir uns am meisten mit der Faulheit einverstanden.«
(François de La Rochefoucauld, Réflexions morales)

Selbst der Moralist La Rochefoucauld erkennt die Faulheit als weniger übles Übel an, zumindest im Hinblick darauf, wie Menschen sie aus ihrer eigenen Perspektive werten. Faulheit hat immerhin den Vorteil, daß sie anderen nicht schadet: »Faul, aber harmlos!«
Bevor wir also unbedacht daran gehen, die Faulheit zu verdammen, sollten wir daher zunächst fragen, ob Faulheit in einer leistungsorientierten Gesellschaft nicht eher eine Tugend als ein Laster sei. Wo die Geschwindigkeit des täglichen Lebens schwindelerregende Höhen erreicht und kaum ein Terminkalender zu finden ist, der nicht auf Monate mit furchtbar wichtigen Aktivitäten ausgefüllt ist, darf man schon einmal fragen, ob Faulheit da nicht das geringere Übel ist.

Sind Sie ein fauler Mensch? Arbeiten Sie ungern und liegen statt dessen lieber mit hochgelagerten Füßen auf dem Sofa, die Chipstüte in der einen und die Fern(seh)bedienung in der anderen Hand? Oder woher wissen Sie sonst, daß Sie faul sind? Fühlen Sie sich faul oder glauben Sie, es zu sein, weil andere Ihnen dies sagen? Und – falls Sie denn tatsächlich faul sein sollten – könnte es nicht sein, daß Ihre Faulheit Sie vor unnötiger Aktivität bewahrt und daß in Ihrem Unbewußten ein Programm abläuft, das Sie aus weiser, wenn auch eben unbewußter Einsicht davor bewahrt, Dinge zu tun, an denen Ihnen im Grunde nicht gelegen ist?

»Aus Schwachheit haßt man einen Feind und möchte
sich an ihm rächen; und aus Faulheit
besänftigt man sich und rächt man sich nicht.«
(Jean de La Bruyère, Charaktere, IV)

Hier haben wir ein Beispiel dafür, wozu Faulheit so alles gut sein kann. Und wieder von einem Moralisten, La Bruyère, der, wie seine französischen Kollegen, einige Mühe auf sich genommen hat, eine stattliche Anzahl von Regeln darüber aufzustellen, wie man zu handeln oder sich unter bestimmten Bedingungen zu verhalten hat.
Es ist schon richtig – manchmal ist man eben zu träge, sich an der Hotelrezeption über das Zimmermädchen zu beschweren, nur weil es versäumt hat, den noch nahezu leeren Mülleimer im Bad zu leeren. Und schon hat sich die Faulheit zumindest für das Mädchen gelohnt, dem vielleicht einiger Ärger erspart bleibt. Darüber hinaus lohnt sich die Aufregung auch für einen selbst nicht recht, und für die Gemütsruhe kann es sogar äußerst schädlich sein, den widrigen Kleinigkeiten des täglichen Lebens allzuviel Beachtung zu schenken. Faulheit und Bequemlichkeit können sich auf ein hitzi-

ges Temperament oft regulierend und besänftigend auswirken. Und wenn der Mülleimer tatsächlich erst einmal überquillt, kann man sich ja immer noch aufregen.
Doch kommen wir nun zu den Schattenseiten der Faulheit, damit keine zu einseitigen Gedanken entstehen, die jedes Philosophieren naturgemäß unmöglich machen:

»Die Frage, ob der Himmel nicht günstiger für uns würde gesorgt haben, wenn er uns alles schon bereitet hätte vorfinden lassen, so daß wir gar nicht arbeiten dürften, ist gewiß mit Nein zu beantworten; denn der Mensch verlangt Geschäfte, auch solche, die einen gewissen Zwang mit sich führen.«

(Immanuel Kant, Über Pädagogik, Von der seelischen Erziehung)

Hier also ein Beispiel für »Kant gegen Kopfschmerzen« pur. Der Mensch ist, zumindest Kant zufolge, nicht gerade für das Nichtstun geschaffen. Ein gewisses Maß an Beschäftigung sollte schon sein. Niemand kann sich weiterentwickeln, wenn er seine Interessen nicht verfolgt, in seinen Tätigkeiten nicht notwendige Prozesse durchschreitet, sich nicht an seine Grenzen tastet, nicht Fehler macht, um aus diesen dann seine Lehren zu ziehen usw.
Wer den ganzen Tag untätig im Schaukelstuhl sitzt, mag sich öfter einmal den Kopf darüber zerbrechen, wie das alles enden soll. Daß dabei auch schon mal richtige Kopfschmerzen auftreten werden, versteht sich. Zweifellos ist es nämlich sehr wichtig, eine sinnvolle Betätigung zu finden, etwas, was einem Freude macht und die eigenen Begabungen entwickeln hilft. Und so schlägt auch Platon in die gleiche Kerbe wie Kant, wenn er von der Tüchtigkeit und den mit ihr verbundenen Vorteilen spricht.

»So ist also die besonnene, tapfere, einsichtige und gesunde Lebensweise angenehmer als die feige, einsichtslose, zügellose und kranke, und im allgemeinen gilt der Satz, daß jene Lebensweise, die von körperlicher und geistiger Tüchtigkeit geprägt ist angenehmer ist als diejenige, die es mit der Untüchtigkeit hält ...«
(Platon, Gesetze, 5. Buch)

»Untüchtigkeit« mag trotz alledem eine natürliche Reaktion sein, wenn es an Motivation fehlt, sich in Bewegung zu setzen. Wenn Ihnen Ihre Faulheit also Probleme bereitet, sollten Sie sich vielleicht auch überlegen, ob Sie zu viel Energie in Dinge gesteckt haben, die Sie wenig interessieren und die Sie deshalb nur halbherzig tun können. Wenn Ihre Arbeit Sie nicht erfüllt und Sie nicht wenigstens ab und an einen Anflug von Begeisterung verspüren, müssen Sie möglicherweise nach neuen Betätigungsfeldern Ausschau halten, um mehr Energie an den Tag legen zu können.

»Wenn der große Denker die Menschen verachtet, so verachtet er ihre Faulheit: denn ihrethalben erscheinen sie als Fabrikware, als gleichgültig, des Verkehrs und der Belehrung unwürdig.«
(Friedrich Nietzsche, Unzeitgemäße Betrachtungen 3)

Nietzsche nimmt bekanntlich kein Blatt vor den Mund, und so verwundert es nicht, daß er mit den Faulen gar ungnädig zu Gerichte zieht. Davon sollten wir uns nun nicht gleich verunsichern lassen, sondern seine Aussage statt dessen lieber objektiv betrachten. Unter dem Strich heißt es da, daß faule Menschen natürlich nicht zu großen Taten in der Lage sind. Ob dies allerdings nötig ist, ist wieder eine andere Frage. Dennoch – Faulheit kann sehr hinderlich werden, wenn es darum geht, seine Ziele zu verwirklichen. Vor allem kann sie auch hinderlich bei der Bewältigung unvermeidbarer Arbeit sein, wodurch diese ein viel größeres Gewicht erhält, als ihr eigentlich zustünde.

»Faulheit ist die Furcht vor der bevorstehenden Arbeit.«
(Cicero, Tusculanae, 4, 19)

Faulheit wächst, wo die Lust auf Arbeit sinkt. Das Denken an die zu erledigende Aufgabe ist im Grunde genommen das, was den Unmut bewirkt. Wenn Sie glauben, daß Sie mit der bevorstehenden Arbeit überfordert sind, ist Faulheit vor allem ein Schutzmechanismus, der Sie vor dem vermeintlich Unbewältigbaren fernhält. Interessanterweise sind es aber weniger die Anforderungen an sich als vielmehr die Einstellung, die Sie zu ihnen haben, die Angst und Trägheit auslösen.
Manche Menschen brechen schon bei der Vorstellung zusammen, zum Getränkemarkt gehen zu müssen, um einige Flaschen Limonade zu kaufen. Andere haben einen Arbeitstag von zehn Stunden und mehr, ohne sich dabei sonderlich überfordert zu fühlen.

»Die Faulheit steckt mehr in unserem Geist
als in unserem Körper.«
(François de La Rochefoucauld,
Réflexions morales)

Wie viele Energien Ihnen tatsächlich zur freien Verfügung stehen, vermögen Sie sich wahrscheinlich kaum vorzustellen. Wenn Sie wirklich entschlossen sind, etwas anzupacken, wird diese Entschlossenheit Ihre Faulheit auf der Stelle vertreiben. Wenn Sie versuchen, sich die Dinge, die nun einmal wohl oder übel zu erledigen sind, als einfach vorzustellen und ein deutliches inneres Bild von sich selbst haben, wie Sie Ihre Aufgabe entspannt, konzentriert und mit Elan bewältigen, können Sie sämtliche geistige Blockaden durchbrechen, die Ihre Faulheit bewirken.

Denken Sie daran: Es sind Ihre Gedanken, die Ihnen einen Streich spielen. Das Fleisch ist willig, doch der Geist ist schwach. Und den Geist können Sie natürlich nicht mit Bodybuilding stärken, sondern nur dadurch, daß Sie Ihre Sichtweise verändern. Dies gelingt erfahrungsgemäß am besten in einem wachen, aber entspannten Zustand, denn mit purer Willenskraft und Zwang lassen sich geistige Veränderungen sehr viel schlechter bewerkstelligen als mit Phantasie und Philosophie.

Während übertriebene Willensanstrengungen sehr energieaufwendig sind und dadurch schnell Mutlosigkeit und schließlich Faulheit bewirken können, führen sanfte Korrekturen der inneren Vorstellungen von dem, was »anstrengend«, und dem, was »leicht« ist, zu sinnvoller Aktivität. Sinnvolles Tun hat nichts mit übertriebener Geschäftigkeit und Streß zu tun, sondern ist die Folge eines gesunden Charakters. Unter diesem Gesichtspunkt macht auch Hegels Aussage Sinn, mit der wir diesen Abschnitt beenden wollen.

»Zum Handeln gehört wesentlich Charakter,
und ein Mensch von Charakter ist ein verständiger Mensch,
der als solcher bestimmte Zwecke
vor Augen hat und diese mit Festigkeit verfolgt.«
(Georg Wilhelm Friedrich Hegel,
Enzyklopädie der philosophischen Wissenschaft, 1.)

Feigheit – »Verzagtheit kennt der Feige nur«

Mit der Feigheit verhält es sich ähnlich wie mit der Angst. In manchen Fällen kann sie durchaus sinnvoll und sogar lebenserhaltend sein. In bezug auf unsinnige Wagnisse behütet uns ein gesundes Maß an Feigheit vor allerlei Unbehagen. Oder wie Hemingway es einmal ausdrückte: »Man ist nicht feige, wenn man weiß, was dumm ist.«

Menschen können beispielsweise, wie wohl allgemein bekannt ist, nicht gut fliegen. Wenn Sie Ihre Mutlosigkeit daher von dem Sprung aus dem Flugzeug oder auch nur von einer fünf Meter hohen Brücke abhält, können Sie mit Ihrer Feigheit alles in allem recht zufrieden sein. Es gilt eben immer, abzuwägen, wo die Feigheit förderlich und wo sie hinderlich ist. Leider geschieht dies gar nicht so oft, wie anzunehmen wäre, da Feigheit schlechthin als etwas Verwerfliches, Mut hingegen als etwas Erstrebenswertes gewertet wird.

Schon kleine Kinder haben ihren Riesenspaß daran, andere mit Sprechchören wie »Angsthase, Pfeffernase!« zu ärgern, wo immer diese eine Schwäche in bezug auf ihre Beherztheit zeigen mögen. Schlimmer wird das Ganze jedoch, wenn (meist männliche) Pubertierende ihre Mutproben absolvieren, indem sie Automobile führerscheinlos und nach dem Genuß etlicher Brandweine mit rasanter Geschwindigkeit durch Kuhdörfer jagen oder ähnlich riskanten Schabernack treiben, nur um sich keine feige Blöße zu geben.

»Wer Mut in Form von Waghalsigkeit zeigt,
kommt zu Tode.
Wer Mut ohne Waghalsigkeit zeigt, bleibt am Leben.
Von diesen beiden ist die eine Art von Nutzen,
die andere von Schaden ...«
(Laotse, Tao Te King, 73)

Aus philosophischer Sicht stellt sich die Frage, wovor einen die Feigheit schützt. Die Antwort: vor Schrecklichem. So wird der Weise getrost darauf verzichten, sich mit einem übelgelaunten Schwergewichtsboxer anzulegen, zur falschen Zeit und am falschen Ort die falsche Fahne zu hissen, unter Einsatz seines Lebens die politischen Interessen eines größenwahnsinnigen Militärführers zu vertreten oder den Inhalt einer Fischkonserve, die unbemerkt einige Monate über das Verfallsdatum hinaus im Küchenschrank lagerte, zu verzehren.
Feigheit kann sehr natürlich und gesund sein. Sie kann Konflikte verhindern und einen vor Fehlern bewahren. Doch es gibt natürlich auch eine »schlechte« Feigheit, einen Mangel an Mut, der die Entwicklung eines krisenfesten, starken Charakters verhindert, der wiederum die beste Garantie gegen seelisches Leid und körperliche Erkrankungen ist.

»Nur mit Mut kann man sein Leben in Ordnung bringen.«
(Marquis de Vauvenargues, Nachgelassene Maximen)

Wenn Sie unter Ihrer Feigheit leiden, sollten Sie sich zunächst darüber im klaren sein, daß Feigheit auch eine Schutzfunktion hat. Wenn Sie akzeptieren, daß Ihnen im Moment noch der Mut fehlt, den Sie benötigen würden, um Ihr Leben zu verändern, ist ein wichtiger Schritt bereits getan. Der zweite Schritt besteht darin, zu erkennen, was Ihr Mangel an Beherztheit eigentlich genau verhindert. So kann Feigheit vor einer ungünstigen Diagnose Sie etwa daran hindern, eine wichtige ärztliche Untersuchung durchführen zu lassen oder die Angst vor dem Zahnarzt mag Sie für Jahre aus jeder Zahnarztpraxis fernhalten, wobei die Konsequenzen für Ihren Gebißzustand leicht vorstellbar sind.
Die Angst, der Realität ins Auge zu blicken, kann nur durch

Mut und durch die Erkenntnis, daß Sie sich, was wichtige Dinge betrifft, ohnehin nicht verstecken können, überwunden werden. Die Feigheit schützt Sie nicht nur, sie hindert Sie auch an vielem. Etwa daran, Ihren eigenen Weg zu gehen und Ihre Meinung zu behaupten, auch wenn das dem ein oder anderen Menschen in Ihrer Umgebung bitter aufstoßen mag. Auch daran, neue Wege auszuprobieren und sich aus eingefahrenen Gleisen herauszuwagen, hindert Sie die Feigheit. Denn für jeden neuen Schritt, für Veränderungen des Wohnsitzes, des Partners, der Arbeit, des Outfits usw. ist eine gewisse Portion Mut erforderlich. Der Sprung ins kalte Wasser macht angst, ist aber im Hinblick auf neue, aufregende und beglückende Erfahrungen oft nicht zu vermeiden.

»Auch der Mutigste von uns hat nur selten den Mut
zu dem, was er eigentlich weiß.«
*(Friedrich Nietzsche,
Götzendämmerung, Sprüche und Pfeile)*

Menschen sind anpassungsfähige Wesen. Dies ist in Anbetracht der Gesetze der Evolution auch nicht von Nachteil. Doch was die soziale Anpassungsfähigkeit betrifft, so sind viele von uns zu Kompromissen bereit, die sie ihr Leben lang daran hindern werden, ihre Begabungen und ihr Potential zu entwickeln und zur Blüte zu bringen.

Die meisten Menschen wissen, daß in ihrer Tiefe Fähigkeiten darauf warten, entwickelt zu werden. Doch dies erfordert Mut. Unbequeme Entscheidungen sind notwendig, denn es wird nicht zu vermeiden sein, daß Sie ihr Leben umkrempeln müssen, daß Sie Tätigkeiten, die Sie als sinnlos erkannt haben, aufgeben und Menschen, die Sie als wenig förderlich empfinden, verlassen müssen. Insofern gibt es also auch die Feigheit vor der Wahrheit. Es ist nicht immer leicht, konse-

quent zu den eigenen Einsichten und Erkenntnissen zu stehen, danach zu handeln und sie auch anderen gegenüber zu vertreten.
Doch vielleicht ist der Zeitpunkt für die großen Veränderungen noch nicht gekommen oder die Opfer wären momentan zu groß, so daß dann wiederum Obenstehendes gilt, daß nämlich die Feigheit Sie auch vor Fehlern schützt.

»Wenn man an etwas hängt, wird man Leid verspüren.
Wenn man an etwas hängt, wird man feige werden.
Wer sich vom Anhaften befreit, leidet nicht.
Aus welchem Anlaß sollte er feige sein?«
(Buddha, Dhammapada XVI)

Zum Abschluß noch eine interessante Ansicht, was den Ursprung der Feigheit betrifft. Um überhaupt feige sein zu können, müssen Sie laut Buddha an etwas hängen, etwas lieben, etwas nicht verlieren wollen. Wenn Sie zum Beispiel nicht an Ihrem Job hängen, brauchen Sie keine Angst davor zu haben, ihn zu wechseln oder ihn zu verlieren, und dann gibt es auch keinen Grund für Sie, sich gegenüber Kollegen oder Vorgesetzten »feige« zu verhalten.
Wenn es etwas gibt, das Ihnen viel Freude und Wohlbehagen schenkt, werden Sie es instinktiv schützen wollen und Angst davor haben, es zu verlieren. Wenn Sie nicht wirklich an Ihrer Gesundheit hängen, werden Sie zum Beispiel »mutig« genug sein, bei einer sexuellen Begegnung mit einem fremden Partner auf die Verwendung eines Kondoms zu verzichten oder jeden Abend eine Flasche Wodka zu leeren. Lieben Sie Ihre Gesundheit, werden Sie dazu zu feige sein.
Wenn Ihnen beispielsweise daran gelegen ist, daß andere Menschen Sie jederzeit akzeptieren, werden Sie zu feige

sein, Ihre Rollenspiele aufzugeben und anderen lieber weiterhin Honig um die Bärte schmieren, als ihnen offen zu sagen, was Sie stört. Dies ist wahrscheinlich eine »ungünstige Form des Anhaftens«. Wenn Ihnen andererseits Ihr Leben lieb ist, so werden Sie vorsichtig mit sich umgehen und jeglichen Leichtsinn, der Sie Kopf und Kragen kosten könnte, vermeiden. Und das ist wohl eine durchaus »günstige Form des Anhaftens«.

Hochmut – »Wer sich aufbläst, steht nicht fest ...«

Hochmut wäre nicht so arg, käme er nicht, wie man so schön sagt, vor dem Fall. Was aber ist eigentlich der Hochmut und was der Fall? Und warum schadet Hochmut und wozu nützt er, falls er überhaupt nützt?
Wie so oft liegen die Dinge um so komplizierter, je genauer wir sie betrachten. Und würde der Hochmut ein friedliches und harmonisches Dasein in dieser Welt nicht gefährden, hätten wir es leichter, denn dann müßten wir ihm keine weitere Beachtung schenken. So aber müssen wir es doch tun, da uns sonst die Sache mit dem Fall widerfahren und uns aus dem Gleichgewicht bringen könnte, was durchaus vermieden werden kann.

»Mensch, ist was Guts in dir, so maße dichs nicht an;
sobald du dir's schreibst zu, so ist der Fall getan. «
(Angelus Silesius,
Der Cherubinische Wandersmann)

Obwohl Angelus Silesius als philosophisch denkender, christlicher Mystiker aus unserer westlichen Tradition kommt, hat er mit seinem hier zitierten Satz unwissentlich zugleich eine zutiefst hinduistische Empfehlung vertreten. In der »Bhagavad

Gita« wird dem nach Weisheit und Erleuchtung Suchenden nämlich ebenfalls dringend empfohlen, sich nicht um die »Früchte seiner Taten« zu kümmern und seinen kleinen oder großen Erfolgen keine besondere Bedeutung beizumessen.
In einer Gesellschaft, wo Leistung, wenn auch nicht über alles, so doch über vieles geht, ist der Stolz auf das eigene Gelingen natürlich nur allzu verständlich. Schließlich werden wir normalerweise nicht für unsere Weisheit, unsere Einsichten, unsere Gelassenheit und unsere Toleranz als vielmehr für unsere der Gemeinschaft oder zumindest unseren Vorgesetzten dienlichen Leistungen »geliebt« und gelobt. Verständlich, daß einem da schon einmal die Werte durcheinander geraten.
Dennoch: So menschlich und normal es einerseits ist, auf das Erreichte stolz zu sein, so verderblich ist andererseits jede Überheblichkeit in bezug auf die eigene Person oder die eigene Leistung.

»Der Stolz, eine edle Leidenschaft, ist nicht
blind gegen eigene Fehler. Aber der Hochmut ist es.«
(Georg Christoph Lichtenberg,
Vermischte Schriften I, 148)

Lichtenberg unterscheidet hier zwischen Stolz und Hochmut. Zweifellos hätte er mit einiger Berechtigung auch schon zwischen Stolz und Stolz unterscheiden können. So ist nämlich etwa der Stolz auf das, was man aufgebaut, erreicht oder vollbracht hat, vielleicht nicht immer günstig, zumindest aber recht verständlich. Hingegen ist der Stolz darauf, Finne, Deutscher oder Afrikaner zu sein, eine seltsame, wenn auch verbreitete Erscheinung. Schließlich muß man für gewöhnlich wenig dazutun, in irgendeinem besonderen Teil der Welt das Licht zu erblicken - schlimmer noch, wird man nicht einmal nach seinen Vorlieben gefragt, sondern eher zufällig in einem beliebigen Land geboren. Der Stolz auf eine Nationalität entspricht insofern also etwa dem Stolz darauf, einen Kopf zu besitzen, ist also weitgehend unbegründet.

Während es beim Stolz noch unterschiedliche Formen gibt, von denen einige nicht allzu bedenklich sind, stellen Hochmut und Überheblichkeit ernsthafte Hindernisse auf dem Weg zur Glückseligkeit dar. Das Problem dabei ist nämlich, daß diese Eigenschaften das »Ich« so stark betonen, daß es schon einmal zu einer Verzerrung der Wirklichkeit kommen mag und ein falsches Selbstbild entstehen kann. Anders ausgedrückt neigen hochmütige Menschen häufig dazu, sich selbst zu überschätzen und sich alles in allem etwas zu wichtig zu nehmen, was zu allerlei unnötigen Anspannungen führen kann.

»Wer meint, daß er auf alle Welt verzichten könne,
der irrt sich. Noch mehr aber irrt sich, wer meint,
daß die Welt auf ihn nicht verzichten könne.«
(François de La Rochefoucauld, Réflexions morales)

Wo allzu viel Einbildung herrscht, tut ein wenig Desillusionierung gut. In der Tat bilden sich viele Menschen so einiges auf sich selbst ein, und manch einer mag dabei sein, der sich gar für unverzichtbar hält. Welt und Natur kümmert unsere Ab- oder Anwesenheit indes wenig. Trotz der Einmaligkeit eines jeden Individuums und trotz der Tatsache, daß das Ableben jedes einigermaßen netten Menschen bei seinen Liebsten Trauer und Leere hinterlassen wird, sorgt sich die Natur ehrlich gesagt nicht besonders um das Wohlergehen und die Langlebigkeit ihrer Geschöpfe.

Man könnte das auch noch etwas klarer formulieren: Wir sind abkömmlich! Kaiser, Herrscher, Wissenschaftler, Künstler und Religionsstifter kamen und gingen, drehten ein wenig an den Rädern des Schicksals, trieben die ein oder anderen kurz- oder langweiligen Dinge – doch Ruhm und Ehre währen nicht ewig. Und oft lohnt sich der Aufwand, der betrieben wird, um sein Ego im rechten Licht erscheinen zu lassen, einfach ganz und gar nicht.

»Der edle Mensch ist würdevoll,
aber niemals hochmütig. Der gemeine Mensch ist
hochmütig, und es fehlt ihm die Würde.«
(Konfuzius, Lun Yu XIII, 26)

Überheblichkeit und Anmaßung sind ungeachtet der Leistungen, des Wissens und Könnens, über das jemand verfügen mag, unangebracht. Sich selbst als hoch erachten beinhaltet automatisch eine Abwertung anderer. Ich kann mich nämlich nur dann als schön empfinden, wenn ich wenigstens einige andere häßlich finde, und nur dann überheblich werden, wenn mir andere unerheblich erscheinen.
Während der Hochmut allein durch die eigene, subjektive und übrigens fragliche, da mehr oder minder zufällige Wertung zustande kommt, ist er nicht nur unangemessen, sondern bereitet im alltäglichen Leben auch so mancherlei Schwierigkeit, was sich von der Würde nicht sagen läßt.

»Wer sich aufbläst, steht nicht fest.
Wer sich zur Schau stellt, erstrahlt nicht.
Wer selber scheinen will, scheint nicht.
Wer sich selbst lobt, bleibt ohne Erfolg.
Wer sich selbst hervortut, ist nicht von Dauer.«
(Laotse, Tao Te King, 24)

Taoisten legen naturgemäß wenig Wert auf die Pflege des Ego. Es wundert daher nicht, wenn Laotse vor den Folgen des Hochmuts warnt. Der Eingebildete ist sich seiner Sache so sicher, daß ihm die Fähigkeit, sich selbst in Frage zu stellen und günstige Veränderungen vorzunehmen, abhanden gekommen ist. Seine Vermessenheit raubt ihm das Gefühl für das richtige Maß. Er ist so sehr mit sich selbst beschäftigt, daß ihm vieles von dem, was um ihn herum geschieht, verborgen bleibt. Seine Möglichkeiten, auf andere zuzugehen, sind begrenzt, und nicht zuletzt führt sein übersteigertes Selbstbewußtsein ihn in die Isolation. »Wer sich zur Schau stellt, erstrahlt nicht. Wer selber scheinen will, scheint nicht«, und das liegt daran, daß Hochmut unschön ist und die Natürlichkeit zerstört, was auch die Menschen, mit denen es der Hochmütige zu tun hat, ziemlich schnell merken werden.
Nach dieser schonungslosen Abrechnung mit dem Hochmut und der Anmaßung wollen wir nun noch einmal kurz die Perspektive wechseln: Sollte die Überheblichkeit zu Ihren persönlichen Schwächen gehören, wäre der beste Rat, etwas bescheidener zu werden – bis jetzt. Schließlich ist Hochmut eine Form von übersteigertem Selbstbewußtsein, und da Bescheidenheit einen Gegenpol darstellt, wäre es doch vielleicht recht harmonisierend, ihr mehr Raum zu geben.

»Bescheidenheit bei mittelmäßigen Fähigkeiten ist bloße Ehrlichkeit. Bei großen Talenten ist sie Heuchelei.«
(Arthur Schopenhauer, Parerga und Paralipomena 2)

Schopenhauer zufolge ist die Bescheidenheit nun auch nicht immer der Weisheit letzter Schluß. Ganz im Gegenteil weist er darauf hin, daß Bescheidenheit bei Menschen, die Großes leisten, sogar mit Unehrlichkeit gleichzusetzen ist. Und – wie es von Schopenhauer nicht anders zu erwarten ist – er wird noch konkreter.

»Was ist denn Bescheidenheit anderes als
geheuchelte Demut, mittels welcher man in
einer von niederträchtigem Neide strotzenden Welt
für Vorzüge und Verdienste die Verzeihung
derer erbetteln will, die keine haben.«
(Arthur Schopenhauer,
Die Welt als Wille und Vorstellung I, 3)

Deutlicher kann jemand, der nicht viel von der Bescheidenheit hält, kaum noch werden. Tatsächlich sollte uns der »König der Pessimisten« insofern zu denken geben, als das Kultivieren einer aufgesetzten, höflichen Bescheidenheit nun auch nicht gerade die Lösung für einen hochmütigen Menschen sein kann.

In der Praxis ist die Sache jedoch glücklicherweise recht einfach. Der beste Weg zu einer ausgeglichenen Verfassung, einem friedvollen und zugleich erfolgreichen Leben und guten Kontakten mit anderen Menschen besteht darin, seine Überheblichkeit zu überwinden, indem man sich selbst nicht allzu wichtig nimmt, sich seiner Eigenliebe bewußt ist und diese mit dem nötigen Humor ein wenig pflegt, ohne die Sache jedoch zu übertreiben. Darüber hinaus schadet es nichts, sich auch seiner eigenen Werte, seiner Fähigkeiten und Begabungen bewußt zu sein und sich zu freuen, wenn einem einmal etwas so richtig gut gelungen ist.

Bescheidenheit muß übrigens nichts mit Understatement zu tun haben. Bescheidenheit ist auch die Kunst, sich im rechten Moment zurückzuhalten – und diese Fähigkeit verträgt sich bestens mit einem gesunden Selbstbewußtsein.

Intoleranz – »Fremde Fehler sehen wir ...«

Gehört die Intoleranz zu den Untugenden? Handelt es sich bei ihr wirklich um eine Art Charakterschwäche? Ist es überhaupt sinnvoll, alles und alle zu dulden - oder besteht Toleranz in etwas anderem, vielleicht in einer Grundhaltung, die von Offenheit geprägt ist? Auch stellt sich die Frage, ob es günstig ist, immer verständnisvoll und geduldig zu sein, oder ob es auch Momente gibt, in denen es ganz wichtig sein kann, etwas nicht länger zu »dulden«, beispielsweise wenn man Zeuge einer Ungerechtigkeit wird.
Um herauszufinden, welche Wirkungen die Intoleranz auf unser psychisches Gleichgewicht hat, wird es wohl das beste sein, einen Blick darauf zu werfen, was einige Philosophen zu diesem Thema geschrieben haben.

»Fremde Fehler sehen wir, unsere eigenen aber nicht.«
(Seneca, De ira, 2, 28, 6)

Warum der Balken im eigenen Auge nicht recht auffallen mag, der Splitter in dem des Mitmenschen jedoch deutlich ins Bewußtsein drängt, ist schwer zu erklären. Dennoch kann oft beobachtet werden, daß Menschen ihre eigenen Fehler nicht sehen, was sie nicht davon abhält, in endlosen Reden über andere herzuziehen. Und hier haben wir schon eine erste Gefahr, die in einer intoleranten Haltung verborgen ist, entdeckt: Wenn Sie sich auf die Schwächen Ihrer Nächsten konzentrieren, werden Sie vermutlich weniger Zeit damit verbringen, an sich selbst zu arbeiten. Fremde Fehler lenken schließlich so schön von den eigenen ab. Und vielleicht sollten wir daher froh darüber sein, daß andere Menschen so unglaublich viele Mängel an den Tag legen, über die wir uns aufregen können.

»Wie man das Gewicht seines eigenen Körpers trägt,
ohne es, wie doch das jedes fremden,
den man bewegen will, zu fühlen; so bemerkt man
nicht die eignen Fehler und Laster, sondern nur
die der andern.«
(Arthur Schopenhauer,
Aphorismen zur Lebensweisheit,
Paränesen und Maximen 31)

Da »das Fremde« oder »das Andere« immer stärker auffällt als das Naheliegende und Gewohnte, sind die Fehler und Laster der anderen weniger leicht zu tolerieren als die eigenen. So ist das nun mal, was nicht heißt, daß Intoleranz nicht zahlreiche Probleme beinhalten würde. Zunächst einmal wäre da die einseitige Sichtweise zu nennen, die es intoleranten Menschen schwer macht, flexibel und lebendig zu reagieren und sich ihre geistige Freiheit zu bewahren. Wer, je nach Neigung, beispielsweise bestimmte Teile der Menschheit wie Homosexuelle, Farbige, Glatzköpfe, Langhaarige, bunt Gekleidete oder in sonstiger Weise auffallende Menschen ablehnt, verbaut sich die Chance für viele interessante Begegnungen und neue Erfahrungen. Schlimmer ist freilich, daß Ablehnung, die ohnehin meist eher auf Vorurteilen als auf klaren Einsichten aufbaut, unangenehme Gefühle erzeugt. Und das sowohl beim Unduldsamen selbst als auch beim »Objekt seiner Intoleranz«.
Ein Blick auf die Weltgeschichte genügt, um zu erkennen, wie oft die Ablehnung und Ächtung von Randgruppen zu Haß, Mord und Totschlag geführt hat – und von all dem wird ein Philosoph oder ein Weiser sich ebenso fernzuhalten versuchen wie von einem Mangel an Achtung gegenüber seinen Mitmenschen und übrigen Mitgeschöpfen.

»Wer in seinem Innersten geordnet und in
Harmonie ist, kümmert sich nicht um das eigenartige
und verkehrte Treiben der Menschen.«
(Thomas von Kempen, Nachfolge Christi 2, 1)

Es fällt auf, daß, wie auch Thomas von Kempen bemerkt, glückliche und ausgeglichene Menschen selten von Intoleranz geplagt werden.
Wenn Sie in sich ruhen und mit Ihrem Leben im großen und ganzen zufrieden sind, werden Sie kaum Anlaß dazu haben, sich um das »eigenartige und verkehrte Treiben der Menschen« um Sie herum zu kümmern. Ablehnung, Unduldsamkeit und das Verurteilen anderer Leute wird eher das Problem von Personen sein, die sich langweilen oder mit sich selbst unzufrieden sind. Dabei ist es dem eigenen Seelenheil nicht besonders zuträglich, andere Menschen ständig zu verurteilen und die Fehler vor allem bei anderen zu suchen. Darauf hat auch Platon hingewiesen.

»Ebensowenig heilt der Mensch seine Seele,
wenn er die Schuld für seine jeweiligen Fehler
sowie auch für die häufigsten und größten
Übel nicht bei sich selbst, sondern bei den anderen
sucht und sich selbst immer rein wäscht,
da er meint, seine Seele dadurch zu heilen, wobei er
jedoch gründlich irrt, denn er schadet ihr nur.«
(Platon, Gesetze, 5. Buch)

Ständig muß der Mensch sich entscheiden, worauf er seinen Blick lenken soll. So können wir viele unserer Gedanken darauf richten, die Fehler unserer Mitmenschen zu entdecken und uns über sie zu echauffieren. Wer dies tut, betreibt damit natürlich eine Form des negativen Denkens, die es

ihm schwer macht, mit sich und der Welt in Harmonie zu leben.
Wenn Sie sich dazu entscheiden, Ihre Aufmerksamkeit auf die schönen und wertvollen Seiten Ihrer Mitmenschen zu richten, werden Sie nicht nur wesentlich zufriedener leben, Sie werden auch sehr viel eher Freunde gewinnen, die Ihnen ebensoviel Verständnis entgegenbringen, wie Sie es ihnen gegenüber zeigen.

»Es zeugt von großem Sinn, wenn man
ungehöriges Verhalten mit Ruhe erträgt.«
(Demokrit, Fragmente, 46)

Toleranz zu entwickeln erfordert ein bestimmtes Maß an innerer Kraft. Schließlich liegt die Kunst ja darin, auch solchen Menschen offen und respektvoll zu begegnen, die nicht auf Anhieb unsere Sympathie wecken. Wenn wir unsere Kinder lieben, ist es ein Leichtes, sie anzunehmen und auch die ein oder anderen ihrer Streiche und Dummheiten mit Verständnis und Toleranz aufzufangen. Schwieriger wird es, unsere Offenheit und Duldsamkeit gegenüber Menschen zu zeigen, die uns so richtig auf die Nerven gehen. Doch gerade hier liegen enorme Entwicklungsmöglichkeiten verborgen.
Wenn Sie es mit Menschen zu tun haben, die Dinge machen, die Ihrem Bild davon, wie die Welt sein sollte, genau entgegengesetzt sind, können Sie zwischen drei Handlungsweisen wählen. Entweder Sie entziehen sich, womit nichts gewonnen, allerdings auch nicht viel verloren ist. Oder Sie gehen auf Konfrontationskurs, was wahrscheinlich darauf hinausläuft, daß Sie Ihre Meinung verfechten werden und es kaum zu einer wirklichen Kommunikation kommen wird. Die dritte Möglichkeit besteht darin, daß Sie sich fragen,

warum Sie auf den anderen eigentlich so allergisch reagieren und warum es Ihnen so schwerfällt, tolerant zu bleiben.
Es versteht sich von selbst, daß letztere Strategie die meisten Chancen bietet, Ihr Weltbild neu zu überdenken, aufgrund neuer Einsichten und Erfahrungen gegebenenfalls Korrekturen vorzunehmen und sich damit ein Stück mehr innere Freiheit und Flexibilität zu erobern und neue Sichtweisen auszuprobieren.
Apropos Sichtweisen: Bevor wir uns zu einem jederzeit toleranten Verhalten anhalten, sollten wir natürlich auch einmal darüber nachdenken, ob Intoleranz nicht auch gewisse Vorteile haben könnte.

»Wer andere bekrittelt, arbeitet an seiner Selbstbesserung. Also die, welche die Neigung und Gewohnheit haben, das äußerliche Benehmen, überhaupt das Tun und Lassen der andern im stillen, bei sich selbst, einer aufmerksamen und scharfen Kritik zu unterwerfen, arbeiten dadurch an ihrer eigenen Besserung und Vervollkommnung; denn sie werden entweder Gerechtigkeit oder doch Stolz und Eitelkeit genug besitzen, selbst zu vermeiden, was sie so oft strenge tadeln.
Von den Toleranten gilt das Umgekehrte.«
(Arthur Schopenhauer,
Aphorismen zur Lebensweisheit V, 31)

Da Schopenhauer ein ausgesprochener Eigenbrötler war und nicht gerade eine große Anzahl guter Freunde sein eigen nennen konnte, sollten jene seiner Aussagen, die sich auf den Umgang mit den lieben Mitmenschen beziehen, grundsätzlich mit entsprechender Vorsicht genossen werden. Dennoch spricht Schopenhauer einen sehr interessan-

ten Aspekt an, wenn er schreibt, daß das Kritisieren anderer auch eine Möglichkeit der Selbstverbesserung bietet. Es stimmt schon, daß eine gute Beobachtungsgabe nicht zuletzt auch die Selbsterkenntnis erleichtern kann. Wenn Sie die Fehler und das zuweilen eigenartige Benehmen der anderen einmal genau betrachten und im stillen darüber nachdenken, warum Menschen so handeln, wie sie handeln, werden Sie zweifellos wichtige Erkenntnisse gewinnen.
Damit aus fremden Fehlern gelernt werden kann, ist es jedoch notwendig, sich selbst und seine eigenen Angewohnheiten auch immer wieder einmal in den Mittelpunkt der Betrachtung zu rücken. Die Neigung zu allerlei bösem Gerede und Lästerei ist weit verbreitet, und leider zeigt sich, daß jene, die andere wegen ihrer Schwächen bekritteln, oft nicht viel dazulernen. Nichtsdestotrotz kann das Analysieren fremder Fehler bei entsprechend intelligenter Umsetzung durchaus dazu geeignet sein, sich selbst weiterzuentwickeln.

»Es liegt in der menschlichen Natur,
die Notwendigkeiten der Dinge mit Geduld zu ertragen,
nicht jedoch den bösen Willen des anderen.«
(Jean-Jacques Rousseau, Émile 1, 1)

Toleranz hat ihre Grenzen. Wo diese Grenzen überschritten werden, wo das Treiben bestimmter Zeitgenossen beispielsweise bösartig oder auch nur von einem Übermaß an Dummheit geprägt ist, ist Duldsamkeit fehl am Platz. So sollten wir nie den Fehler begehen, Ungerechtigkeit zu dulden, sondern immer prüfen, wo unser Gefühl oder unser gesunder Menschenverstand uns dazu zwingt, einzugreifen.
Falls Ihnen die Entscheidung einmal schwerfallen sollte und Sie nicht recht wissen, ob in einer bestimmten Situation Toleranz oder Widerstand gefragt ist, gibt es einen einfachen

Trick. Denken Sie kurz darüber nach, ob Fehler oder negative Verhaltensweisen, die Sie bei anderen beobachten, zu einer Gefahr für Dritte werden oder in sonstiger Weise größeren Schaden anrichten können. Wenn Sie zum Beispiel Zeuge werden, wie ein guter Bekannter von Ihnen nach dem Genuß von ein paar Flaschen Wein und etlichen Digestifs in sein Auto steigen möchte, wäre Toleranz sicher die falsche Entscheidung. Auch in einem holländischen Sprichwort wird der Nachteil unangebrachter Toleranz angesprochen: »Duldsamkeit gegen die Wölfe ist Unrecht gegen die Schafe.«

Konzentrationsschwäche – oder »Konzentration auf etwas anderes«

Manchmal fällt es einfach schwer, sich zu konzentrieren. Jeder von uns kennt das. Man soll Akten ordnen, einen Brief schreiben, seine Steuererklärung machen oder jemandem zuhören, der gerade ein schwerwiegendes Problem wälzt – aber irgendwie klappt es nicht so recht. Es fehlt eben einfach an der nötigen Konzentration.

Während ein gelegentlicher Mangel an Konzentrationsvermögen nicht weiter beunruhigend ist, kann eine ausgesprochene Konzentrationsschwäche einem ziemlich viele Probleme bereiten. Nur wer sich konzentrieren kann, kann seine Fähigkeiten entwickeln, seine Aufgaben erledigen und seine Ziele verwirklichen! Ein Mangel an Aufmerksamkeit kann deshalb auch zu einer seelischen Belastung werden, denn unkonzentrierte, geistesabwesende Menschen haben oft nicht zu Unrecht das Gefühl, daß sie in ihrem Leben nicht weiterkommen.

So gilt ein Mangel an Konzentration auch allgemein als lästig und ist schlicht unerwünscht. Eltern klagen über die Konzentrationsschwäche ihrer Kinder, die sich in schlechten Noten und unangenehmen Schreiben enttäuschter Lehrer niederschlägt. Kinder klagen später wiederum über die Zerstreutheit ihrer betagten Eltern, die sich statt Zahnpasta Hautsalben auf die Bürste drücken, selbst engste Verwandte mit falschen Vornamen anreden, Arzttermine und Hochzeitstage vergessen und ähnlichen Schabernack treiben.

Wenn keine gröberen Störungen der Gehirnfunktionen, wie sie eher selten vorkommen, vorliegen, können Zerstreutheit und Konzentrationsschwäche schon auch einmal ganz natürliche Reaktionen sein. Erfahrungsgemäß fällt es dem Menschen nämlich recht schwer, sich auf Gegenstände zu konzentrieren, die ihn nicht im geringsten interessieren. So mag der lauwarm aufbereitete Mathematikstoff für einen Schüler ebenso langweilig sein, wie es für den Großvater uninteressant sein dürfte, 20 Vornamen im Gedächtnis abzuspeichern, um auch noch den Großcousin dritten Grades beim richtigen Namen nennen zu können. Es verbirgt sich hinter Vergeßlichkeit und Unaufmerksamkeit also oft nichts anderes als reiner Mangel an Interesse.

Sind die Objekte, die die Aufmerksamkeit fesseln, interessant und spannend genug, wird Konzentration indes auf ganz natürliche Weise entstehen. Wer's nicht glauben mag, beobachte einmal, welches Maß an Faszination und Zeitvergessenheit Kinder bei der Konzentration auf ihre Spiele entwickeln können. Bei »Blinde Kuh« und »Topfschlagen« zeigt sich dann auch, daß Konzentration durchaus nicht mit Anstrengung verbunden sein muß.

Die Aufmerksamkeit läßt sich gerne von interessanten, spannenden Reizen einfangen. Dadurch können einige Probleme entstehen. Wenn etwa Prüfungen zu absolvieren oder anstrengende geistige Tätigkeiten zu vollbringen sind, die im Grunde langweilig erscheinen, zieht der menschliche Geist es meist vor, sich »aus dem Staub« zu machen und in irgendwelchen Gedanken oder Tagträumen zu schwelgen, wodurch jede Konzentration natürlich unmöglich wird.

»Durch ständiges Bemühen, innere Wachheit,
Selbstbeherrschung und Konzentration
der Sinne, baut sich der Weise eine Insel auf, die durch
keine Flut weggespült werden kann.«
(Buddha, Dhammapada, II)

Wenn Sie in der Silvesternacht das Feuerwerk am Himmel beobachten oder einem Menschen verliebt in die Augen blicken, wird sich Ihre Aufmerksamkeit ganz von selbst auf diesen Augenblick richten. Um Konzentrationsvermögen zu entwickeln, ist jedoch etwas mehr nötig, als dem natürlichen Fluß der Aufmerksamkeit zu folgen. Konzentration besteht ja gerade in der Kunst, seine Aufmerksamkeit bewußt auf etwas Ausgewähltes zu lenken. Konzentration heißt also auch, die Zügel in die Hand nehmen und die Richtung selbst bestimmen. Wenn Sie Klavierspielen, Spanisch oder Judo lernen wollen, nützt es Ihnen wenig, Ihrer Aufmerksamkeit freien Lauf zu lassen. Insofern ist Konzentration in vielen Fällen auch mit einem kleinen bißchen Mühe und Selbstbeherrschung verbunden.
Buddha nennt Selbstbeherrschung, innere Wachheit und Konzentration der Sinne als wichtige Faktoren, die uns dabei helfen können, einen außergewöhnlichen Zustand der inneren Ruhe und Weisheit zu erlangen, in dem das Schicksal keinen großen Einfluß mehr auf unsere seelische Ausgeglichenheit hat. Durch Wachheit und Konzentration können wir es vermeiden, daß unser Geist nach Belieben jedem auftauchenden Reiz folgt, seinen Tagträumen nachhängt oder, was noch schlimmer ist, in negatives Denken und Grübelei

verfällt. Statt dessen können wir mit Hilfe der Konzentration die Kontrolle über unsere Gedanken und damit auch über unsere Gefühle übernehmen, was eine beruhigende Tatsache ist.

»Wie kleine Gegenstände, dem Auge nahe gehalten,
unser Gesichtsfeld beschränkend,
die Welt verdecken, so werden oft die Menschen
und Dinge unserer nächsten Umgebung,
so höchst unbedeutend und gleichgültig sie auch seien,
unsere Aufmerksamkeit und Gedanken
über die Gebühr beschäftigen.«
(Arthur Schopenhauer,
Aphorismen zur Lebensweisheit V, 13)

Wem es an Konzentration mangelt, der wird sich gedanklich meist mit dem Naheliegenden beschäftigen. Die Aufmerksamkeit folgt natürlicherweise zunächst einmal dem Unmittelbaren. Wer schon einmal zum Opfer der Fernbedienung seines TV-Gerätes wurde, wird das unbefriedigende Gefühl kennen, den ganzen Abend vor dem Fernseher verbracht zu haben, obwohl man ursprünglich nur die Nachrichten anschauen wollte. Der Geist ist von den direkt auf ihn einwirkenden Reizen leicht zu fesseln und leicht zu beunruhigen. Hat unser Hund sich die Vorderpfote verstaucht, erfahren wir in Anbetracht seines Leidens einen direkten Reiz, der uns vermutlich mehr beschäftigen wird, als wenn wir im Radio über die grausamen Bedingungen der Massentierhaltung informiert werden, die uns jedoch nicht unmittelbar vor Augen schwebt.
Die Sprunghaftigkeit und Ziellosigkeit der eigenen Gedanken erzeugt übrigens auch eine unruhige Gemütsverfassung. Gleich einer Nußschale auf stürmischer See dümpelt ein un-

konzentrierter Geist mal hierhin, mal dorthin, ganz abhängig davon, wie die durch die Sinne aufgenommenen Reize seiner Umgebung es ihm aufzwingen. Stellt sich eigentlich nur noch die Frage, wie diese Sprunghaftigkeit und Zerstreutheit zu überwinden ist.

»Vieles hören, vielem auf den Grund gehen,
das ist nicht so gut wie das Wahren der Mitte.«
(Laotse, Tao Te King, 5)

Menschen, die sich über ihr mangelndes Konzentrationsvermögen ärgern, haben oft den Eindruck, daß Konzentration etwas sei, das schwierig zu bewerkstelligen ist. Tatsächlich wird Konzentration darum oft auch mit »Zähne zusammenbeißen« und »sich zusammenreißen« verwechselt. Dies ist bedauerlich, da Konzentration im Grunde etwas sehr Entspannendes und Wohltuendes sein kann.

Konzentration heißt ja zunächst einmal Sammlung. Ein Maler, der eine Landschaft malt, ein spielendes Kind, ein an seinen Forschungen arbeitender Wissenschaftler, ein guter Zuhörer - all das sind Beispiele dafür, daß Gesammeltsein und Konzentration sehr befriedigend und beglückend sein können.

Die Ursache für viele Konzentrationsstörungen liegt darin, daß wir unserem Bewußtsein zu viele Objekte, zu viele Reize anbieten. Innerhalb der taoistischen Philosophie wird sehr viel größerer Wert auf das Bewahren der inneren Ruhe und die Beschäftigung mit wenigen, auserwählten Inhalten gelegt als auf das Sammeln und Verwerten möglichst vieler Informationen.

Der Unterschied zwischen einem Weisen und einem »normalen Menschen« besteht unter anderem auch darin, daß erstgenannter seine Aufmerksamkeit ganz und gar auf einige am Himmel vorbeiziehende Wolken lenken und in heiterer Konzentration, die übrigens auch die Voraussetzung für einen meditativen Geist ist, verharren kann. Letzterer benötigt hingegen eine Fülle von Reizen. Um der inneren Leere zu entkommen, bedarf es einiger Ablenkungen. So wird beim Frühstück Zeitung gelesen und gleichzeitig mit Familienangehörigen gestritten oder beim Autofahren Radio gehört und gleichzeitig noch telefoniert.

»Die fünf Farben machen das Auge blind.
Die fünf Töne machen die Ohren taub.
Die fünf Würzen stumpfen den Gaumen ab.
Hetzen und Jagen beunruhigen das Herz.
Seltene Güter verwirren den Weg.«
(Laotse, Tao Te King, 12)

Konzentration hat viel mit dem Entschluß zu tun, sich von bestimmten Reizen zurückzuziehen, um sich etwas Wertvollerem hingeben zu können. Es ist weniger eine Sache eines starken Willens als vielmehr der Entscheidung, für einen bestimmten Zeitraum keine Ablenkungen zuzulassen.
Vorsichtshalber noch einmal: Konzentration ist nicht anstrengend. Konzentration heißt nicht, sich zu verkrampfen. Wenn Sie sich vornehmen, Ihre Aufmerksamkeit für die nächste Stunde einem Freund, der Ihnen etwas erzählen möchte, oder einem Brief, den Sie schon lange schreiben wollten, zu widmen, besteht die einzige Anstrengung im Entschluß, dies zu tun.
Sobald die Anfangshürde übersprungen und die innere Vorbereitung auf die kommende Tätigkeit erfolgt ist, wird die Konzentration Ihnen die nötige Ruhe für das Gelingen verschaffen, gleichgültig, ob es dabei um Erfolg in der Arbeit, das Lösen von Problemen, das Entwickeln philosophischer

Gedanken oder das Kochen einer hervorragenden Fischsuppe geht.

Kopfschmerzen ➛ Sorgen

Krankheit – lieber »ein gesunder Bettler ...«

Die Philosophie kann Ihnen dabei helfen, ausgeglichener und glücklicher zu werden. Wie in den Anfangskapiteln erwähnt, wirkt sich ein friedvoller Gemütszustand letztendlich auch sehr positiv auf den Körper aus. Nichtsdestotrotz ist das Thema Krankheit aus dem menschlichen Dasein natürlich nicht wegzudenken. Und sicher hat jede Krankheit auch einen verborgenen Sinn, denn schließlich:

»Alles was ist, ist vernünftig.«
(Georg Wilhelm Friedrich Hegel,
Grundlinien der Philosophie des Rechts, Vorrede)

Wer konkret von einer Erkrankung betroffen ist, wird vielleicht nicht ohne weiteres einsehen, was an seiner Krankheit »vernünftig« sein soll. Doch Hegel benutzt den Begriff im Sinne von »sinnvoll«. Es ist eine Tatsache, daß Menschen krank werden. Bestehende Tatsachen anzunehmen ist beispielsweise auch ein wichtiger Aspekt der östlichen Philosophie und ermöglicht es uns, den Sinn hinter den Dingen zu erkennen, indem wir aufhören, gegen sie anzukämpfen.
Halten wir also fest: Alle Menschen werden im Laufe Ihres Lebens normalerweise irgendwann einmal krank – Dummköpfe ebenso wie Philosophen. Im Gegensatz zum Dummkopf besteht der Vorteil eines Menschen, der sich mit der Philosophie befaßt, allerdings darin, daß er sich so seine Gedanken macht. Infolgedessen wird er für gewöhnlich viele

Einsichten gewinnen, darunter auch solche, die ihm helfen, in schwierigen Zeiten gelassen und heiter zu bleiben. Die Zeit der Krankheit zählt zweifellos zu diesen »schwierigen Zeiten«. Körperliche Erkrankungen können unglaublich lästig werden, und sie können die Lebensfreude natürlich sehr beeinträchtigen. Aus diesem Grunde ist es allgemein empfehlenswert, Krankheiten schon im Vorfeld zu begegnen, sprich, sie zu verhindern oder genauer: ihnen so weit als möglich vorzubeugen.

»Besonders überwiegt die Gesundheit
alle äußeren Güter so sehr, daß wahrlich ein gesunder
Bettler glücklicher ist als ein kranker König.«
(Arthur Schopenhauer, Aphorismen zur Lebensweisheit I)

Zunächst sollten wir uns über die Bedeutung einer guten Gesundheit wirklich im klaren sein. Schopenhauer stellt fest, daß die Gesundheit alle äußeren Güter überwiegt. Leider ist der Wert der Gesundheit aber meist nur demjenigen, dem sie abhanden kam - dem Kranken -, so recht klar. Solange es uns gut geht und wir uns fit fühlen, fehlt es leider oft an der nötigen Motivation, etwas für unsere Gesundheit zu tun. Wenn - wie Schopenhauer sagt - ein gesunder Bettler tatsächlich glücklicher als ein kranker König ist, heißt das, daß es sich lohnen könnte, vernünftig und gesund zu leben und die Gesetze der Natur zu berücksichtigen.

»Die größte aller Torheiten ist, seine Gesundheit
aufzuopfern, für was es auch sei, für Erwerb,
für Beförderung, für Gelehrsamkeit, für Ruhm,
geschweige für Wollust und flüchtige Genüsse:
Vielmehr soll man ihr alles nachsetzen.«
(Arthur Schopenhauer, Aphorismen zur Lebensweisheit II)

In der Tat scheint Schopenhauer die Ansicht zu vertreten, daß Gesundheit über vieles, ja fast sogar über alles geht. Weder die Jagd nach Geld oder Ansehen, noch Ruhm und Ehre oder Gelehrsamkeit sind es wert, seine Gesundheit aufs Spiel zu setzen. Nun sind viele Krankheiten ja die direkte Folge ungünstiger Lebensgewohnheiten. Das wußte man natürlich auch schon zu Schopenhauers Zeiten. Auch wenn Begriffe wie »Workaholic« oder »Streß« damals noch unbekannt waren – das eigenartige Verhalten einiger Menschen, die wegen mehr oder minder fragwürdiger Ziele bereit sind, sich, das heißt insbesondere ihre Gesundheit und ihr Wohlbefinden, aufzuopfern, konnte man auch seinerzeit bereits studieren.

Schon einem »normalen Menschen« (was auch immer das sein soll) wird es eigenartig vorkommen, wenn er beobachtet, wie jemand seine Lebenszeit und seine sozialen Kontakte opfert, vielleicht seine Ehe und vor allem seine Gesundheit riskiert, nur um noch mehr Geld zu verdienen, sein Ansehen in der Firma zu steigern, befördert zu werden oder seinen Ehrgeiz beziehungsweise seine Arbeitssucht anderweitig zu befriedigen. Doch um wie viel mehr mag sich ein Philosoph über ein derartiges Benehmen wundern. Schließlich gilt es ihm doch viel, die nötige Muße zu wahren, die für die »Sicherung des inneren Friedens« unabkömmlich ist.

Neben Streß und Hektik erwähnt Schopenhauer als weitere »Gesundheitskiller« noch die Wollust und die flüchtigen Genüsse. Daß maßloser Konsum, sei es von Nikotin, Alkohol oder Nahrungsmitteln, der Gesundheit nicht gerade zuträglich ist, weiß heute jedes Kind. Dennoch gibt es kaum jemanden, der sich heute nur an einfachste – und übrigens auch sehr wirkungsvolle – Gesundheitsempfehlungen halten kann. Diese lauten bekanntermaßen: »weniger und gesünder essen«, »weniger oder gar nicht rauchen«, »vorsichtig mit Alkohol umgehen« und »sich mehr bewegen«.

»Ich fand bei Plutarch, mit welchen Mitteln sich Cäsar
gegen Kränklichkeit und Kopfschmerz
verteidigte: Ungeheure Märsche, einfache Lebensweise,
ununterbrochener Aufenthalt im Freien ...«
(Friedrich Nietzsche, an Peter Gast, 13. 2. 1888)

Vor etwa 100 Jahren verfaßte Pfarrer Kneipp seine Kaltwasser- und Abhärtungstips. Doch die Wirkungen, die der Kontakt zur Natur und eine einfache Lebensweise auf den menschlichen Organismus zeitigen, waren natürlich schon lange davor bekannt. Wenn Nietzsche über Cäsars »Gesundheitsprogramm« schreibt, lesen wir zwischen den Zeilen auch nichts anderes heraus, als daß ein Mensch einfach nicht dafür »gemacht« ist, acht Stunden täglich auf einem Bürostuhl und die Abendstunden dann noch im Fernsehsessel zu verbringen.
Natürlich ist nicht jede Erkrankung die Folge reiner Unvernunft. Falls Sie an einer Krankheit leiden, sollten Sie daher zunächst einmal herausfinden, ob diese durch falsche Ernährung, eine ungünstige Lebensweise oder vielleicht auch durch Streß und psychische Aspekte bedingt oder doch zumindest mitverursacht worden ist. Sollte dem so sein, haben Sie den Vorteil, daß eine Korrektur Ihrer Fehlgewohnheiten stark dazu beitragen wird, die Heilung zu unterstützen und Rückfälle zu verhindern.

»Erholung ist die Würze der Arbeit.«
(Plutarch, Moralische Abhandlungen, Erziehung, 9)

Jede Krankheit enthält eine Botschaft, die entschlüsselt werden will. Vielleicht will Ihre Erkrankung Ihnen lediglich signalisieren, daß Sie sich in eine falsche Richtung bewegen oder sich etwas mehr Zeit für sich selbst nehmen sollten. Möglicherweise fällt es Ihnen schwer, das richtige Gleichgewicht zwischen Spannung und Entspannung zu finden, so daß Ihr Körper früher oder später mit Symptomen reagieren muß. Viele Probleme, die sich im Körper manifestieren, könnten durch mehr Erholung, Ruhe und Muße vermieden werden. Eine von vielen Möglichkeiten, den nötigen Ausgleich von Körper und Seele herzustellen, besteht darin, erbauliche, kraft- und trostspendende Texte zu lesen, wie sie nicht nur von Poeten, sondern auch von vielen Philosophen vorliegen.

»Um Menschen zu führen und dem Himmel zu dienen,
ist nichts besser als Schonung.
Nur durch Schonung lernt man,
die Dinge frühzeitig zu behandeln.
Durch frühzeitiges Behandeln der Dinge,
wird vielfach Lebenskraft gesammelt.
Mit vielfach gesammelter Kraft,
kann jede Lage gemeistert werden.«
(Laotse, Tao Te King, 59)

Ganz in Übereinstimmung mit der östlichen Philosophie schlägt Laotse eine für unsere Breiten ungewöhnliche Methode vor, Krankheiten zu verhindern beziehungsweise die Heilung von innen heraus zu unterstützen. Im Grunde spricht Laotse in der zitierten Passage ein Geheimnis der Lebensenergie an. Nach östlicher Auffassung kann diese Energie oder Lebenskraft durch »Schonung«, »Beschränkung« oder »Nicht-Handeln« aktiviert und für Heilzwecke genutzt werden.
Sie können lernen, sich zu »schonen«, womit Laotse jedoch nicht meint, daß Sie sich nur aufs Bett legen und ein Nicker-

chen halten sollten. Vielmehr geht es darum, daß Sie daran denken, Ihre Energien besser einzuteilen und eine Verschwendung von Lebensenergie zu vermeiden.
Ihre Lebensenergie, die auch bei jedem Heilungsprozeß oft zum entscheidenden Faktor wird, wird nicht dadurch verringert, daß Sie im Wald spazieren gehen oder Ihre Arbeit verrichten. Wohl aber werden innere Widerstände, also ein Mangel an Gelassenheit oder negative Emotionen wie Haß und Neid, sehr viel Energie verschwenden. Gleiches gilt für Exzesse aller Art und für die Angewohnheit, sein Leben als Kampf anzusehen. Die beste Art der »Schonung« besteht daher darin, nicht gegen den Strom zu schwimmen, sondern sich in Gelassenheit, Heiterkeit und einer entspannten Art und Weise, sich selbst und das Leben zu betrachten, zu üben. Ach, und übrigens:

»Auch das Denken kann der Gesundheit
manchmal schaden.«
(Aristoteles, Nikomachische Ethik 7, 12)

Ebenso, wie positive Gedanken die Gesundheit fördern werden, können negative zu vielen Problemen auch im körperlichen Bereich führen. Die Macht der Gedanken, auf die Aristoteles zu sprechen kommt, ist ohnehin zentrales Thema der Philosophischen Hausapotheke und wurde daher auch bereits mehrfach behandelt. Dennoch kann es nicht schaden, wenn Sie immer wieder einmal daran »denken«, daß Sie sich durch Ihre Gedanken gesund oder krank denken können. Doch nicht nur negatives Denken kann krank machen. Immer dann, wenn die Harmonie zwischen Körper, Seele und Geist gestört ist, besteht die Gefahr, aus dem Gleichgewicht zu kommen. Jede einseitige Entwicklung ist somit als Risikofaktor anzusehen, worauf auch Platon hinweist:

»... die Seele soll nicht in Bewegung
gesetzt werden, ohne daß auch der Körper bewegt wird,
damit beide, ihr Rechte verteidigend, in die Harmonie
und zur Gesundheit gelangen. Wer also als
Philosoph tätig ist, oder einen anderen Beruf hat,
der mit starken geistigen Anstrengungen
verbunden ist, der soll auch auf ein ausreichendes Maß
an Körperbewegung bedacht sein und die
Gymnastik fleißig pflegen, und wer vor allem um die
Bildung seines Körpers Sorge zu tragen hat,
der muß auf der anderen Seite die Seelenkräfte
tätig halten durch Pflege der Musik
und aller geistiger Disziplinen ...«
(Platon, Timaios, 42)

Langeweile – »Quelle des menschlichen Leidens ...«

Im allgemeinen gleicht das Leben der meisten Menschen nur in einigen wenigen Passagen einem lustigen Abenteuerfilm. In der übrigen Zeit passiert nicht allzu viel, und das ist eigentlich auch ganz gut so, da wir es sonst mit wesentlich mehr Herzinfarkt-Patienten zu tun hätten. Das menschliche Nervensystem ist nicht dafür geschaffen, von morgens bis abends Aufregung, Streß oder auch nur pausenlose Unterhaltung zu verarbeiten! Dennoch sehnen sich viele Menschen heute nach nicht enden wollender Kurzweil und nehmen infolgedessen jede noch so unsinnige Möglichkeit wahr, sich die Zeit zu vertreiben.
Die Flucht vor der Langeweile und der Monotonie des grauen Alltags führt oft zu einem beeindruckenden Konsum an Angeboten aus den Traumwelten der Unterhaltungsindustrie. So wird denn eifrig ferngesehen, dem Radio gelauscht, es werden massenweise Zeitungen, Zeitschriften

und Bücher gelesen, und natürlich wird auch ins Kino gegangen oder, wo es etwas fortschrittlicher zugeht, auch schon mal die ein oder andere Stunde im Internet herumgesurft – und warum auch nicht, schließlich ist die nahezu unvermeidbare Langeweile ein recht unangenehmer Zustand, den niemand gerne aushalten mag und der doch jeden schon mal befällt.

»Keiner ist so geistreich, als daß er niemals mit der Langeweile zu tun hätte.«
(Marquis de Vauvenargues, Unterdrückte Maximen)

Obwohl nicht jeder in gleichem Maße für die Langeweile anfällig zu sein scheint, ist sie insgesamt gesehen leider nie ganz zu vermeiden. So trifft sie Schlaue und Dumme, Männer, Frauen und Kinder, und selbst bei Haustieren wie Bernhardinern und Aquariumfischen soll sie zuweilen schon beobachtet worden sein. Manchmal erscheint es geradezu so, als sei die ganze Existenz von der langen Weile bedroht.
Doch was ist Langweile überhaupt? Ist sie ein natürlicher oder wenigstens ein normaler Zustand? Ist sie die konsequente Folge einer ungünstigen Lebensweise oder etwas, das wie ein Regenguß unvermittelt und schicksalhaft auftritt, ohne daß man sich davor jedoch mit einem Schirm schützen könnte?
Vielleicht ist die Langeweile ja auch ein gar nicht mal so uninteressanter Aspekt des Bewußtseins – die Einsicht in die eigene innere Leere, in die Trostlosigkeit eines grauen, eintönigen Alltags? Oder ist sie einfach nur Folge der bitteren Erkenntnis, daß es wieder mal ziemlich lange dauert, bis irgend etwas passiert?
Soviel ist gewiß: Die Langeweile kann einerseits harmlos sein. Wenn Sie zehn Minuten lang auf Ihren Zug warten

müssen und vergessen haben, sich etwas zu lesen mitzunehmen, werden Sie das schon irgendwie aushalten. Auf der anderen Seite kann Langeweile aber auch überaus nervtötend und frustrierend werden, beispielsweise dann, wenn Sie eines Morgens bemerken müssen, daß Ihr Leben, Ihr Ehepartner, Ihre Familie und Ihr Job Sie im Grunde allesamt schrecklich anöden. In diesem Fall kann Langweile schnell zu Trostlosigkeit und damit zu einem sehr ungesunden Zustand werden, auf den auch Ihr Körper entsprechend reagieren wird, falls Sie nichts verändern.

»Kommt zu einem schmerzlosen Zustand
noch die Abwesenheit der Langeweile, so ist das irdische
Glück im wesentlichen erreicht.«
(Arthur Schopenhauer,
Aphorismen zur Lebensweisheit V, 1)

Wie für einen Pessimisten angemessen, nimmt Schopenhauer die Langeweile als etwas Unvermeidliches an, denn er glaubt natürlich nicht wirklich an die reale Möglichkeit, irdisches Glück zu erreichen. Eine Strategie gegen Langweile besteht in der Tat darin, sie als gegeben anzuerkennen, ihr »Guten Tag« zu sagen und insgeheim zu hoffen, daß sie alsbald wieder verschwunden sein möge.

Immerhin hat die Erkenntnis, daß das Leben nicht immer abwechslungsreich sein kann, den Vorteil, daß man sich einigen Streß und viel Geld sparen kann. Wer die Langeweile als einen von vielen Seelenzuständen, die da so kommen und gehen, ansieht, hat es nicht nötig, sich ständig abzulenken.

Apropos Ablenkung: Es herrscht nicht selten der Drang, der Monotonie durch mehr oder minder hektische Tätigkeit zu entgehen und sich von seiner inneren Ödnis durch

Ablenkungen verschiedenster Art befreien zu wollen. Ist auch die Grundidee nicht schlecht, so hat sich doch im Laufe der Zeit erwiesen, daß das Ganze irgendwie nicht recht funktioniert. Man beobachte diesbezüglich etwa manche Theaterbesucher, Pauschalreisende oder Versicherungsvertreter - und siehe da: Auch in den Gesichtern der an und für sich gut Abgelenkten finden wir immer wieder einmal den Ausdruck unerträglicher Langeweile und Monotonie vor.
Sollte Langeweile also eher ein innerer Zustand sein - etwas, dem man nicht zu entkommen vermag, egal, ob man sich mit einem Longdrink unter karibischen Palmen oder auf dem heimischen Wohnzimmersofa aufhält? Oder ist Tätigsein vielleicht doch der Weisheit letzter Schluß?

»Wer nicht arbeitet, verschmachtet vor Langeweile
und ist allenfalls vor Ergötzlichkeit betäubt
und erschöpft, niemals aber erquickt und befriedigt.«
(Immanuel Kant, Fragmente, 8, 637)

Kant macht sich's zur Abwechslung einmal leicht. Wer arbeitet ist »gut drauf«, und die Faulen sollen sich ruhig zu Tode langweilen. Eine vielleicht etwas sehr allgemein gehaltene These, aber so schlecht nun auch wieder nicht. Immerhin läßt sich leicht beobachten, daß Menschen, die in ihrer Arbeit aufgehen, die begeistert bei der Sache sind und denen während ihres Tuns die Zeit wie im Fluge vorbeizuziehen scheint, sich nicht leicht langweilen. Tatsächlich tritt die Langeweile auch besonders oft im Rentenalter oder nach einem Unfall, der einen über einen längeren Zeitraum vom Arbeiten abhält, auf. Auch findet man sie häufig bei Reichen und Gesättigten, die auf die Arbeit im Schweiße ihres Angesichts bestens verzichten können.

»Nun ist die ursprüngliche Bestimmung der Kräfte, mit welchen die Natur den Menschen ausgerüstet hat, der Kampf gegen die Not, die ihn von allen Seiten bedrängt. Wenn aber dieser Kampf einmal rastet, da werden ihm die unbeschäftigten Kräfte zur Last: Er muß daher jetzt mit ihnen spielen, d. h. sie zwecklos gebrauchen; denn sonst fällt er der anderen Quelle des menschlichen Leidens, der Langeweile, sogleich anheim. Von dieser sind daher vor allem die Großen und Reichen gemartert.«
(Arthur Schopenhauer, Aphorismen zur Lebensweisheit, II)

Ist der Kampf gegen die Not zur Ruhe gekommen, lauert schon die Gefahr, daß das Leben fad wird. Auch das würde ja wiederum dafür sprechen, daß sich der Monotonie durch das Ergreifen eines mehr oder weniger beliebigen Berufes und das Wahrnehmen möglichst vieler Überstunden ein Schnippchen schlagen ließe. Doch weit gefehlt! Unendlich viele Leute empfinden ihre Arbeit offensichtlich als einschläfernd und benötigen infolgedessen ganze Kannen von Kaffee, um bei ihrer Tätigkeit überhaupt bei wachem Bewußtsein bleiben zu können.

Nicht Arbeit ist das Gegenteil von und das Heilmittel gegen Langeweile, sondern Begeisterung, Hingabe und das Gefühl, etwas Sinnvolles zu tun.

Hingebungsvoll und begeistert kann man aber durchaus nicht nur beim Arbeiten sein, sondern man kann auch begeistert Ruderboot fahren oder hingebungsvoll in der Sonne liegen. Und auch bei einem Plausch, beim Austausch von Zärtlichkeiten oder beim Genießen eines edlen Tropfen Beaujolais kann man so erfüllt sein, daß jeder Moment äußerst kostbar erscheint und an Langeweile nicht zu denken ist. Überhaupt scheinen Menschen, denen es gelingt, den Moment auszufüllen, sich nie zu langweilen. Der Gedanke, daß sie das Wertvollste, was sie haben, nämlich ihre Zeit, totschlagen oder sie mit seichter Unterhaltung anfüllen sollen, erscheint ihnen geradezu irrwitzig.

Fragt man also nach den Strategien, mit denen gegen die Langeweile vorzugehen sei, muß man zugleich nach Möglichkeiten fragen, intensiv zu leben und sich seine Offenheit und Begeisterungsfähigkeit zu erhalten.

Schädlich sind diesbezüglich wohl Angst vor der inneren Leere, das Weglaufen vor ihr verbunden mit der Neigung, seine Sinne durch andauernde Reize abzustumpfen, sinnlose Tätigkeiten, oberflächliche Ablenkungen, uninteressante Menschen und öde Orte, Routine und die Angst, Neues auszuprobieren. Förderlich ist demzufolge alles gegenteilige.

Materielle Nöte – »Heitere Armut ist ehrenvoll ...«

Natürlich wissen wir es alle: »Geld macht nicht glücklich« und außerdem »Besser arm in Ehren als reich in Schanden«. Ganz zu schweigen von der Sache mit dem Kamel, das natürlich selbst in jungen Jahren nie und nimmer durchs Nadelöhr paßt, und wer möchte schließlich nicht ins Himmelreich eingehen. Alles in allem sind sich Bibel wie Volksmund einig, und auch an Binsenweisheiten zum Thema Reichtum herrscht kein Mangel. Fazit: Die Reichen werden eh nicht froh. Doch was nützt dies dem Mittellosen, der aufgrund fehlender Reichtümer ebensowenig froh wird und lapidar entgegnen mag, daß Geld zumindest nicht gerade stinkt.

Wie nicht anders zu erwarten, haben sich auch einige Philosophen, die nicht selten von Armut geplagt waren, so allerlei

Gedanken zum Thema gemacht, und vielleicht mag einiges dabei sein, das uns helfen kann, sofern wir von materiellen Nöten beunruhigt werden. Lassen wir zunächst einen zu Wort kommen, der es wissen müßte, und zwar den Griechen Epikur, der ja einen ausgeprägten Hang hatte, alles, was Schmerz und Unbehagen erzeugt, zu vermeiden.

»Wem das, was er hat, nicht ausreicht,
der ist sogar dann, wenn er die ganze Welt besäße, arm.«
(Epikur, Fragmente, Ethik)

Epikur erklärt Lust und Wohlbehagen zum Ziel des glücklichen Lebens. Den materiellen Reichtum hält er jedoch für wenig förderlich. Dabei heißt es doch, daß man sich mit Geld nahezu alle Wünsche erfüllen kann. Und ist es nicht so, daß die Erfüllung unserer Wünsche immerhin ein beträchtliches Maß an Lust hervorruft? Wer wollte schließlich nicht den Champagnerkorken zum Krabbencocktail knallen lassen, sein Gesäß auf den ledernen und beheizten Fahrersitz seiner Luxuskarosse betten, edle Gewänder sein eigen nennen und durch die Welt jetten wie durch einen gigantischen Vergnügungspark?

Daß Epikur die Lust predigte, heißt nicht etwa, daß er ein einfältiger Lüstling gewesen wäre. Und daß er als einer der meistgeschmähten Philosophen des Altertums in die Geschichte einging, weist nur darauf hin, daß er oft mißverstanden wurde. Nicht der sinnlichen Trieb- und Lustbefriedigung, wie sie durch das Anhäufen von Reichtümern erleichtert wird, galt sein Interesse, sondern der »wahren Lust« und dem »wahren Glück«. Und diese sind Epikurs Ansicht nach und auch sonst nur durch einen friedvollen Zustand der Seele und die Beherrschung der Leidenschaften zu erreichen.

»Der größte aller Reichtümer besteht in der
Selbstgenügsamkeit.«
(Epikur, Fragmente, Ethik)

Wer sich über seine Armut beklagt, sollte sich dessen bewußt sein, daß es viele mögliche Definitionen von »reich« oder »arm« gibt. Für gewöhnlich gilt als reich, wer nach dem Ausdrucken seiner Kontoauszüge zufrieden auf eine mehrstellige Summe einer einigermaßen stabilen Währung blickt und darüber hinaus noch ein Automobil sowie irgend etwas zwischen einer Drei-Zimmer-Wohnung und einer Luxusvilla inklusive Videorecorder, Mikrowellenherd und Wasserklosett sein eigen nennt. Arm ist demzufolge, wem es an diesen wünschenswerten Gütern mangelt.

Leicht ist die Definition von Reichtum indes nur auf den ersten Blick. Reichtum ist nämlich schon im Sinne von materiellem Besitz relativ. Einem am sogenannten Existenzminimum lebenden Mitteleuropäer stehen in der Regel immer noch wesentlich mehr Ressourcen zur Verfügung als einem Bettler in Kalkutta. Bedenkt man weiterhin, daß es auch einen Reichtum an Begabung, an Wissen, Ideen, emotionaler Empfindungsfähigkeit und Kommunikationsvermögen gibt und daß man auch reich an Freunden, reich an Einsicht usw. sein kann, wird das Ganze noch wesentlich unüberschaubarer. Man kann von daher schon dankbar sein, wenn Epikur uns eine Definition von Reichtum gibt, indem er sie mit der höchstmöglichen Selbstgenügsamkeit gleichsetzt.

Wer mit sich selbst zufrieden ist und sich genügt oder anders gesagt, wer wunschlos glücklich ist, kann auch dann nicht als arm bezeichnet werden, wenn er in einfachsten Verhältnissen lebt und es in finanziellem Sinne »zu nichts«, im Sinne der Weisheit jedoch sehr weit gebracht hat.

Auf die Bedeutung des »inneren Wohlstands«, der unter dem Strich so manches Luxusgut aufzuwiegen vermag, ist auch Cicero eingegangen.

»Nicht nach dem Einkommen,
sondern nach den Bedürfnissen muß man den
Reichtum eines jeden einschätzen.«
(Cicero, Paradoxa, 1, 3)

Logischerweise wird es sehr viel kostspieliger und auch zeitraubender, wenn man es mit einer Unmasse an Bedürfnissen zu tun hat, als wenn es darum geht, einige wichtige Grundbedürfnisse zu befriedigen. Je mehr Sie benötigen, um glücklich zu sein, um so eher werden Sie zum Sklaven Ihrer Bedürfnisse werden. Wem es gelingt, auf dem Rücken im Grase liegend vor sich hinzumeditieren, selig ob der Vogelgesänge und der sanften Frühlingsbrise auf seiner Haut, dem sei hier von Herzen gratuliert, denn er braucht sich weder um Brandschutz-, Haushalts- oder Reiserücktrittsversicherungen noch um Flecken auf seiner neuen Seidenhose den Kopf zu zerbrechen.
Viele Menschen fallen dem verbreiteten Denkfehler zum Opfer, daß es nicht möglich ist, jetzt zufrieden zu sein, da, bevor es soweit ist, noch vieles zu erledigen, zu erreichen und einzukaufen ist. Die Frage ist jedoch, ob der Wunsch danach, der Armut zu entfliehen, in der Folge nicht sehr viel mehr Unruhe, Streß und Unzufriedenheit erzeugt als die Armut an sich.

»Wenn du dich davon überzeugen willst,
daß Armut an sich kein Übel ist, so vergleiche nur des
Armen und des Reichen Miene miteinander.
Häufiger und lauter lacht der Arme, keine Besorgnis

kann seine Ruhe verscheuchen,
er steht zu hoch, so schwebt die Sorge
wie eine kleine Wolke an ihm vorüber.«
(Seneca, Fragmente, Über die Armut)

Der Grund dafür, daß dem Reichen das Lachen nicht selten vergangen ist, liegt in der Anzahl seiner Pflichten, Sorgen und Ängste. Wer nichts besitzt, hat wenig zu verlieren, und umgekehrt gilt natürlich das Entgegengesetzte. Jeder Gegenstand, den wir zu unserem Besitz zählen, will beachtet, gepflegt, repariert und bei Verlust betrauert werden. Wer sich um viele Dinge *kümmern* muß, wird eben nun einmal viel *Kummer* haben.

»Wer wenig bedarf, der kommt nicht in Verlegenheit,
auf vieles verzichten zu müssen.«
(Plutarch, Von der Bezähmung des Zornes, 13)

Plutarch, der im Bereich der Ethik in Aristoteles' Fußstapfen tritt, hat naturgemäß eine Vorliebe für den goldenen Mittelweg. Von daher liegt es ihm auch fern, sich für das Anhäufen irdischer Reichtümer auszusprechen, und er wiederholt die gleiche Warnung, die weiter oben, wenn auch in anderen Worten, schon Epikur, Cicero und Seneca ausdrückten.
Es stimmt schon: Geld macht nicht glücklich, denn Glück ist ein innerer Zustand. Allerdings ist fairerweise hinzuzufügen, daß Geld deshalb auch nicht direkt unglücklich macht. Plutarch sagt nicht, daß der Mensch nichts zum Leben benötigt, sondern lediglich, daß es günstig ist, wenn man sich darauf beschränkt, die notwendigen Bedürfnisse zu befriedigen. Und natürlich gibt es derartige Bedürfnisse wie beispielsweise ein Dach über den Kopf, etwas zu essen, eine warme Jacke für den Winter usw.

»Dank sei der Natur, daß sie das unbedingt
Notwendige recht leicht erreichbar gemacht hat,
während sie das schwer Erreichbare
nicht unbedingt notwendig gemacht hat.«
(Epikur, Fragmente, Ethik)

Selbst mittellose Menschen haben hierzulande meist noch die Möglichkeit, sich das, was dringend zum Leben erforderlich ist, zu beschaffen. Im Gegensatz zu anderen Regionen der Welt trifft Epikurs Satz im Mitteleuropa weitgehend zu. Natürlich ist es viel einfacher, das unbedingt Notwendige zu erreichen und seine menschlichen Grundbedürfnisse zu befriedigen, als in den Besitz all der vielen, von Natur aus eben nicht unbedingt benötigten Dinge und natürlich insbesondere der Luxusgüter, wie sie in einer Wohlstandsgesellschaft schon einmal als normal gelten mögen, zu kommen.

»Heitere Armut ist ehrenvoll; natürlich ist sie gar nicht
Armut, wenn sie heiter ist... Denn nicht der,
der genug hat, ist arm, sondern der, der mehr begehrt.«
(Seneca, Briefe, I, 4, 5)

Wem es vor allen Dingen an seiner Gemütsruhe und der Entwicklung einer unumstößlichen Heiterkeit gelegen ist, dem kann auch dann nicht viel passieren, wenn er einmal die nötigen Geldmittel für das Erfüllen des ein oder anderen Wunsches entbehren muß. Könnten Sie sich vorstellen, daß es in Ihrem täglichen Leben Bereiche gibt, wo Sie schon alleine dadurch Geld einsparen könnten, daß Sie heiter bleiben und Ruhe bewahren? Könnte es beispielsweise sein, daß Sie Geld ausgeben müssen, um sich gewisse Vergnügungen und Zerstreuungen leisten zu können, die Sie nur deshalb benötigen, da Sie sonst zu wenig mit sich anfangen könnten und sich schlichtweg langweilen würden? Wäre es unter Umständen möglich, daß Sie einen neuen Blickwinkel einnehmen müßten, um zu erkennen, daß Sie auf der Stelle mit dem, was Ihnen zur Verfügung steht, zufrieden sein können und daß Zufriedenheit kein äußerer Zustand ist?

»Was das Übel der Armut vergrößert,
ist die Geringschätzung, welche auch durch Verdienste
nicht gänzlich kann überwogen werden,
wenigstens nicht vor gemeinen Augen, wo nicht Rang
und Titel dieses plumpe Gefühl täuschen und
einigermaßen zu dessen Vorteil hintergehen.«
(Immanuel Kant,
Beobachtungen über das Gefühl des Schönen
und Erhabenen, 2)

Kant macht auf einen nicht unwesentlichen Faktor aufmerksam, der die Armut besonders schwer machen kann, nämlich auf die Geringschätzung der anderen. Aus unerfindlichen Gründen haben Menschen mit etwas mehr Geld oft die eigenartige Angewohnheit, auf Mitmenschen mit etwas weniger Geld herabzublicken. Dadurch entstehen bei letzteren natürlich unangenehme Gefühle. Der Wert eines Menschen wird vielerorts eben nicht nach seinen Fähigkeiten, seiner Intelligenz und seiner Herzensgüte als vielmehr nach Rang, Titel, Namen und Geld bemessen. Falls Sie von materiellen Nöten geplagt werden, sollten Sie sich daher immer auch Gedanken darüber machen, ob negative Gefühle, die in diesem Zusammenhang auftauchen, direkt oder indirekt mit der Geldnot zu tun haben. Ist es also wirklich die äußere Not, die Sie belastet, oder ist es nicht vielleicht viel eher das Urteil, das andere Menschen über sie fällen?
Sofern Armut und Mittellosigkeit nicht durch Einsparungen

oder Glücksfälle überwunden werden können, ist es besonders wichtig, sich darüber im klaren zu sein, daß Armut durchaus mit Würde einhergehen kann. Nichts auf der Welt sollte die Macht haben, Ihnen Ihre Würde und Ihren inneren Frieden zu rauben - schon gar nicht Urteil und Meinungen unreifer Zeitgenossen. Und dann gilt es, die richtigen Prioritäten zu setzen. Wie wichtig ist das Hab und Gut im Vergleich zur Gesundheit oder gar zur Gemütsruhe? Schließen wir mit Platon, der sich zu diesem Thema ebenfalls seine Gedanken gemacht hat.

»So haben wir denn mehr als einmal gesagt,
daß die Sorge um Hab und Gut unserer Ansicht
nach den letzten Platz einnehmen sollte.
Denn mit den drei grundsätzlich vorhandenen Arten
von Gütern, um die jeder Mensch sich kümmert,
ist es so, daß die Sorge um den Besitz, richtig verstanden,
erst an letzter Stelle, die um den Körper an
mittlerer und die um die Seele an erster Stelle steht.«
(Platon, Gesetze, 5. Buch)

Niedergeschlagenheit ➛ Depression

Nervosität - »Ein Narr ist viel bemüht ...«

In unseren Tagen mangelt es beileibe nicht an unruhigen und hektischen Menschen. In der Tat scheint die Nervosität daher auch eine typische Zeitkrankheit zu sein. Wen wundert's - schließlich leben wir in einer Zeit, in der alles schnell gehen muß. Und während es in abgelegenen, ländlichen Gegenden zuweilen noch etwas ruhiger zugehen mag, gilt dies bestimmt nicht für die Großstädte, in denen immerhin die meisten Menschen leben.

»Die Ruhe ist die natürliche Stimmung eines
wohlgeregelten, mit sich einigen Herzens.«
(Wilhelm von Humboldt,
Briefe an eine Freundin, 17. 3. 1830)

Die Tatsache, daß Nervosität bereits bei vielen Kindern auftaucht und heutzutage schon beinahe als Normalzustand gilt, darf nicht darüber hinwegtäuschen, daß es sich bei der Nervosität um eine seelische Disharmonie handelt. Wie Wilhelm von Humboldt schreibt, ist es eigentlich die innere Ruhe, die die natürliche Stimmung eines körperlich und seelisch gesunden Menschen prägen sollte.
Falls Sie unter Nervosität leiden, werden Sie wissen, daß dieser Zustand einigen Streß erzeugt und sich nicht zuletzt auch körperlich bemerkbar macht. Nervöse Menschen leiden häufig an Schlaflosigkeit, Kopfschmerzen, Verdauungsproblemen und Appetitlosigkeit. Und auch ein Herz, das dauernd auf »180« ist, wird stärker in Mitleidenschaft gezogen werden, als das eines Menschen, der seine innere Ruhe und Gelassenheit zu bewahren gelernt hat.

»Das höchste Gut, wenn es überhaupt
so etwas wie Güter gibt, besteht in der Ruhe, der
Zurückgezogenheit und einem Plätzchen,
an dem man ungestört sein kann.«
(Jean de La Bruyère,
Charaktere, Vom Hofe)

Wie entsteht Nervosität? Wie kommt es, daß manche Menschen die Ruhe selbst sind, während andere sich von kleinsten Ereignissen stressen lassen? Ist dies nur eine Sache der Veranlagung? Wohl kaum, denn immerhin behaupten viele Menschen, daß sie *gelernt* haben, ruhiger und entspannter

zu leben, nachdem sie beispielsweise einen Yogakurs oder ein Entspannungstraining besucht haben.
Damit Nervosität und Hektik auftreten können, muß der Betroffene das Gefühl haben, überfordert zu sein. Solange Sie sich nicht in irgendeiner Weise überlastet fühlen, wird es keinen Anlaß für Sie geben, Ihre Seelenruhe aufs Spiel zu setzen. Gerade wenn Sie ein schwaches Nervenkostüm »tragen«, ist es besonders wichtig für Sie, sich immer wieder einmal zurückzuziehen. La Bruyère empfiehlt, die Ruhe als ein hohes Gut anzusehen und sich regelmäßig an ein Plätzchen, an dem man ungestört sein kann, zu begeben. Und tatsächlich würde das Befolgen dieses Rates vielen Menschen dabei helfen, Streß abzubauen und einmal in Ruhe durchatmen zu können.

»Der geistreiche Mensch wird vor allem nach
Schmerzlosigkeit, Ungehudeltsein,
Ruhe und Muße streben, folglich ein stilles,
bescheidenes, möglichst unangefochtenes
Leben suchen und demgemäß
die Zurückgezogenheit und bei großen Geistern
sogar die Einsamkeit wählen.«
(Arthur Schopenhauer,
Aphorismen zur Lebensweisheit, II)

Ob die Einsamkeit das rechte Mittel gegen innere Unruhe ist, sei dahingestellt. Zweifellos hat Schopenhauer jedoch insofern recht, als ein stilles, bescheidenes Leben, das statt mit Ungeduld, Nervosität und »Gehudeltsein« mit einem ausreichenden Maß an Ruhe und Muße erfüllt ist, sehr wohltuend und beglückend sein kann. Ebenso, wie der »geistreiche Mensch« danach trachten wird, schmerzfrei zu leben, wird er auch versuchen, seine Tage in Ruhe zu verbringen, was nicht heißt, daß er in Untätigkeit verfällt. Ganz im Gegenteil wird eine gut entwickelte Gemütsruhe es ermöglichen, viele Aufgaben zu erledigen, ohne dabei nervös und hektisch und damit unkonzentriert zu werden.

»Der Muskel wird durch starken Gebrauch gestärkt,
der Nerv hingegen dadurch geschwächt.
Also übe man seine Muskeln durch jede angemessene
Anstrengung, hüte hingegen die Nerven vor jeder.«
(Arthur Schopenhauer,
Aphorismen zur Lebensweisheit V, 20)

Hier macht Schopenhauer nochmals auf das, was bereits angesprochen wurde, aufmerksam: Nervös wird, wer seine Nerven überlastet und innerlichen Streß erzeugt. Und wodurch werden die Nerven überlastet? Wahrscheinlich dadurch, daß man es zuläßt, daß einem vieles auf die Nerven geht.

Die Welt ist voll der Reize, und wenn auch einige Reize anregend, belebend und somit notwendig sind, ist es manchmal doch unklug, sich für zu viele Impulse aus der Außenwelt zu öffnen. Es stimmt schon, was Schopenhauer sagt: Im Gegensatz zu Muskeln, können Nerven nicht von »starkem Gebrauch« profitieren oder durch Anstrengungen trainiert werden. Statt dessen ist Schonung und Entspannung der richtige Weg, um einen Nervenzusammenbruch, wie er die konsequente Folge ausgeprägter Nervosität ist und so dem Nervösen die Grenzen seiner Belastbarkeit signalisiert, zu verhindern.

»Wer seinen Mund verschließt
und seine Öffnungen verstopft,
lebt mühelos bis ans Ende seines Lebens.

Wer seinen Mund öffnet
und seine Geschäfte zu ordnen versucht,
dem kann sein Leben lang nicht geholfen werden.«
(Laotse, Tao Te King, 52)

Wenn Laotse davon spricht, daß wir »unseren Mund und unsere Öffnungen verschließen« sollten, so meint er damit nicht, daß wir mit zusammengepreßten Lippen oder mit Watte in den Ohren durchs Leben schreiten oder andere seltsame Dinge tun sollten. Vielmehr deutet er ein Prinzip an, das seiner östlichen Sichtweise entspricht und ein gutes Gegenmittel gegen Nervosität und Hektik ist. Dieses Prinzip besagt, daß wir mühelos leben sollten, statt zu versuchen, »unsere Geschäfte zu ordnen«, was bedeutet, daß wir bemüht sind, die Kontrolle zu behalten. Das »Verstopfen der Öffnungen« symbolisiert eine Haltung, die uns dazu befähigt, das Wesentliche vom Unwichtigen zu unterscheiden und sozusagen einen Filter einzuschalten, der es verhindert, daß unsere Sinne sich in den äußeren Reizen verlieren. Durch die Konzentration auf sich selbst und durch das Wahren der Harmonie kann verhindert werden, daß wir uns verausgaben und durch hektisches Handeln unsere Lebensenergie vergeuden.

»Tatsächlich ist es für unsere Gemütsruhe
außerordentlich wichtig, den Blick ganz auf uns selbst
und das uns Angemessene zu richten.
Ansonsten sollten wir lieber auf diejenigen blicken,
die schlimmer daran sind als wir,
und nicht, wie es meistens der Fall ist, auf diejenigen,
die über uns stehen.«
(Plutarch, Von der Gemütsruhe 10)

Auch Plutarch untermauert, wie überaus wichtig es ist, daß Sie lernen, den Blick auf sich selbst zu richten und sich nicht in der Welt zu »verlieren«, sondern das wählen, was für Sie angemessen ist. Zusätzlich rät Plutarch dazu, eher an diejenigen zu denken, denen es schlechter geht als Ihnen, als an jene, denen es besser geht. Auf diese Weise kann nämlich verhindert werden, daß ein Gefühl der Unzufriedenheit entsteht. Neid und Unzufriedenheit sind oft die Ursache für innere Unruhe. Bedenken Sie, daß Nervosität, außer wenn bestimmte Erkrankungen im Spiel sind, immer durch unruhige Gedanken hervorgerufen wird.
Wenn Sie unzufrieden sind, werden Sie das Gefühl bekommen, etwas verändern zu müssen. Wenn Sie dann tatsächlich etwas zum Positiven verändern, ist Ihre Energie im Fluß, und es entsteht kein Problem. Doch leider ist es oft so, daß Unzufriedenheit nicht zur sinnvollen Handlung, sondern lediglich zu Spannungsgefühlen und damit zu Nervosität führt.

»Ein Narr ist viel bemüht; des Weisen ganzes Tun,
das zehnmal edler ist, ist Lieben, Schauen, Ruhn.«
(Angelus Silesius,
Der Cherubinische Wandersmann)

Johann Scheffler alias Angelus Silesius bringt es auf den Punkt, wenn er im »Cherubinischen Wandersmann« beschreibt, was den Narren vom Weisen unterscheidet. Daß »der Narr viel bemüht ist«, heißt wohl, daß er auf der Jagd nach den Dingen ist, den Blick, um noch einmal mit Plutarch zu sprechen, eben nicht auf das Angemessene richtet und sich durch sein Wünschen und Wollen so sehr einfangen läßt, daß infolgedessen vielerlei unangenehme Gedanken und damit Unruhe, Streß und Aufregung entstehen. Im Gegensatz dazu, läßt der Weise sich gar nicht erst auf das ihm

Unangemessene, auf die Wirrnisse und Verlockungen dieser Welt ein. Seine Konzentration liegt vielmehr darauf, »zu lieben, zu schauen und zu ruh'n«, was sich nun wirklich nicht gerade nach Hektik und inneren Stürmen anhört, sondern eher nach der in sich ruhenden Heiterkeit, die dem weisen Menschen zu eigen ist.

Partnerschaft – »... auch die Ehelosigkeit hat ihre Unzuträglichkeiten ...«

Menschen neigen dazu, sich das Leben schwer zu machen. Ein Geist, der nicht immer wieder einmal mit dem ein oder anderen Problem beschäftigt ist, langweilt sich eben leicht. Und ein paar Probleme bringen Abwechslung ins Leben. Was nun aber für eine einzelne Person gilt, verdoppelt sich logischerweise bei zwei Menschen. Dies gilt vor allem dann, wenn die beiden sich dazu entschlossen haben, zusammen zu leben, was bei Paaren häufig der Fall ist.
Wenn im folgenden immer wieder einmal von »Ehe« die Rede ist, so bezieht sich dieser Begriff hier auch auf »Partnerschaften« und »Wilde Ehen«, die heute immer häufiger sind, zu der Zeit aber, in der die meisten der hier zitierten Philosophen gelebt haben, kaum vorkamen. Die philosophisch-psychologischen Gesetzmäßigkeiten sind jedoch hier wie dort die gleichen.
Im Hinblick auf die Erhaltung oder das Erlangen unseres Seelenfriedens, stellt sich uns, so wir in einer problematischen Partnerschaft stecken, die Frage, warum Liebende sich das Leben eigentlich so schwer zu machen pflegen. Was treibt sie nur dazu, sich Kummer, Enttäuschungen, Sorgen, manch schlaflose Nächte und viele Streitereien zu bescheren – von Terminen vor dem Scheidungsrichter und all dem damit zusammenhängenden bösen Blut mal ganz abgesehen?

Schließlich fängt doch alles zunächst immer recht bezaubernd an: rosa Wölklein, pochende Herzen, hüpfende Freude, Begeisterung, sobald der andere auch nur durch den Telefonhörer haucht, Gesäusele, Gealbere, Gestreichele, Geträume und über all dem die Gewißheit - der/die ist's!
Je nach Hormonspiegel mag die Verliebtheit mal länger, mal kürzer dauern - aber im Endeffekt ist es bis zur großen Ernüchterung dann meist doch nur eine Frage der Zeit. Wenn wir im folgenden einige Philosophen zu Wort kommen lassen, so nicht deshalb, weil wir den Eheberater arbeitslos machen wollen. Ernsthafte Beziehungsprobleme sind oft nicht leicht zu lösen. Da sie jedoch eine Quelle für Unbehagen, Streß und sogar für körperliche Symptome sind - nach dem Motto: »Du machst mich krank!« -, mag es wertvoll sein, sich einige Gedanken zum Thema Partnerschaft zu machen, um etwas Licht ins Dunkel zu bringen. Inwiefern es dann gelingt, das ein oder andere für die Lösung von Schwierigkeiten umzusetzen, ist letztlich eine Frage der Geduld, des Interesses, vor allem aber des guten Willens.

»Ein Bündnis ist fester, wenn die Verbündeten
aneinander glauben als voneinander wissen;
weshalb unter Verliebten das Bündnis fester vor der
ehelichen Verbindung als nach derselben ist.«
(Friedrich Nietzsche,
Die Unschuld des Werdens, 1, 880)

Zunächst einmal sollten wir uns, sofern noch nicht der Fall, darüber im klaren sein, daß Verliebtheit und Beziehungen zwar insofern zusammenhängen, als das eine oft zum anderen führt, andererseits jedoch beträchtliche Unterschiede zwischen beiden bestehen. Der augenfälligste Unterschied

ist wohl, daß Verliebte kaum Probleme und viel Spaß miteinander haben, was man von Eheleuten oder »festen Paaren« bekanntlich nicht immer sagen kann. So bezieht sich Nietzsche mit seinem Satz in gewisser Weise auf die rosarote Brille, durch die Verliebte aber ohnehin nichts sehen, da sie ja bekanntlich blind sind. Liebe (im Sinne von Verliebtsein) macht vor allem insofern blind, als jene, die sich im Verliebtheitsrausch befinden, im Grunde keine Ahnung haben, mit wem sie es da überhaupt zu tun haben.
Verliebte glauben aneinander, wissen aber nicht voneinander. Mit anderen Worten, jeder projiziert seine eigenen Träume, Sehnsüchte und Ideale auf das Objekt seiner zarten Gefühle. Verliebten zuzuhören kommt daher immer einer kleinen Märchenstunde gleich: »Es war einmal ein gar lieber, netter, schöner, reizender, erotischer, kluger und alles in allem überaus liebenswürdiger Prinz« – oder halt die entsprechende Prinzessin. Es folgen tagelange Aufzählungen phantastischer Vorzüge unter konsequenter Nichtbeachtung möglicher unschöner Charaktereigenschaften, vor denen Nichtinfizierte vergebens warnen.
Wer verliebt ist, glaubt an den anderen. Glauben kann man, was man will, doch wenn die Erfahrung und damit das Wissen erst einmal einsetzt, muß man sich manch weniger begeisternden Tatsache stellen und erwachsen werden. Wie schade!

»Eine gute Ehe, wenn es sie überhaupt geben sollte,
benötigt die Liebe nicht, sie strebt vielmehr
die Freundschaft an. Es ist eine süße Lebensgemeinschaft,
voller Beständigkeit, Vertrauen und einer
enormen Menge nützlicher und lange andauernder Dienstleistungen und gegenseitigen Verpflichtungen.«
(Michel de Montaigne, Essais, 3, 5)

Ist der Traum von der ewigen Liebe – unter dem meist der Traum von der nicht enden wollenden Verliebtheit verstanden wird – erst einmal ausgeträumt, stellt sich früher oder später die Frage, wie die Zweisamkeit nun auch für die hormonärmere Zukunft zu retten sei. Die meisten Probleme im Bereich der Partnerschaft oder Ehe kreisen denn auch um Fragen, die Sie vielleicht kennen werden: »Ist der/die andere überhaupt der/die Richtige für mich? Habe ich mich getäuscht? Soll ich mit ihm/ihr zusammenleben, was schwierig ist, oder mich trennen, was vielleicht noch schwieriger ist? Kann ich den anderen ändern, damit er mir nicht mehr auf die Nerven geht?« oder »Ist mir meine Freiheit wichtiger, als die gemeinsame Zeit? Würde ich mich mit einem neuen Liebsten wohler fühlen?« etc.
Die Antworten werden davon abhängen, was Sie sich von der Zweisamkeit erwarten. Oft ist nämlich das übertriebene Maß an Erwartung der eigentliche Grund für Unzufriedenheit, Enttäuschung und Trennung. Wer Vanilleeis mit heißen Himbeeren bestellt und Griesbrei bekommt, wird ziemlich enttäuscht sein. Nichts gegen Griesbrei! Aber man hatte sich doch schon etwas anderes erwartet... Wer nun glaubt, daß sein Partner ihm das Paradies auf Erden zu erfüllen und allzeit verständnisvoll, zärtlich, intelligent und sexy zu sein habe, der ist noch schlimmer dran, da er sich nicht einmal beschweren kann, beruht doch die Enttäuschung auf seinem eigenen und nicht auf des Kellners Fehler.
Andererseits: Ein bißchen was wird man doch wohl erwarten dürfen. Zumindest Liebe sollte im Spiel sein, wenn man sich denn schon an einen anderen Menschen bindet. Montaigne, der nicht nur Philosoph, sondern auch Bürgermeister von Bordeaux war, sah das anders. Für ihn galt die Liebe als Basis für eine gute Ehe nicht viel. Freundschaft und Vertrauen genügten ihm, allerdings fügte er noch hinzu, daß eine or-

dentliche Portion gegenseitiger Dienstleistungen und Verpflichtungen auch nicht schaden könnten. Doch ob man einem Bürgermeister in Liebesangelegenheiten trauen sollte?

»Das Entscheidende bei einer guten Ehe ist die
Achtung vor der Persönlichkeit des anderen sowie die tiefe
körperliche, geistige und seelische Vertrautheit,
die die wahre Liebe zwischen Mann und Frau
zur lohnendsten aller menschlichen Erfahrungen macht.
Wie alles Große und Kostbare will eine solche Liebe
ihre eigene Moral und verlangt häufig ein
Opfer des Geringeren vor dem Höheren. Doch muß dieses
Opfer freiwillig sein, da es die Grundlage der Liebe,
um derentwillen es gebracht wird, sonst gefährdet.«
(Bertrand Russell, Marriage and Morals, 21)

Im Gegensatz zu Montaigne spricht Russell von Liebe, was doch irgendwie netter ist. Die Liebe, die er als Voraussetzung für eine erfüllende Beziehung zwischen Mann und Frau ansieht, ist allerdings nicht mit Verliebtsein zu verwechseln. Sie baut auf einer tiefen Vertrautheit und dem Respekt vor der anderen Persönlichkeit auf. Respekt, Achtung und Vertrauen bedürfen allerdings gewisser Anstrengungen, da diese Eigenschaften einem ebensowenig in die Wiege wie ins Ehebett gelegt werden.
Wenn Sie bereit sind, die Dinge realistisch zu sehen, etwas zu investieren und auch einmal ein Opfer zu bringen, haben Sie viel bessere Chancen, einer Beziehung Dauer zu verleihen, als wenn Sie sich insgeheim nach dem Märchenprinzen (der Märchenprinzessin) sehnen. In der verantwortungsvollen Zuwendung wissen wir, wer der andere ist. Wir kennen inzwischen auch seine Schwachpunkte. Liebe ist dennoch oder besser gesagt gerade deshalb möglich.

Einige typische Fehler führen selbst bei jenen Menschen zu Spannungen, die im Grunde - wenn wir es etwas romantisch ausdrücken dürfen - für einander bestimmt sind, sagen wir mal vom Lieben Gott. Die Annahme, daß Verliebtheit ewig währt, gehört dazu, haben wir jedoch schon abgehakt. Doch auch andere Auffassungen können zu handfesten Ehestreitigkeiten führen. Dazu gehören Gedanken wie beispielsweise:
»Leidenschaft ist wertvoller als Wärme und Vertrauen.«
»Mein Partner ist für mein Glück verantwortlich.«
»In einer Beziehung darf es nicht langweilig werden.«
»Der andere versteht mich nicht und/oder hindert mich in meiner Entfaltung.«
Weisheit beinhaltet die Einsicht, daß wir für unser Glück einzig und allein selbst verantwortlich sind. Einem anderen die Verantwortung für das eigene Unbehagen aufzubürden heißt, das eigene Glück in fremde Hände geben und die ewige Opferrolle einnehmen, was nicht schlau ist.
Es gibt aber auch Schwierigkeiten, die praktische Ursachen haben und vermeidbar wären.

»Wenn die Ehegatten nicht beisammen lebten,
würden die guten Ehen häufiger sein.«
(Friedrich Nietzsche,
Menschliches, Allzumenschliches, I, Aphorismen, 393)

Für jede vernünftige Freundschaft ist die Abwechslung zwischen Zusammenkommen und Auseinandergehen selbstverständlich. Das menschliche Freiheitsgefühl wird durch ständiges Beisammensein oft recht starken Belastungsproben ausgesetzt. Selbst bei sehr geistreichen Menschen, den Ausnahmen also, geht schon mal der Gesprächsstoff aus, wenn sie jahrelang zusammen(k)leben. Dennoch ist es bei Ehe-

partnern und freieren Paarvarianten meist üblich und gilt oft sogar als ideal, fast alles zusammen zu machen, gemeinsam zu wohnen, zu schlafen, zu frühstücken, in Urlaub zu fahren, ins Kino zu gehen, vor dem Fernseher zu sitzen usw.
Einer der effektivsten Beziehungskiller ist die Routine, und die schleicht sich natürlich besonders dann ein, wenn man ihr genügend Raum für ihre Entfaltung gibt, sprich, sich zu Tode trifft. Viele kleine Trennungen, soll einmal ein schlauer Mensch gesagt haben, ersparen Paaren die große Trennung. Mit ein paar einfachen Strategien (getrennte Schlafzimmer, ein Kurzurlaub mit einem guten Freund oder einer guten Freundin, ein Hobby, das man ganz für sich alleine hat, um nur einige zu nennen) lassen sich viele Probleme lösen, die damit zusammenhängen, daß wir uns eingeschränkt fühlen und zu wenig Luft bekommen.

»Wenn endlich alle Möglichkeiten der Ehe ausgeschöpft werden sollen, dann müssen Männer und Frauen lernen zu begreifen, daß beide in ihrem persönlichen Leben ihre Freiheit wahren müssen, unabhängig davon, wie das Gesetz darüber urteilen mag.«
(Bertrand Russell, Marriage and Morals, 10)

Das »Wir-Gefühl« ist unbestritten eine schöne Sache. Allerdings sollten Sie nicht den Fehler machen, sich als »Ich« zu verlieren. Ebenso, wie der Mensch Zuneigung, Wärme und Austausch braucht, benötigt er auch seine Freiheit, die Möglichkeit, Neues kennenzulernen, und das Gefühl, eine eigenständige, unabhängige Person sein zu dürfen.
Die Unausgewogenheit zwischen dem Wunsch nach Freiheit und dem nach Gemeinschaft verursacht viele Erschwernisse. Sehnt sich ein Partner gerade nach besonders viel Austausch und Nähe, während es den anderen derzeit in die

Freiheit und Unabhängigkeit zieht, wird es verständlicher Weise schwierig für beide. Nur mit einer guten Portion Verständnis, Humor und Toleranz sowie dem Wissen über diese Zusammenhänge können wir solche Probleme lösen.
Um eine erfüllende Beziehung leben zu können, bedarf es jedoch vor allem der Fähigkeit, zu lieben. Unzufriedenheit, Kritik, Streitigkeiten und viele partnerschaftliche Probleme würden in dem Moment, wo es gelänge, den anderen von Herzen zu lieben, ganz von selbst verschwinden. Doch wie heißt es so schön bei Fichte?

»Nicht einmal sich selbst vermag der Mensch zu lieben,
es sei denn, daß er sich als Ewiges erfasse.«
(Johann Gottlieb Fichte,
Reden an die deutsche Nation, Nr. 8)

Verständlich, daß wer sich selbst nicht liebt und annehmen kann Probleme haben wird, andere zu lieben. Könnte der Schlüssel zu weitgehend ungetrübter Zweisamkeit also darin bestehen, daß wir lernen, uns selbst mehr zu lieben, freundlicher mit uns umzugehen, unsere Bedürfnisse zu erfüllen und uns vor allem - wie es bei Fichte heißt - als »Ewiges« zu erfassen?
Dazu paßt auch, daß ein großes Problem, das oft zu Partnerschaftskonflikten führt, die Angst ist. Und Angst verhindert die Liebe. Angst hält fest, während richtig verstandene Liebe frei läßt.
Wie Sie wissen tauchen in der Partnerschaft oft viele Ängste auf. Die Angst, den anderen zu verlieren, die Eifersucht, die auch eine Angst ist, die Angst, den anderen zu verletzen, und auch die Angst, sich selbst nicht mehr weiterentwickeln zu können, da man das Gefühl hat, zu viel in die Partnerschaft investiert zu haben. Doch es hilft schon viel, sich die-

ser Ängste bewußt zu sein und sie, wenn man es einmal mit ihnen zu tun hat, nicht zu verleugnen, sondern sie als Information, als Feedback zu sehen. Wenn es beiden Partnern gelingt, ihren Bedürfnissen Ausdruck zu verleihen und auch die des anderen wahrzunehmen, ohne Angst davor haben zu müssen, auch einmal »nein« zu sagen, stehen die Chancen für die Liebe gut.
Dennoch: Das Leben ist wechselhaft, und da nicht alle Probleme zu lösen sind, sollte man darauf gefaßt sein, daß es schon auch einmal zu einer Trennung kommen kann. Wird die Seelenruhe gewahrt und im Bewußtsein gehalten, daß Leben nicht ohne Wandlung und Veränderung möglich ist, ist auch das kein Beinbruch.
Ach ja, und noch ein abschließender Gedanke zum Thema:

»Sowohl die Ehe als auch die Ehelosigkeit
hat ihre Unzuträglichkeiten; man muß dem den Vorzug
geben, bei dem die Unzuträglichkeit nicht
ohne Abhilfe ist.«
(Nicolas Sébastien Roch Chamfort,
Maximes et pensées)

Worauf sich jeder seinen eigenen Reim machen möge, so ihm nach Reimen zumute ...

Pech – »Die kleinen Unfälle ...«

Das Leben ist nicht immer leicht. Natürlich gibt es Erfolge, glückliche Momente, Gelingen und allerlei Erfreuliches – doch ebenso gibt es auch Unglücksfälle, Pech, Mißerfolge und allerlei Unerfreuliches. Da wir den Lauf der Dinge nicht leicht verändern können, stellt sich vor allem die Frage, wie wir uns in Anbetracht eigenen Unglücks verhalten können, um zu vermeiden, daß wir völlig aus der Balance geraten und gewissermaßen »in den Abgrund stürzen«.

»Die kleinen Unfälle, die uns stündlich vexieren,
kann man betrachten als bestimmt,
uns in Übung zu erhalten, damit die Kraft, die großen
zu ertragen, im Glück nicht ganz erschlaffe.«
(Arthur Schopenhauer,
Aphorismen zur Lebensweisheit V, 51)

Was die kleinen Unannehmlichkeiten betrifft, die uns alltäglich in Form von zu Boden stürzenden Porzellanvasen, nicht anspringenden Autos, in der Wäsche verfärbten oder stark eingegangenen Kleidungsstücken, per Post eintreffenden Rechnungen oder angekündigten Verwandtenbesuchen usw. zu quälen versuchen, so könnte Schopenhauers Hinweis hier recht hilfreich sein. Wenn wir die kleinen Unfälle und Mißerfolge des Lebens als Übung ansehen, Gelassenheit und Gleichmut zu entwickeln, können wir uns dadurch allemal gegen größeres Unglück wappnen.
Übung macht ja bekanntermaßen den Meister, und insofern muß eine beachtliche Anzahl kleinerer und größerer Mißgeschicke und unglücklicher Zufälle, die uns treffen, nicht unbedingt nur als ärgerlich angesehen werden. Wir können aus jeder Situation lernen, können unsere Perspektive zu verändern versuchen und mehr innere Freiheit von der scheinbaren Willkür äußerer Umstände gewinnen, um auf diese Weise zum »Meister der Problembewältigung« zu werden.

»Ein Baum steht nur dann fest und unerschütterlich,
wenn der Sturm oft in ihn fährt.
Gerade durch die Stürme wird er stark und schlägt

seine Wurzeln tief in die Erde. Viel gefährdeter sind aber
die Bäume, die in sonnigen Tälern aufwachsen.«
(Seneca, Von der Vorsehung, 4)

Mit anderen Worten drückt auch Seneca aus, was Schopenhauer sagt: Je stärker Sie von den Stürmen des Lebens betroffen sind und je mehr Belastungen Sie durch schicksalhafte Ereignisse ausgesetzt sind, desto größer sind Ihre Chancen, Ihre Belastbarkeit zu trainieren und die Ärgernisse des Daseins mit stoischer Gleichmut ertragen zu lernen. Ebenso wie Sie Muskeln durch Belastung trainieren können, ist es auch möglich, die Stürme des Lebens dazu zu nutzen, tiefe Wurzeln in die Erde zu schlagen und Ihre Standfestigkeit, die allerdings nie ohne die nötige Flexibilität sein sollte, zu entwickeln.

»Daß ein Unglücksfall uns weniger schwer zu tragen fällt,
wenn wir zum voraus ihn als möglich betrachtet
und, wie man sagt, uns darauf gefaßt gemacht haben,
mag hauptsächlich daher kommen,
daß, wenn wir den Fall, ehe er eingetreten, als eine bloße
Möglichkeit mit Ruhe überdenken, wir die
Ausdehnung des Unglücks deutlich und nach allen Seiten
übersehen und so es wenigstens als ein endliches
und überschaubares erkennen.«
(Arthur Schopenhauer,
Aphorismen zur Lebensweisheit V, 51)

Schopenhauer bietet uns eine interessante Strategie an, die uns dabei helfen kann, uns vor Unglücksfällen zu schützen. Das heißt natürlich nicht, daß wir das Eintreten von Schicksalsschlägen verhindern können, sondern »nur«, daß wir eine innere Einstellung gewinnen können, die uns davor bewahrt,

anhand unglücklicher Ereignisse in Verzweiflung zu geraten und darüber krank zu werden.
Der Trick besteht nun einfach darin, sich immer wieder einmal bewußt zu machen, daß das Pech uns jederzeit überkommen könnte. Es geht hier aber nicht darum, ängstlichem und negativem Denken Nahrung zu geben. Ganz im Gegenteil: Wenn Sie in einem kraftvollen Moment mit der entsprechenden heiteren Gelassenheit über den Lauf der Dinge nachdenken, können Sie der Möglichkeit ins Auge blicken, daß Verluste, Krankheiten, Mißerfolge oder andere unglückliche Zufälle irgendwann einmal auch Ihr Leben erschüttern könnten.
Wenn Sie dies, wie Schopenhauer empfiehlt, als »eine bloße Möglichkeit mit Ruhe überdenken« und »die Ausdehnung des Unglücks deutlich und nach allen Seiten übersehen«, so werden Sie für den Fall, daß es tatsächlich einmal zu einer Krise kommen sollte, sehr viel gefaßter reagieren können.
Sie können Ihre Vorstellungskraft dazu nutzen, sich eine Krise bildlich vor Augen zu führen und sich auszumalen, was das Schlimmste ist, wozu diese Krise führen könnte. Sodann können Sie sich vorstellen, wie Sie die Stimmung heiterer Gelassenheit und innerer Stärke, die Sie in angenehmen Situationen Ihres Lebens bestimmt schon erfahren haben oder die Sie vielleicht auch gerade jetzt erfahren mögen, in die vorgestellte Krise übertragen. Auf diese Weise können Sie sich ein Bild von sich selbst machen, wie Sie auch innerhalb schwieriger Momente einigermaßen gelassen und gefaßt bleiben werden.
Diese Technik stellt eine gute prophylaktische Möglichkeit dar. Sie schützen sich also vor den Folgen eines Schicksalsschlages, indem Sie ihn gedanklich vorwegnehmen, was nicht heißt, daß Sie sich nun in das Ganze hineinsteigern oder gar ängstlich werden sollten.

»Der Weise wird in Anbetracht
von Glücksfällen oder Schicksalsschlägen
weder Hochgefühl noch
Niedergeschlagenheit zulassen.«
(Buddha, Dhammapada, VI)

Wenngleich es deutliche Unterschiede zwischen dem Denkansatz der buddhistischen Philosophie und dem der Anhänger der Stoa gibt, sind die gezogenen Schlüsse teilweise recht ähnlich. So empfiehlt Buddha hier etwas, das auch aus Marc Aurels oder Senecas Feder stammen könnte: Es geht darum, unter allen Umständen unerschütterliche Gelassenheit zu bewahren. Dies gelingt natürlich nur, wenn Sie sich dafür entscheiden, *über* den Dingen zu stehen, statt *unter* ihnen zu leiden. Dazu ist eine Disziplinierung der Gedanken und Gefühle nötig, die nur zu erreichen ist, wenn Sie auch in Augenblicken, wo Sie erfolgreich sind oder es der Zufall gut mit ihnen meint, nicht außer sich vor Freude geraten.

Extreme Gefühlszustände sollten durch Gleichmut, Zufriedenheit und eine entspannte Anschauung ersetzt werden, wenn es Ihnen darum geht, nicht zum Spielball Ihrer vom jeweiligen Augenblick abhängenden Emotionen zu werden. Allerdings muß dazu gesagt werden, daß dies nicht jedermanns Sache ist, denn manche Menschen ziehen es vor, intensiv in ihre Gefühle hineinzugehen und Höhen wie Tiefen gleichermaßen leidenschaftlich zu durchleben. Doch gleichgültig, ob Sie Ihr Leben lieber aus der Perspektive des Zuschauerraums betrachten oder als Hauptdarsteller in der jeweiligen Komödie oder Tragödie auftreten wollen – in jedem Fall ist es möglich, seinen Spielraum und seine Wahlmöglichkeiten zu erweitern.

»Alles was geschieht, geschieht aus Notwendigkeit.
Es gibt in der Natur weder Gutes noch Schlechtes.«
(Baruch de Spinoza, Ethik I, 13)

Zu guter Letzt noch eine kleine Anregung von Spinoza: Sollte es wirklich so sein, daß alles, was geschieht, aus Notwendigkeit geschieht und daß es von Natur aus weder »Gutes« noch »Schlechtes« gibt? Das hieße ja dann, daß ein Unglück oder ein Pech nur deshalb eines ist, weil wir es so definieren und es als solches betrachten.
Wenn Sie die Fähigkeit haben, aus einer Zitrone, die Ihnen das Schicksal zugespielt hat, eine Limonade zu machen, werden Sie die Zitrone nicht als »Unglück« ansehen. Und ebenso werden Sie mit der Einstellung, daß alles, was in Ihrem Leben geschieht, dazu dienen kann, neue Erkenntnisse und Einsichten zu gewinnen und das geistig-seelische Wachstum zu fördern, andere Definitionen wählen. Anstatt von einem »schlimmen Schicksal«, »großem Pech« oder »furchtbaren Unglück« zu sprechen, könnten Sie das Geschehene als eine »große Herausforderung« oder eine »Möglichkeit zur Weiterentwicklung« ansehen und Mißerfolge beispielsweise als »wichtiges Feedback« definieren. Auf diese Weise werden Sie schwierigen Situationen eine ganz neue Bedeutung geben, und es wird sehr viel leichter für Sie, Ihr Potential zu wecken, das von Natur aus in Ihnen angelegt ist, um alle Probleme, die Ihnen begegnen, lösen zu können.

Rachsucht – »... eine Tat, die zu bereuen ist«

»Rache ist süß«, doch ihr Nachgeschmack ist bitter. Rache führt zu vielen Übeln – sie kostet Menschen auf jeden Fall ihr Glück, oft ihre Gesundheit und manchmal sogar ihr Leben. Aus philosophischer Sicht ist Rache natürlich ohnehin eine eher schwachsinnige Angelegenheit: Wie sollte die Neigung, anderen Böses zu tun, nur weil sie einem Böses angetan haben, irgendeine weise Lösung zeitigen? Und wie sollte es zugehen, daß ein Racheakt in irgendeinem Menschen ein Gefühl von Befreiung und Wohlgefühl hinterläßt? Sicherlich - wenn jemand seit langer Zeit starke Rachegefühle hegt, kann er/sie sich durch den Akt der Rache kurzzeitige und fragwürdige Erleichterung verschaffen. Doch rechtfertigt dies natürlich in keiner Weise, daß jemand es so weit hat kommen lassen, haßerfüllte Gedanken über längere Zeit in seinem Geist zu dulden.

»Die beste Art der Rache besteht darin,
darauf zu verzichten, Gleiches mit Gleichem zu vergelten.«
(Marc Aurel, Selbstbetrachtung VI, 6)

Man muß kein gläubiger Mensch sein, um einzusehen, daß Böses nicht mit Bösem vergolten werden sollte. Zwar war Marc Aurel durchaus ein religiöser Mensch - vor allem aber war er Stoiker und als solcher von der Idee der *Ataraxie* (griech.: ataraxia, von a-, »nicht«, und tarasso, »umrühren«) angetan, die die unerschütterliche Gemütsruhe, die Leidenschaftslosigkeit und den Seelenfrieden meint. Und zu der kann nur der Mensch finden, der moralisch handelt und sich von seinen niederen Instinkten in Form von Haß, Zorn oder Rache befreit.

»Bezähme deinen Zorn und lasse dem die Rache,
der besser als du selbst kann führen deine Sache!«
(Angelus Silesius, Der Cherubinische Wandersmann)

Und natürlich kann man auch als nicht gläubiger Mensch leicht zu der Einsicht gelangen, daß es dem Seelenfrieden

nicht gerade förderlich ist, einem anderen Menschen den Kopf einzuschlagen, aus was für Gründen man auch immer handeln möge. Prinzipiell sind sich Philosophie und Religion hier also einmal einig. Angelus Silesius' Sicht ist hier übrigens eher religiöser Natur, denn wenn er darauf hinweist, daß wir dem die Rache lassen sollten, dessen »Sache« es ist, wird er wohl auf den Lieben Gott anspielen. Inwiefern dieser als rächender und strafender Gott noch das vorangestellte »Lieber« verdient, soll hier nicht weiter erörtert werden. Sicher ist aber, daß jede Strategie, die Sie davor bewahrt, gewalttätig zu werden, meist sinnvoll ist.
Es gibt viele Perspektiven, die die Rache allesamt als gefährliche und unheilvolle Eigenschaft erscheinen lassen. Ein Weiser wird auf sie verzichten, da er sich lieber in der Gemütsruhe übt. Ein Christ wird sie verschmähen, da sie sich nicht mit dem Gebot der Nächstenliebe vereinen läßt. Und auch ein Buddhist wird liebend gern darauf verzichten, Rachegedanken zu hegen, da er weiß, daß diese zu Anhaftung, zu schlechtem Karma und dadurch früher oder später zu Leiden führen werden.

»Nicht gut ist eine Tat, die, wenn ausgeführt,
zu bereuen ist und deren Folgen unter Tränen
und Klagen erduldet werden müssen.
Gut ist eine Tat, die, wenn ausgeführt, nicht zu
bereuen ist und deren Folgen man freudig und voll
Zufriedenheit entgegennehmen kann.«
(Buddha, Dhammapada, V)

Zu welcher der von Buddha aufgezählten Kategorien die Rache zählt, dürfte unschwer zu erraten sein. Natürlich kommt es vor, daß jemand uns unrecht getan hat. Wenn wir zum Opfer »böser Rede« oder gar »böser Handlungen« wur-

den, ist es selbstverständlich, daß wir zunächst mit Wut reagieren. Doch Wut ist etwas sehr Unmittelbares und kann in Form einer plötzlichen Explosion manchmal angemessen und befreiend sein. Im Gegensatz dazu werden Gedanken der Rache oft sehr lange Zeit im Bewußtsein genährt und vergiften Leib und Seele. Und wenngleich es keine Rechtfertigung dafür gibt, daß irgendein Mensch uns etwas Ungerechtes oder Gemeines angetan hat, gibt es doch auch keine Möglichkeit, das Geschehene ungeschehen zu machen.
Der Versuch, einen Standpunkt einzunehmen, der es zuläßt, daß wir verstehen und verzeihen können, erfordert innere Kraft und Reife. Ist er aber einmal eingenommen, sind wir auf dem Wege zu seelischer, geistiger und körperlicher Harmonie einen großen Schritt weitergekommen. Im Gegensatz dazu werden wir die Dinge viel schlimmer machen, wenn wir uns von unseren Rachegelüsten hinreißen lassen. Denn zweifellos gehört die Rache, wie Buddha sagt, zu »einer Tat, die, wenn ausgeführt, zu bereuen ist und deren Folgen unter Tränen und Klagen erduldet werden müssen«.

Schicksalsschläge **➛ Pech**

Sorgen – »... oft nichts als Eitelkeit ...«

Während die Angst recht konkret und bedrohlich werden kann, ist die Sorge vor allem lästig, wenn auch nur selten dramatisch. Trotzdem ist ein sorgenvoller Geist natürlich ganz und gar nicht dazu geeignet, Weisheit zu erlangen. Wer in Grübeleien verfällt und es zur Gewohnheit werden läßt, sich den Kopf zu zerbrechen, wird nicht nur unglücklich und ängstlich, er könnte sich ob der ganzen Sorgen schon auch einmal Kopfschmerzen oder andere lästige Leiden zuziehen.

»Wenn das Individuum Sorge oder Schmerzen quälen
oder heftige Wünsche es martern, so liegt
der Genius in Ketten. Er kann sich nicht rühren.
Nur wenn Sorge und Wünsche schweigen,
ist die Luft der Freiheit da, in der er leben kann.
Dann sind die Bande der Materie
abgeworfen, der reine Geist bleibt übrig, das
reine Subjekt des Erkennens.«
(Arthur Schopenhauer, Neue Paralipomena 4, 127)

Schopenhauer wird wohl weniger den römischen Schutzgeist als vielmehr das schöpferische Potential im Sinn gehabt haben, als er vom angeketteten *Genius* sprach. Sind Sie sich bewußt, welch beeindruckendes Schauspiel Ihr Denken tagtäglich zur Aufführung bringt? Haben Sie schon einmal beobachtet, daß Gedanken ihre Kreise nahezu endlos ziehen? Außer im Schlaf oder in Trance- und Meditationszuständen sind unsere Gedanken ununterbrochen mit mehr oder weniger alltäglichem Ballast beschäftigt.

Schopenhauer weist uns darauf hin, daß Sorgen, Schmerzen und starke Wünsche unsere kreative Energie in starkem Maße hemmen und uns darüber hinaus auch noch unglücklich machen.

Während es für jeden Menschen günstig und gesund wäre, sich von seiner Sorgsucht zu befreien, ist dies für den Weisheitsliebenden ein absolutes Muß. Nur einem »freien Geist«, der nicht dazu bereit ist, sich von bedrückenden Gedanken belasten zu lassen, ist es nämlich möglich, Klarheit und Erkenntnis zu gewinnen.

»Es ist unmöglich, jemandem ein Ärgernis zu geben,
wenn er es nicht annehmen will.«
(Friedrich Schlegel, Kritische Fragmente, Lyzeum)

Gesetzt den Fall, daß Sie einsähen, wie wichtig es ist, sein Bewußtsein von quälenden und energieraubenden Sorgen zu befreien, stellte sich immer noch die Frage, wie denn die Sorgen abzustellen seien. Schlegel macht in diesem Zusammenhang deutlich, daß jeder Mensch selbst zu entscheiden hat, ob er sich von negativen Gedanken ärgern lassen möchte oder nicht. Es ist äußerst wichtig, einzusehen, daß es im Grunde nur höchst selten die äußeren als vielmehr fast immer die inneren Umstände sind, die Ärger, Sorgen und Befürchtungen hervorrufen.

Natürlich gibt es viele scheinbar gute Gründe, sich Sorgen zu machen. So können Sie sich Sorgen um einen guten Freund machen, der einer bedrohlichen Erkrankung zum Opfer gefallen ist. Oder Sie können sich Sorgen darüber machen, ob Ihr Geld in zehn Jahren immer noch so viel wert sein wird wie heute. Ebensogut können Sie sich den Kopf darüber zerbrechen, ob Ihre Kinder es »zu etwas bringen werden«. (Das impliziert allerdings, daß sie es bisher zu »nichts« gebracht haben, was zumindest aus philosophischer Sicht eine recht interessante Perspektive ist.) Abgesehen von den Sorgen um die Gesundheit, gehören Geldsorgen sowie auch Zukunftsängste, die ja ebenfalls zu den Sorgen zu zählen sind, wohl zu den häufigsten Gewitterwolken, die Seele, Körper und Geist überschatten.

»Der Weise macht sich keine Sorgen darüber,
wie er seinen Lebensunterhalt verdienen könnte,
sondern er beachtet bei jedem Vorhaben,
ob es im Einklang mit dem rechten Weg ist.«
(Konfuzius, Lun Yu, XV, 31)

Könnten Sie sich vorstellen, alle Sorgen, die beispielsweise mit Ihrem beruflichen Fortkommen zusammenhängen, von

diesem Augenblick an aufzugeben? Möchten Sie versuchen, eine Perspektive einzunehmen, die die Energie, die Sie bisher in sorgenvolle Gedanken investiert haben, einfach umwandelt? Zum Beispiel könnten Sie sich weniger auf die äußeren Erfolge Ihres Tuns und statt dessen mehr auf eine neue Einstellung konzentrieren, die Ihnen dazu verhilft, im Einklang mit sich selbst zu handeln und dabei körperlich und geistig entspannt zu bleiben. Auf diese Weise werden Sie weniger Wert auf äußere Erfolge legen und sich entsprechend auch weniger beunruhigen müssen.
Eine Quelle, die viele Sorgen nährt, besteht in dem Wunsch, die Dinge, die da kommen, zu kontrollieren und zu beeinflussen. Natürlich ist dieser Wunsch menschlich, wenn auch nicht unbedingt weise. Je mehr Kontrolle Sie auszuüben versuchen, desto mehr »Kummer« werden Sie haben, da Sie sich dann folglich stets darum »kümmern« müssen, daß alles so läuft, wie Sie sich das vorstellen.

»Welchen Vorwand wir für unsere Sorgen
auch angeben wollen, so ist oft nichts als Eigennutz
und Eitelkeit deren Ursache.«
(François de La Rochefoucauld,
Réflexions morales)

La Rochefoucauld bringt es auf den Punkt, wenngleich er dabei auch wenig diplomatisch verfährt. Dennoch stimmt es natürlich, daß die meisten Sorgen allein in eigennützigen und eitlen Gedanken begründet sind. Überlegen Sie nur einmal, worüber manche unserer Mitmenschen sich tagtäglich den Kopf zu zerbrechen pflegen: so etwa darüber, ob die neue Frisur auch wirklich gut aussieht, ob wohl der Klempner morgen pünktlich kommen mag, ob im Flugzeug noch ein Fensterplatz frei ist, ob man den nächsten Bus noch er-

reichen wird oder ob man es je schaffen wird, seine vier Kilo Übergewicht wieder loszuwerden.
Es gibt sicher auch verständlichere Sorgen. So kann man sich wohl berechtigte Sorgen um seinen Besitz und sein Geld machen oder sich um seine Gesundheit sorgen. Doch das Prinzip hinter jeder Art von Sorge ist, daß etwas passieren könnte, das wir nicht wollen oder umgekehrt, daß etwas, das wir uns wünschen, nicht eintreten könnte.
Voraussetzung für jede Art von Kummer und Sorge ist also der Egoismus. Und selbst bei scheinbar selbstlosen Sorgen gilt das gleiche. Wenn Sie sich um Ihren kranken Hund sorgen, der vielleicht schon ein wenig altersschwach ist und in letzter Zeit einen besorgniserregenden Eindruck auf Sie macht, so wird neben dem Mitleid *auch* der Wunsch mitschwingen, daß Ihr Liebling Ihnen noch ein Weilchen erhalten bleiben und das Zeitliche so bald nicht segnen möge.
Nicht von ungefähr heißt es daher auch bei Laotse:

»Seid einfach, erhaltet die Lauterkeit,
vermindert die Selbstsucht, haltet die Begierden klein,
befreit euch von der Gelehrsamkeit.
So werdet ihr sorgenfrei.«
(Laotse, Tao Te King, 9)

Einer der effektivsten Wege zu einem sorgenfreien Leben besteht darin, die Selbstsucht zu vermindern und die Begierden klein zu halten. Je weniger Sie wollen – erreichen wollen, erhalten wollen, verändern wollen, vermeiden wollen –, desto weniger Grund zur Sorge gibt es.
Als Gegenteil der ängstlichen Sorge um die »zehntausend Dinge«, wie es im Taoismus gerne heißt, ist die Gelassenheit zu nennen. Denn nur wer loslassen kann, kann Vertrauen gewinnen. Und wer dem Leben vertraut und daran glaubt,

daß alles, genau so wie es kommt, schon seine Richtigkeit hat, wird fortan ein wahrhaft sorgenfreies Leben führen und sich die ein oder anderen Kopfschmerzen und Magengeschwüre ersparen können

Streitsucht – »Der Weise streitet nicht ...«

Haben Sie schon einmal beobachtet, was bei einem Streit geschieht? Abgesehen davon, daß zwei oder mehr Menschen dabei mit allmählich steigender Lautstärke aufeinander einreden, lassen sich durchaus auch physiologische Veränderungen bei den Streithähnen oder -hennen beobachten. Die Aufregung nimmt zu, das vegetative Nervensystem reagiert, der Blutdruck steigt, Wangen werden rot, Hände feucht, Streß breitet sich aus, und all das geht nicht nur etwaigen unfreiwilligen Zeugen der Streiterei auf die Nerven – es zerstört vor allem auch die Gemütsruhe der Beteiligten.
Vielleicht neigen Sie ja dazu, mit Ihren Mitmenschen herumzustreiten, obwohl Ihnen das im Grunde Ihres Wesens zuwider ist. Die Lösung für das Problem könnte dann darin liegen, darüber nachzudenken, was die Ursache von Streit ist – also über den »Streit an sich« zu philosophieren.
Meistens läuft der Mechanismus der Uneinigkeit ja so ab, daß Sie eine Meinung oder eine bestimmte Anschauung haben, die vermutlich durch Ihre individuellen Erfahrungen geprägt ist. Ein anderer Mensch hat eine andere Meinung, sieht die Dinge anders, und zwar nicht etwa, weil er Sie ärgern wollte, sondern weil einfach andere Programme bei ihm ablaufen. Nun könnten Sie (zumindest theoretisch) Ihre Ansicht äußern, ohne dabei in irgendeiner Weise angreifend zu werden, könnten sich die andere Meinung anhören – interessiert und aufgeschlossen. Doch dann gäbe es natürlich keinen Streit.

Damit Streit überhaupt möglich wird, ist es günstig, sich einzubilden, daß man selbst die wahre Erkenntnis besitzt, während der Gesprächspartner ein dummer und dazu vollkommen uneinsichtiger Tropf ist. Und schon hat man den Salat und, was noch besser ist, den Streit.

»Kein Streit würde lange dauern, wenn das Recht oder auch das Unrecht nicht beiderseitig wäre.«
(François de La Rochefoucauld, Réflexions morales)

Wenn wir streiten, so tun wir dies meist in der Absicht, Recht zu bekommen oder doch zumindest in dem Wahn, Recht zu haben. Philosophisch gesehen ist das eine recht fragwürdige Einstellung. Dies gilt um so mehr, wenn, wie oft der Fall, die Streitereien sich nicht auf allgemeingültige und weitgehend überprüfbare Tatsachen als vielmehr auf subjektive Anschauungen beziehen.
»Elefanten haben einen Rüssel« ist eine Aussage, die so leicht keinen Streit hervorrufen wird. Natürlich könnte es sein, daß man auf jemanden trifft, der keinen Elefanten kennt und an ein Tier mit einem langen Rüssel nicht recht glauben mag oder der das Wort »Elefant« falsch verwendet und »Elefant« sagt, wenn er »Nashorn« meint; doch beides ist eher unwahrscheinlich.
Eine Aussage wie »Du solltest damit aufhören, so viel zu trinken« ist hingegen psychologisch wesentlich problematischer und im Alltag auch viel häufiger Anlaß zum Streit. Schließlich kann es Person A als absolut dumm und unvernünftig ansehen, daß Person B seine Gesundheit durch übermäßigen Weingenuß ruiniert, während Person B sich umgekehrt mit drei oder vier »Gläschen« Wein am Abend noch lange nicht als Alkoholiker und im übrigen recht wohl und gesund fühlt. In solchen und Abertausenden von anderen Fällen, in denen

Meinungen oder gar Weltanschauungen aufeinandertreffen, besteht eine besonders effektive Möglichkeit der Streitvermeidung darin, einzugestehen, daß *sowohl ich als auch der andere* von seinem persönlichen Standpunkt aus gesehen recht hat – das Recht also, um mit La Rochefoucauld zu sprechen, immer beiderseitig ist.

Eine Möglichkeit, Ihr Leben weitgehend streitfrei zu verbringen, besteht also darin, sich dessen bewußt zu bleiben, daß nicht nur Sie, sondern auch Ihr Gegenüber recht hat. Ebenso könnte man natürlich sagen, daß beide unrecht haben, was für die Praxis keinen großen Unterschied macht. Wenn Sie es vermeiden, auf Konfrontationskurs zu gehen, und statt dessen versuchen, einmal eine andere Perspektive – und sei sie zunächst auch noch so fremd – einzunehmen, werden Sie über Ihren persönlichen Standpunkt, der immer auch ein einengender Standpunkt ist, hinausgehen. Auf diese Weise wird ein ganz anderes Bewußtsein für »wahr« oder »unwahr« kultiviert. Aber es gibt noch einen anderen »Trick«:

»Jeder Umgang ist schlechter Umgang
außer dem mit seinesgleichen.«
(Friedrich Nietzsche,
Jenseits von Gut und Böse, Der freie Geist)

Im krassen Gegensatz zur vorherigen Technik des »Sich-in-den-anderen-Hineinversetzens« schlägt Nietzsche einen Weg vor, durch den sich Streit ebenfalls weitgehend vermeiden läßt. Nicht jeder bringt nämlich die nötige Geduld auf, um sich mit den (seiner Ansicht nach) idiotischen Einstellungen seiner Zeitgenossen und -genossinnen herumzuschlagen, obwohl es, zumindest philosophisch gesehen, eine gute Übung wäre, das zu tun. Doch es liegt andererseits auch eine bestimmte Art von Weisheit darin, Menschen zu mei-

den, die so vollkommen anderweitig veranlagt sind, daß sie in einem schon allein durch ihr bloßes Erscheinen Widerstand hervorrufen.
Bei aller Liebe zur Nächstenliebe ist es doch so, daß der krampfhafte Versuch, mit aller Welt gut Freund sein zu wollen zumindest für leicht erregbare Gemüter alles andere als gesund wäre. Manche Menschen gehen einem einfach mächtig auf die Nerven – und damit basta!
Der viel bequemere, aber auch nicht uneffektive Weg, Streit zu vermeiden und seine Seelenruhe dadurch sicherzustellen, besteht also darin, den rechten Umgang zu pflegen und sich gar nicht erst mit vermeintlichen Dummköpfen abzugeben. Vielleicht etwas arrogant, aber sehr wirksam. Schließlich werden wir in gewissem Maße auch immer von den Menschen, mit denen wir uns umgeben, beeinflußt. Und so lesen wir auch schon im ersten Kapitel der »Hatha-Yoga-Pradipika«, einem Hauptwerk der indischen Philosophie:

»Zuviel Essen und Anstrengungen,
zu viel Gerede oder Gelübde, falsche Übung
und *schlechte Menschen*,
diese sechs schaden der Befreiung der Seele.«
(Hatha-Yoga-Pradipika, I)

Sie müssen nicht gleich an der im Yoga angestrebten Befreiung der Seele interessiert sein. Auch wenn es Ihnen nur darum geht, Ihr Wohlbefinden zu pflegen, ist es sinnvoll, Streit und Rechthaberei zu vermeiden. Das gilt natürlich erst recht für Mord und Totschlag, die bei entsprechend veranlagten Sturköpfen die konsequenten Folgen der Meinungsverschiedenheit sind.
Streit entsteht immer aus einer Unterschiedlichkeit der Anschauung. Naturgemäß ist diese zwischen Freunden meist

relativ gering. Darüber hinaus ist es allerdings nicht immer ganz einfach zwischen »guten« und »schlechten« Menschen zu unterscheiden. Ein philosophisch veranlagter Mensch wird sich ohnehin hüten in bezug auf Personen von »gut« und »schlecht« zu sprechen. Ist jemand gut, weil er Gutes tut, auch wenn er dabei Schlechtes denkt? Ist jemand, der für mich gut ist und mir gut tut, auch für Sie gut? Und was heißt überhaupt gut – wie ist »gut« definiert?
Wie Sie sehen, ist das alles nicht so einfach. Dennoch gibt es gerade im Zusammenhang mit dem Wunsch, Streit zu vermeiden, gewisse Menschen, bei denen dies leichter, und andere, bei denen dies schwerer fallen dürfte. Dies mag wohl auch Konfuzius im Sinn gehabt haben.

»Es gibt drei gute Arten von Freunden
und drei verderbliche: Nützlich ist die Freundschaft
mit Aufrichtigen, mit jenen, die bis
zum Tode treu sind, und mit jenen, die viele Erfahrungen
gesammelt haben. Verderblich ist die
Freundschaft mit Pessimisten, mit jenen, die immer nur
ihren eigenen Vorteil suchen und mit jenen,
die schlau daherreden.«
(Konfuzius, Lun Yu XVI, 4)

Es liegt nahe, daß Menschen, die in allem nur das Negative sehen ebenso wie Egoisten und Schlaumeier durch Ihre Veranlagung dazu neigen, Streitigkeiten zu provozieren. Es kann in der Tat recht schwierig werden, den Mund zu halten, wenn unser Gegenüber eindeutig zu einer der drei Kategorien zu rechnen ist, vor denen Konfuzius uns warnt.
So empfehlenswert es ist, darauf zu verzichten, diese Art von Menschen zu Kaffee und Kuchen zu sich nach Hause einzuladen, so unmöglich ist es auch, zufällige Begegnungen

mit ihnen zur Gänze zu vermeiden. Darüber hinaus können wir es uns leider nicht immer aussuchen, mit wem wir es im Alltag zu tun haben. Vielleicht ist Ihr Kollege, Ihr Chef oder Ihr Ehemann (beziehungsweise Ihre Ehefrau) streitsüchtig, rechthaberisch oder uneinsichtig. In diesem Fall ist es nicht ganz leicht, sich diesem Menschen zu entziehen.

Wo immer Sie es mit schwierigen Leuten zu tun haben, die Ihren Widerstand unwillkürlich hervorrufen, kann der taoistische Weg der Widerstandslosigkeit sehr nützlich werden.

Das Ganze läuft im Endeffekt darauf hinaus, daß Sie sich durchaus bewußt sind, daß Sie es mit einem schwierigen Menschen zu tun haben und von ihm vielleicht sogar angegriffen werden, es aber einfach nicht einsehen, Ihre Gemütsruhe und ihre seelische und körperliche Gesundheit deswegen aufs Spiel zu setzen.

»Der Weise streitet nicht,
daher kann niemand mit ihm streiten.«
(Laotse, Tao Te King, 22)

Alleine kann man nicht leicht streiten. Bei einigen Psychiatrie-Patienten gilt diese Regel nicht. Doch normalerweise wird es keine Auseinandersetzung geben, wo keine andere Meinung ist oder diese zumindest nicht geäußert wird. Wenn Sie nicht dazu bereit sind, sich auf Streitigkeiten einzulassen, wird es niemandem gelingen, Sie in einen Streit zu verwickeln. So einfach ist das.

Nun mag man vielleicht einwenden, daß es doch nicht Sinn der Sache sein kann, bei jedem Anlaß gleich den eigenen Standpunkt auf- und dafür klein beizugeben. Schließlich sind in unserer modernen, westlichen Gesellschaft ja gerade jene hoch angesehen, die ihre Meinung selbstbewußt und lautstark äußern, zu ihr »stehen« und sie möglichst penetrant

vertreten. Und – wie man beispielsweise bei so manchen Politikern oder Talkshowgästen beobachten kann – je aufgeblasener sie sich gebärden, desto größer ist in der Regel ihr Ansehen.
Der Erfolg beim Publikum hängt tatsächlich meist viel weniger mit dem Inhalt als mit der Lautstärke und möglichst häufigen Wiederholung der einmal gefaßten Meinung und darauf gründenden Rede zusammen. Die Fähigkeit, den Mund besonders weit aufreißen zu können, hängt wiederum mit dem Seelenfrieden zusammen: Wo das eine ist, fehlt das andere ...

»Wer weiß, redet nicht.
Wer redet, weiß nicht.
Man muß seinen Mund verschließen,
seine Pforten versperren,
seinen Scharfsinn aufgeben,
seine verwirrten Gedanken loslassen ...«
(Laotse, Tao Te King, 56)

Für den Weisheitsliebenden geht es nicht im geringsten darum, sich in irgendeiner Weise durchzusetzen. Es ist die Erkenntnis, die ihn dazu veranlaßt, das Reden aufzugeben, und nicht etwa ein Mangel an Selbstbewußtsein. Wer nämlich wie Laotse erkennt, daß sein Wissen begrenzt, sein Scharfsinn relativ und seine Gedanken verwirrt sind, weiß natürlich, daß diese Beschränkungen auch für seine Mitmenschen gelten.
Oft – wenn auch nicht immer – ist es mit Abstand das beste, auf unsinnige oder dümmliche Aussagen mit einem Lächeln zu reagieren, sich zu entspannen und den anderen einfach reden zu lassen. Und falls Sie es mit jemandem zu tun haben, der schlauer ist als Sie – so etwas soll es ja hin und wieder geben –, kann es erst recht nicht schaden, zu schwei-

gen, anstatt die eigene Auffassung, die wohl auch mal unsinnig sein mag, ehern zu vertreten.
Unterschiedliche Meinungen, Umgang mit falschen Menschen und eine gewisse Bereitschaft zur Auseinandersetzung sind nicht die einzigen Auslöser von Streitigkeiten. Oft sind die kleinen Reibereien, die der Alltag für uns bereithält, nämlich lediglich Ausdruck mangelnder Kommunikation. Wer das Gefühl hat, daß der andere ihn nicht versteht, wird leicht ungehalten.

»Die meisten Streitigkeiten kommen dadurch zustande,
daß die Menschen ihre eigenen Gedanken
nicht richtig darstellen oder die der andern falsch deuten.«
(Baruch de Spinoza, Ethik II, 47)

Wenn Sie einen französischen Gendarmen nach dem Weg zum Pariser Hauptbahnhof fragen und weder über Französischkenntnisse noch über eine ausgeprägte Zeichensprache verfügen, könnten Sie möglicherweise am Eiffelturm landen. Träfen Sie den besagten Ordnungshüter einige Zeit später nochmals an, wäre es uneinsichtig von Ihnen, ihm die Schuld für das Mißlingen zuzuweisen. Darüber hinaus wäre es aber glücklicherweise auch schwierig, sich mit ihm zu streiten, denn wenn man die Sprache des anderen nicht spricht, kann man ihn ohnehin nicht leicht zur Rede stellen.
Doch wie ist das bei Menschen, die die gleiche Sprache sprechen, wie etwa bei Ehepartnern, wo dies ja häufig der Fall ist. Hier sollte man eigentlich meinen, daß die Verständigung zwischen ihnen ein Leichtes sei, was, wie Sie wissen werden, eine irrige Annahme ist. Trotz gleicher Sprache finden wir oft meist wenig Verständnis füreinander, und folglich gibt es relativ viel Streit. Kein Wunder, daß gerade Spinoza, der im Laufe seines Lebens immer wieder mißverstan-

den und angefeindet wurde, von den Schwierigkeiten spricht, die einer verständnisvollen Kommunikation Steine in den Weg legen.
Eine von vielen Möglichkeiten, Streit zu vermeiden, besteht also darin, sich möglichst klar auszudrücken. Dies ist natürlich nur möglich, wenn wir über ein ausreichendes Maß an Selbstreflexion verfügen und wissen, was uns wirklich bewegt. Da dies sich nicht immer von selbst versteht, ist manchmal eine kleine Anstrengung nötig. Aber auch um den anderen zu verstehen bedarf es einer gewissen Mühe. Nachzufragen, was der andere meint, was er sagen will, was ihn an einer Situation belastet, was er gerne verändern würde, worüber er sich freuen würde usw., kann so manchem beginnenden Streit den Wind aus dem Sturmsegel nehmen.

Streß ➛ Nervosität

Tod ➛ Trauer

Trägheit ➛ Faulheit

Trauer – »... gib ohne Trauer auf, was du verlierst«

Es gibt im Leben erfreuliche und beglückende Momente, doch leider müssen wir alle irgendwann einmal erfahren, daß es ebenso traurige Augenblicke gibt. Trauer ist ein vollkommen menschliches Gefühl, das uns dabei hilft, Verluste zu verarbeiten. So unvermeidlich, wie die Verluste sind, so unvermeidlich ist die Trauer als Reaktion auf sie. Dennoch finden wir innerhalb der Philosophie auch Denker, die die Trauer als ein »Gefühl der Schwachen« weitgehend ablehnten.

»Nimm ohne Stolz an, was du bekommst;
gib ohne Trauer auf, was du verlierst.«
(Marc Aurel, Selbstbetrachtung, VIII, 38)

Marc Aurel empfiehlt Ihnen, nicht zuzulassen, daß traurige Gedanken Ihren Geist und Ihr Herz erfüllen. Allerdings war Marc Aurel ein Anhänger der Stoa. Und als ein solcher mußte ihm jeder Affekt und jede Emotion, die der Vernunft zuwiderläuft und die stoische Unerschütterlichkeit gefährdet, als bedenklich erscheinen.
Nun besteht tatsächlich grundsätzlich die Möglichkeit, eine unerschütterliche Gelassenheit und Seelenruhe zu entwickeln, die Sie selbst anhand schwerer Verluste davor bewahren wird, in eine tiefe Melancholie zu verfallen. Die Frage ist natürlich, ob Sie das wollen. Vielleicht wollen Sie sich ja lieber der Trauer stellen, als sie zu unterdrücken. Allerdings ist Unterdrückung nicht die einzige Alternative für das Durchleben der Trauer. Durch Einsichten, die Ihnen die Zusammenhänge bewußter machen, können Sie Trauer wenn auch nicht ganz, so doch weitgehend auflösen.
Fragen, die hier weiterhelfen könnten, lauten beispielsweise: »Warum bin ich traurig, was habe ich verloren? Ist das Verlorengegangene unwiederbringlich verloren, oder scheint mir das im Moment nur so? Liegt in dem Verlust vielleicht auch ein Gewinn? Gibt es irgend etwas Positives an meiner betrüblichen Situation, etwas, das ich aus ihr lernen kann? Ist es nicht der Lauf der Dinge, daß alles, was sich begegnet, sich zu irgendeinem Zeitpunkt wieder trennen muß? Ist Trauer insofern vielleicht auch Widerstand gegen den Fluß des Lebens? Und wozu ist Trauer gut? Wirkt sie befreiend oder belastend? Welche Sichtweise müßte ich einnehmen, um auch im Zustand der Trauer das Gefühl für den Sinn des Lebens nicht zu verlieren?«

»Ich sage jenen, die die Trauer und die Tränen
beim Tode eines Freundes verbannt wissen wollen,
daß eine Schmerzlosigkeit, die bis zur
Unempfindlichkeit gesteigert ist in einem noch größeren
Übel wurzele, nämlich in der Roheit, Eitelkeit
und Wahnsinn. Es ist daher besser, sich dem Schmerz
und dem Leid ein wenig hinzugeben, ja sie sogar
mit Tränen zu netzen und dahinzuschmelzen.«
(Epikur, Fragmente, Trostbrief an Dositheos und Pyrson)

Es ist durchaus nicht notwendig, die Trauer aus seinem Leben zu verbannen. Wie Epikur meint, wäre ein Zustand, der in Anbetracht von höchst traurigen Ereignissen, wie etwa beim Verlust eines lieben Menschen, von Schmerzlosigkeit geprägt ist, eher ein Zeichen von Roheit als von Weisheit. Wir sollten die Trauer nicht gänzlich aus unserem Leben verbannen, denn sie ist schließlich Ausdruck unserer Menschlichkeit. Außerdem: Wer die Trauer ausschließt, wird wohl auch die Freude nicht mehr tief erleben können. Wer himmelhoch jauchzen kann, wird zuweilen auch zu Tode betrübt sein. Freude und Trauer sind zweifellos intensive Gefühle. Es gibt jedoch keinen Grund, vor intensiven Emotionen wegzulaufen. Vergessen Sie nicht, daß auch starke Gefühle nicht ewig währen, sondern, ähnlich wie Gewitter, kommen und sich entladen, um schließlich wieder aus dem Bewußtsein zu verschwinden.

»Jeder Abschied ist betäubend. Man denkt und empfindet
weniger, als man glaubte: Die Tätigkeit, in der unsre Seele
sich auf ihre eigne weitere Laufbahn wirft,
überwindet die Empfindbarkeit über das, was man verläßt.«
*(Johann Gottfried von Herder,
Journal meiner Reise im Jahre 1769)*

Jeder Abschied, jede Trennung kann Trauer auslösen. Doch oft ist man über sich selbst erstaunt, wenn man feststellt, daß der Abschied leichter fällt, als man gedacht hätte. Ist es unbedingt ein Zeichen von Stumpfheit, wenn Sie nicht in Tränen ausbrechen, weil Ihr Partner Sie verlassen hat, Ihre Kinder das Haus fliehen oder Sie sich von Ihrem Wohnort verabschieden müssen? Könnte es nicht auch Ausdruck einer gesunden Flexibilität sein, gelassen zu bleiben, wenn es darum geht, etwas loslassen zu müssen? Oder ist es, wie Herder schreibt, die Tätigkeit unserer Seele, die unbeirrt ihren eigenen Weg geht, die uns den Eindruck von Betäubtsein vorgaukelt – ein Eindruck, der Gefühle wie Trauer gar nicht erst aufkommen läßt?

»Seht das Leben wie einen langen Traum,
wie eine Fata Morgana an. Wer die Welt auf diese Weise
betrachtet, bekommt Mara,
den Herrscher des Todes, nicht zu sehen.«
(Buddha, Dhammapada, XIII)

Ist nicht der Tod das Ereignis, das am häufigsten tiefe Trauer und Verzweiflung auslöst? Die Endgültigkeit, mit der der Tod einherzugehen scheint, das Unwiederbringliche ist es, das den dunklen Schatten der Trauer über den Betroffenen wirft. Doch selbst die Tragik des endgültigen Verlustes ist von der Sichtweise abhängig, denn nicht jeder Mensch reagiert in gleicher Weise auf den Tod eines Nahestehenden oder auch auf den herannahenden, eigenen Tod. So ist beispielsweise zu beobachten, daß Menschen, die an ein Weiterleben nach dem Tod oder an die Wiedergeburt glauben, sehr viel gelassener auf tragische Situationen reagieren können. Wie so oft ist also auch hier wieder Ihre persönliche Lebensphilosophie entscheidend, wenn es

darum geht, in welcher Weise Sie auf äußere Geschehnisse antworten.
Hat Buddha recht, wenn er das Leben mit einem langen Traum vergleicht? Beim Traum ebenso wie bei einer Fata Morgana erscheint das Trügerische höchst wirklich. Unser Bewußtsein ist ob seiner Beschränkungen leicht zu täuschen. Und wer weiß, ob Sie nicht eines Tages »aus Ihrem Leben erwachen werden«, genau so, wie Sie jeden Morgen aus Ihren Träumen erwachen ...

»Der Tod geht uns nichts an.
Denn was sich aufgelöst hat, ist ohne Empfinden;
was aber ohne Empfinden ist, geht uns nichts an.«
(Epikur, Katechismus)

Das Problem des Todes, das eng mit dem Problem der Trauer zusammenhängt, stellt sich dem denkenden Menschen im Laufe seines Lebens natürlich immer wieder. Die Bedrohung, die der Tod darstellt und die mannigfaltige Ängste erzeugt, kann jedoch entschärft werden. Und dazu ist es nicht einmal nötig, ein religiöser Mensch zu sein. Natürlich ist es eine feine Sache, wenn Sie daran glauben, daß Sie oder Ihre Liebsten nach dem Tod ins Paradies kommen oder zumindest auf Erden wiedergeboren werden. Und wer weiß, das könnte ja durchaus der Fall sein. Doch ganz abgesehen davon, sollte zumindest bedacht werden, was Epikur so schön formulierte, daß der Tod uns nämlich eigentlich gar nichts angeht.
Als Menschen sind wir zunächst einmal empfindende und lebendige Wesen. Solange wir noch Empfindungen haben, ist es gerechtfertigt, über dies und jenes nachzudenken und Leiden wie Freuden zu durchleben. Sobald aber das Bewußtsein aussetzt, was beim Tod zumindest aus gehirnphy-

siologischer Sicht der Fall zu sein scheint, enden natürlich auch alle menschlichen Empfindungen. Aus dieser Perspektive ist zwar fortan auf Freuden, Ekstase und Glücksgefühle aller Art zu verzichten, dafür aber auch nicht mehr mit Kummer, Sorgen, Schmerzen und Leiden zu rechnen, was nicht der unangenehmste aller denkbaren Zustände ist.

Trennung – »Nie kommt es zum zweiten Male ...«

Das Gefühl, sich von etwas oder jemandem trennen zu müssen, das oder den man liebt, gehört zweifellos zu den bittersten und schwersten Erfahrungen im menschlichen Dasein. Von frühester Kindheit an trennt sich der Mensch bekanntlich höchst ungern von dem, was ihm Freude bereitet. Wenn Sie einmal versucht haben, ein kleines Kind, nachdem es soeben einen neuen Spielkameraden kennengelernt oder auch nur einen bunten Plastikeimer im Spielzeuggeschäft erblickt hat, davon zu überzeugen, daß es jetzt wirklich Zeit wird, wieder nach Hause zu gehen, werden Sie schon sehen, was los ist. Nicht unwahrscheinlich, daß Sie es mit »starken Gefühlen« zu tun bekommen:

»Die Trennung läßt schwache Gefühle verkümmern
und starke wachsen, so wie der Wind die Kerze auslöscht,
das Feuer aber erst richtig entzündet.«
(François de La Rochefoucauld, Réflexions morales)

Wie La Rochefoucauld treffend bemerkt, kann Trennung mächtige Emotionen entfachen. Und das ist natürlich kein Zufall. Durch die Trennung wird einem nämlich meist erst der Wert des Verlorenen so richtig bewußt. Vielleicht haben Sie auch schon Situationen erlebt, in denen Ihnen etwas, das Ihnen im Grunde zuvor nicht allzu wichtig gewesen war,

plötzlich, da der Verlust bevorstand, in einem sehr begehrenswerten Licht erschienen ist.
Da verbringt einer beispielsweise 14 Tage an einem wunderschönen Strand und erst am letzten Tag, wo die Zeit für den Heimflug gekommen ist, überkommt ihn ein melancholisches Gefühl, da er sich der Schönheit der Gegend plötzlich bewußt wird. Oder jemand hat seine neue Uhr irgendwo liegenlassen und spürt auf einmal, wie sehr er sie vermißt, obwohl er zuvor vielleicht kaum bemerkt hat, eine Uhr am Handgelenk zu tragen. Ein Vorteil der Trennung ist also, daß sie wieder »Feuer« in eingeschlafene Gefühle zu bringen vermag. Immerhin!

»Hast du eine große Freude an etwas gehabt,
so nimm Abschied! Nie kommt es zum zweiten Male.«
(Friedrich Nietzsche,
Die Unschuld des Werdens 1, 687)

Die etwas modernere Variante von Nietzsches Satz besagt, daß man mit etwas aufhören soll, wenn es am schönsten ist. Die Erkenntnis, daß das Leben ständiger Wandlung unterliegt und Trennungen damit absolut unvermeidbar sind, gehört nicht unbedingt zu den größten philosophischen Einsichten, wird aber dennoch immer wieder einmal vergessen. Dabei könnte die Einsicht, daß sich nichts festhalten läßt, Ihnen viele Möglichkeiten bieten, all das, was Ihnen das Leben bietet, als schöne Leihgabe zu betrachten, die Sie in vollen Zügen genießen und zugleich als einmalig achten sollten.
Außerdem: Wenn Sie wissen, daß Sie irgendwann auch von dem, an dem Sie eine große Freude haben, Abschied nehmen werden müssen, können Sie sich wahrscheinlich wesentlich besser entspannen und den Dingen ihren Lauf las-

sen. Natürlich stellt sich dennoch die Frage, ob Nietzsche recht hat, wenn er sagt, daß wir ausgerechnet dann Abschied nehmen sollen, wenn es uns einmal so richtig gut ergeht. Es stimmt zwar, daß sich schöne Augenblicke ebensowenig festhalten lassen wie geliebte Menschen. Dennoch besteht kein Grund, etwas Schönes vorsätzlich zu beenden, nur weil man Angst vor dem Ende hat. Wenn man an seinem Leben bisher eine große Freude hatte, ist dies beispielsweise natürlich noch lange kein Grund, sich dasselbe zu nehmen. Es genügt schon, im Bewußtsein zu behalten, daß es sein *könnte*, daß schöne Momente in der Form, in der wir sie soeben erlebt haben, nicht unbedingt wiederkehren müssen.

»Von dem, was du erkennen und messen willst,
mußt du Abschied nehmen, wenigstens auf eine Zeit.
Erst wenn du die Stadt verlassen hast, siehst du,
wie hoch sich ihre Türme über die Häuser erheben.«
(Friedrich Nietzsche,
Menschliches Allzumenschliches II, 307)

Manchmal kann eine Trennung durchaus sehr nützlich sein. Haben Sie nicht auch ab und zu das Gefühl, daß es günstig wäre, ein paar Schritte weit wegzugehen, um eine Situation oder einen Menschen klarer sehen und erkennen zu können? Aus einem kleinen Abstand können Sie Dinge wahrnehmen, die sich Ihnen aus unmittelbarer Nähe nicht offenbaren werden.
Haben Sie schon einmal versucht, sich für eine bestimmte Zeit von einem Problem zu verabschieden, um mehr Klarheit zu gewinnen? Indem Sie Ihre Gedanken auf andere Dinge richten und es Ihrem Geist verbieten, in Grübeleien zu verfallen, können Sie einer Lösung oft näher kommen. Und selbst wenn Sie sich von etwas Geliebtem, beispiels-

weise einem nahestehenden Menschen oder einer schönen Umgebung, trennen müssen, könnten Sie versuchen, die neue Situation zu nutzen, um das Vergangene einmal aus einem neuen Blickwinkel zu betrachten. So gesehen kann jede Trennung durchaus zu neuen Einsichten verhelfen und muß auch nicht unbedingt als Schicksalsschlag aufgefaßt werden.

»Der weise Mensch, der sich vom Schein
der Welt losgelöst und sich vom Leid getrennt hat,
der sich von allem vollkommen befreit hat
und sämtliche Fesseln durchschlagen hat, wird von
keinem Fieber der Leidenschaften mehr geplagt.«
(Buddha, Dhammapada, VII)

Buddha zufolge ist Trennung kein Übel, sondern eine notwendige Bedingung für Loslösung und Gelassenheit. In der Tat kann Befreiung manchmal äußerst wohltuend sein. Es ist aber kaum möglich, sich von etwas zu befreien, ohne sich von ihm zu trennen. Falls Sie also unter einem unangenehmen Geschäftspartner, einem belastenden und negativ eingestellten Lebenspartner, einem ungesunden Wohnort oder einer zerstörerischen Denkweise zu leiden haben, wie sie Ihrer Entwicklung und Entfaltung im Weg stehen könnten, dann würde »Trennung« vermutlich zu einer sehr gesunden und erlösenden Kraft für Sie werden.
Buddha schlägt nun vor, sich vom Leiden zu trennen und sämtliche Fesseln, die zu innerer Unruhe und fieberhaften Leidenschaften führen, zu durchschlagen. Viele Menschen haben jedoch Angst vor Trennungen, und zwar seltsamerweise nicht nur von angenehmen Dingen, sondern auch von unangenehmen Gewohnheiten und eingefahrenen Fehlern. Unterbewußt ahnen sie vielleicht, daß eine Trennung sehr

viel frischen Wind und entsprechend viele Veränderungen in ihr Leben bringen könnte. Und wer ist dazu schon bereit? Schließlich hieße das, daß man sich dafür entscheiden müßte, sich dem Fluß des Lebens bedingungslos anzuvertrauen, ohne irgend etwas oder irgend jemanden festhalten zu wollen. Wenn dann jemand wie Buddha kommt und dazu auffordert, sich auch noch vom »Schein der Welt« zu befreien, könnte es einem natürlich schon einmal schwindelig werden. Aber, wie es neuerdings immer wieder einmal so treffend heißt: »No risk, no fun ...«

»Wir sollten das, was wir besitzen,
bisweilen so anzusehen uns bemühen, wie es uns
vorschweben würde, nachdem wir es verloren
hätten, und zwar jedes, was es auch sei:
Eigentum, Gesundheit, Freunde, Geliebte, Weib, Kind,
Pferd und Hund. Meistens belehrt erst der
Verlust uns über den Wert der Dinge.«
(Arthur Schopenhauer,
Aphorismen zur Lebensweisheit V, 14)

Zum Abschluß gibt uns Schopenhauer noch eine effektive Strategie an die Hand, um den Wert der Dinge, die wir zu besitzen meinen, richtig schätzen zu können. Wenn Sie alles, was Ihnen Freude bereitet, als vergänglich ansehen und sich einmal vorstellen, wie es sein wird, wenn Sie diese Dinge einmal verloren haben werden, wird es ihnen leichter fallen, eine Haltung der Dankbarkeit zu entwickeln. Vor allem aber werden Sie dem tatsächlichen Verlust, sollte er denn doch einmal eintreten, gelassener gegenüberstehen können, denn dann haben Sie ihn gedanklich bereits einigermaßen verarbeitet.

Überheblichkeit ➛ Hochmut

Unfreiheit – »Der Mensch ist frei geboren ...«

Welch hohes Gut die Freiheit ist, vermag nur zu erfassen, wer das Gefühl von Abhängigkeit einmal intensiv am eigenen Leibe zu spüren bekommen und kennengelernt hat. Das sind nicht wenige. Zumindest annäherungsweise kennt wohl jeder Mensch das Gefühl, unfrei und gefangen zu sein. In etwas konkreterer Form kennen es zum Beispiel Inhaftierte, Fließbandarbeiter, Schüler, Büroangestellte, unglückliche Eheleute, Sektenmitglieder, Raucher und darüber hinaus natürlich auch zahlreiche unterdrückte Völker. Je stärker dabei das Maß der ausgeübten Unterdrückung und je offensichtlicher die Abhängigkeit ist, desto stärker wird der Drang nach Freiheit. Viele Kriege, Revolutionen und politische Umstürze sind einzig dem menschlichen Freiheitsdrang zu »verdanken«.
Freiheit ist ein Zustand, der körperlich, seelisch und geistig erfahren werden kann. In jedem Fall ist dieser Zustand angenehm, erfüllend und beglückend. Abhängigkeit hat den gegenteiligen Effekt. Sie verursacht Gefühle, die sich in etwa zwischen leichten Bedenken und unerträglicher Verzweiflung bewegen können.
Wenn Sie den Eindruck haben sollten, daß Sie in irgendeiner Weise in Ihrer Bewegungsfreiheit eingeengt sind und Ihr Dasein von einigen Zwängen und Abhängigkeiten belastet ist, dann sind Ihr Wohlbefinden, Ihre Entwicklungsmöglichkeiten und nicht zuletzt auch Ihre Gesundheit recht stark gefährdet. Der Wunsch, »frei wie ein Vogel« zu sein, ist daher überaus natürlich und gesund, wenn auch bei weiterer Betrachtung ein wenig naiv. Schließlich äußert sich die Vogelfreiheit, die ja ohnehin noch nie besonders erstrebenswert

war, vor allem auf Grund der Assoziation zwischen Fliegen und Freisein. Dennoch ist es mit des Vogels Freiheit freilich nicht weit her, da es den Wirbel- wie auch den übrigen Tieren für gewöhnlich an der Möglichkeit zur freien Entscheidung mangelt und triebgesteuertes Verhalten auch nichts anderes als eine bestimmte Form der Abhängigkeit ist.
Wenn wir uns unfrei fühlen, versuchen wir normalerweise, die äußeren Umstände zu verändern, indem wir uns etwa von unserem Partner trennen oder zumindest für 14 Tage nach Marokko fliegen. Dabei ist der Wunsch nach Freiheit wohlgemerkt durchaus intelligent und notwendig. Wer das Gefühl hat, Sklave der Umstände zu sein und die Dinge, die da kommen, nicht selbst bis zu einem gewissen Grad steuern zu können, wird dies in Form von Angst, Unruhe, Beklemmung und dann wohl auch schon einmal als körperliches Unwohlsein zu spüren bekommen. Und jeder wäre dumm, der diese Zustände nicht ändern wollte. Der Fehler liegt also nicht im Bedürfnis nach Selbstbestimmung, wohl aber in der Art und Weise, in der die Befreiung zuweilen angestrebt wird.

»Nicht durch die Kraft seiner Arme, sondern
vor allem durch die Mäßigung des Herzens erlangt
der Mensch Unabhängigkeit und Freiheit.
Wer wenig wünscht, hängt von wenigem ab.«
(Jean-Jacques Rousseau, Émile 2, 4)

Es erfordert einige Mühen, politische Systeme umzuwerfen oder auch nur für einige Tage seinem Arbeitstrott zu entfliehen. Gemessen an den ungeheuren Anstrengungen, die Menschen oftmals auf sich nehmen, um sich ein Stückchen mehr Freiheit und Selbständigkeit zu erkämpfen, ist es fast schon ein Leichtes, das Unabhängigkeitsgefühl durch eine

neue Sichtweise zu erlangen. Eine solche, neue Perspektive erhalten Sie am einfachsten dadurch, daß Sie sich einige Gedanken zum Thema Abhängigkeit machen, was Sie, indem Sie diese Sätze lesen, übrigens ohnehin schon tun.
Hier einige weitere Vorschläge für Richtungen, in die Sie Ihre Gedanken diesbezüglich bewegen könnten, falls Ihnen danach zumute sein sollte: Ist Abhängigkeit ein Ding, das uns einfach vorgesetzt wird und mit dem wir es nun zu tun haben, also ungefähr so etwas wie ein Hut, der uns aufgesetzt wurde, obwohl er unseren Geschmack nicht trifft? Wodurch entsteht Abhängigkeit, wie kann sie erhalten, wie abgelegt werden?
Es gibt, wie Sie wissen werden, sehr unterschiedliche Formen der Unfreiheit. Wenn jemand ins Gefängnis gesperrt wird, ist die Unfreiheit recht offensichtlich. Der Mensch kann dann nicht mehr hingehen, wo er gern hingehen will, sondern muß in einer öden Zelle bleiben. Ein anderer ist unfrei, weil er gern seine ganze nervtötende Familie auf einen benachbarten Planeten schießen würde, was er aber aus Anstand oder Mangel an geeigneten Mitteln sein läßt. Statt dessen ernährt er sie und sorgt für das Nötigste, wenn auch wahrscheinlich nicht für gute Stimmung. Ein dritter haßt seinen Job, seinen Chef, seine Kollegen und überhaupt den ganzen Betrieb, doch er benötigt Geld für Miete, Benzin und Nahrungsmittel. Ein weiterer würde ob seiner Fettleibigkeit unglaublich gerne einige Kilo abnehmen, verspürt jedoch den unüberwindlichen Drang, doch wieder zur altbewährten Sahnetorte zu greifen. So unterschiedlich die aufgeführten Menschen sein mögen, so sind sie doch alle in irgendeiner Weise unfrei und damit abhängig.
Wir wollen noch einmal Rousseau zitieren, der wußte, wovon er sprach, galt er doch als ausgesprochen freiheitslie-

bender Philosoph, der sich als Nichtstudierter, Autodidakt und querköpfiger Taugenichts gegen jede Einordnung in bestehende Kategorien sperrte.

»Der Mensch ist frei geboren und liegt doch überall in Ketten.«
(Jean-Jacques Rousseau, Vom Gesellschaftsvertrag, I)

So zahlreich die Menschen sind, so zahlreich sind die Unfreiheiten, denen sie zum Opfer fallen. So können wir, um nur einige Beispiele aufzuzählen, von Personen, Orten, Neurosen, Tätigkeiten, von Lob, Geld, Liebe, Fernsehen, Gesetzen, Staatsformen, zwei gekochten Eiern zum Frühstück und unglaublich vielen anderen Dingen abhängig sein und damit unfrei werden. Doch können wir all das deshalb abschaffen und aus dem Weg räumen? Ferner - gibt es natürliche und unnatürliche Abhängigkeiten? Ist die Abhängigkeit von drei täglichen Mahlzeiten verständlicher als die von der Liebe eines anderen Menschen oder einem bestimmten Kontostand?
Für alle Abhängigkeiten, denen nicht gerade lebenserhaltende Mechanismen zugrunde liegen, gilt, daß die eigentliche Ursache für sie in den eigenen Bedürfnissen liegt. Je mehr Wünsche Sie hegen, desto unfreier werden Sie. Wenn Sie es gewöhnt sind, daß Sie jeden Morgen aufwachen und Ihnen Ihre Freundin (Ihr Freund) ins Ohr säuselt, daß Sie zweifellos der wunderbarste und bestaussehende Mensch auf Erden sind, wird der Spaß in dem Moment ein Ende haben, in dem Ihr Partner seine morgendliche Ansprache beendet - sei es, weil er ausgezogen, sinnesgewandelt oder einfach nur furchtbar heiser ist.
Die Anzahl der Wünsche bestimmt das Maß der Unfreiheit. Wer in einer Holzhütte glücklich ist, erzeugt innerlich we-

sentlich weniger Abhängigkeiten als jemand, der nicht nur deshalb ins Unglück stürzt, weil seine Villa abgebrannt ist, sondern auch, weil sein neues Auto einen Kratzer hat, die Kinder schlechte Noten nach Hause bringen, der Swimmingpool nicht mehr richtig aufheizt oder es dem Entrecote in Pfefferrahmsauce an der gewohnten Zartheit mangelt. Wenn Sie von vielen Bedürfnissen abhängig sind, ist die Gefahr groß, daß Sie enttäuscht werden.

Doch Unfreiheit entsteht nicht nur aus den Bedürfnissen, sondern auch aus den Gewohnheiten heraus. Wer sich irgendwann einmal in seinem Leben an einen bestimmten Menschen gewöhnt hat, wird sich wahrscheinlich vorstellen können, was es bedeuten würde, ihn plötzlich zu verlieren. Und vielleicht muß es auch gar nicht darum gehen, vollkommen frei zu werden und alle Abhängigkeiten loszulassen, die uns oft schon so lieb geworden sind.

»Wer meint, er wäre auf niemanden mehr angewiesen, wird unerträglich.«
(Marquis de Vauvenargues, Réflexions morales)

Ein gewisses Maß an Unfreiheit sollten wir uns ruhig zugestehen. Das ist nämlich die andere Seite der Abhängigkeit – sie ist nie ganz zu vermeiden. Wir brauchen Luft zum Atmen, etwas zu essen, ein wenig Zuwendung und Beachtung, ein Paar Schuhe und so weiter. Äußerlich gesehen ist totale Unabhängigkeit vollkommen unmöglich und darüber hinaus wäre sie auch rücksichtslos. Im Laufe des Lebens gehen wir gewisse Verträge ein, indem wir Entscheidungen treffen. Und diese Verträge nehmen uns oft auch dann noch in die Pflicht, wenn wir die früheren Entscheidungen inzwischen längst anders fällen würde. Aber was kann man machen?

»Das höchste Gesetz der Natur ist nicht
Gleichheit, sondern Unterordnung
und Abhängigkeit.«
(Marquis de Vauvenargues, Réflexions morales)

Kein sehr aufbauender Satz, den der Marquis da formuliert hat. Dennoch müssen wir auch dem ins Auge blicken, daß wir nämlich alle voneinander abhängig sind und äußere Freiheit illusorisch ist. Wird der Freiheitssinn übertrieben, läuft das auf puren Egoismus hinaus. Und zudem: Allein dadurch, daß wir auf die eigenartige Idee gekommen sind, mit einem Leibe bekleidet in die Welt zu kommen, haben wir es uns »eingebrockt«, daß wir die Bedürfnisse dieses Leibes befriedigen müssen. Es hilft nichts.

Mit der inneren Unabhängigkeit sieht es gottlob sehr viel besser aus. Selbst Menschen, die ihr Leben unter widrigsten Umständen fristen müssen, können sich ein hohes Maß an innerer Freiheit bewahren, was manchen auch tatsächlich zu gelingen scheint.

»Wer Befehle willig befolgt, dem bleibt die
bitterste Seite der Abhängigkeit erspart, nämlich, daß man
tun muß, was man nicht will. Unglücklich
ist nicht, wer etwas auf Befehl tut, sondern wer es
widerwillig tut. Wir sollten daher die innere
Einstellung gewinnen, daß wir wollen,
was die Umstände von uns verlangen.«
(Seneca, Briefe, II, 2,5)

Seneca schlägt einen simplen, wenn auch höchst wirkungsvollen Trick vor. Nachdem Sie sorgfältig zwischen vermeidbaren und notwendigen Übeln oder Abhängigkeiten unterschieden und die vermeidbaren nach Möglichkeit abgelegt

haben, bleiben unterm Strich noch die unvermeidbaren übrig – logisch! Wie soll man mit ihnen verfahren – mit dem Beruf, den man ausüben muß, der Miete, die zu bezahlen ist, der Frau (dem Mann), die (den) man irgendwann lieb gewonnen hat, auch wenn es derzeit einige Probleme geben mag, sowie mit dem Bett, das zu machen, dem Garten, der zu pflegen, und der Milch, die einzukaufen ist? Wenn wir uns, wie Seneca vorschlägt, dazu bringen können, das, was wir tun müssen, tun zu *wollen*, ist die innere Freiheit trotz aller äußeren Zwänge in Sicht.
Um dies jedoch zu bewerkstelligen, ist es notwendig, die Dinge neu zu definieren und alte, von negativen Assoziationen bestimmte Programme zu löschen. Seinen Beruf lieben, das ist der Weg zu sinnvollem Tun. Seinen Partner lieben, das ist der Weg zu mehr Verständnis und Austausch. Haus und Garten lieben, das ist der Weg zu mehr Schönheit, Ordnung und Geborgenheit. Milcheinkaufen lieben, das ist der Weg zu einem besseren Frühstück ...

Unglück Pech

Unruhe → Nervosität

Unzufriedenheit – »... ein Mittel zur Knechtschaft ...«

Die Unzufriedenheit ist wohl eines der beharrlichsten Hindernisse auf dem Weg zur Seelenruhe. Ein unzufriedener Mensch wird nicht nur sich selbst, sondern auch seinen Mitmenschen ziemlich auf die Nerven gehen. Epikur hat in seiner Spruchsammlung einen schönen Satz formuliert, der besagt, daß wir das, was wir haben, nicht durch den Wunsch nach dem, was wir nicht haben, verderben sollten. Statt dessen sollten wir seiner Ansicht nach stets bedenken, daß auch

das, was wir derzeit haben, einmal zu dem gehörte, was wir uns innig wünschten.
Unzufriedenheit kann nur entstehen, wenn unsere Gedanken von Wünschen und Begierden erfüllt sind. Wo nämlich keine Wünsche und keine Sehnsucht lauern, herrscht wohlige Zufriedenheit. Und so spricht man ja auch davon, daß jemand »wunschlos glücklich« ist.

»Das Geld, das wir besitzen, ist das Mittel
zur Freiheit, dasjenige, dem wir nachjagen,
das Mittel zur Knechtschaft.«
(Jean-Jacques Rousseau, Bekenntnisse 1, 1)

Nicht das, was Sie besitzen, wird Ihre Unzufriedenheit nähren, sondern das, was Sie noch nicht besitzen, jedoch gerne Ihr eigen nennen würden. In Rousseaus Beispiel ist es das liebe Geld, das als Objekt der Begierde zur Unfreiheit führt. Und natürlich werden Sie wissen, wie oft ein vermeintlicher Geldmangel für unzufriedene und mürrische Gesichter verantwortlich ist.
Die Anatomie des Wünschens hat einen einfachen und relativ durchsichtigen Aufbau. Sie werden das ja sicher auch selbst schon oft beobachtet haben: Durch einen äußeren Reiz wird die Begierde geweckt. Sie sehen zum Beispiel ein schönes Foto von einem malerischen, doch leider fernen Strand - sagen wir einmal in einem Reisebüro. Durch optische Signale werden bestimmte Gehirnzentren stimuliert, Gedanken entstehen und mit ihnen der Wunsch »Da will ich hin«! In diesem Moment kommt es zu einem Konflikt zwischen der Realität, also dem »was ist«, und der Vorstellung davon, »wie es sein sollte«. Schließlich stehen Sie wahrscheinlich irgendwo im kalten Deutschland oder Österreich und offensichtlich nicht am ersehnten Sandstrand. Diese Dis-

krepanz erzeugt das Gefühl von Mangel: Sie wollen etwas, das Sie nicht haben, das Ihnen fehlt, an dem es Ihnen mangelt.

Einmal so weit gekommen, ist es bis zur Unzufriedenheit nur noch ein winziger Schritt. Und das dürfte auch Rousseau meinen, wenn er von der Knechtschaft spricht, der der Mensch, der den Gütern des Lebens hinterherjagt, leicht zum Opfer fällt.

»Der weise Mensch ist mit seiner Lebensstellung
stets zufrieden und geht darin seiner Pflicht nach.
Er sehnt sich nie über seine Stellung hinaus.
Wenn er reich und vornehm ist, so tut er, wie es einem
Reichen und Vornehmen gemäß ist; ist er aber
arm und gering, so handelt er, wie es einem Armen und
Geringen gemäß ist. Ist er in einer angenehmen
und sorgenfreien Stellung, dann wird er diese zu schätzen
wissen; ist er in einer bedrängten und kummervollen
Situation, so wird er auch damit zurechtkommen.
Der weise Mensch kann niemals seine vollkommene
Zufriedenheit verlieren und in eine Lage kommen,
die er nicht zu meistern wüßte
und in der er sich nicht treu bliebe.«
(Konfuzius, Tschong-Yong, XIV, 1/2)

Der einfachste Trick, Unzufriedenheit auszuschalten, besteht darin, sich auf die »Gegenkraft« zu konzentrieren, auf die Zufriedenheit. Konfuzius betont, daß ein Weiser grundsätzlich zufrieden ist und daß diese Zufriedenheit nicht von äußeren Bedingungen abhängt.

Jenseits von Besitz, Erfolg, Stellung oder Ruhm können Sie innere Zufriedenheit bewahren, falls Sie sich dafür entscheiden sollten. Und Sie können selbst dann noch gelassen und zufrieden, das heißt mit sich selbst in Frieden sein, wenn die Umstände unerfreulich und schwierig sind. So wie es Reiche und Arme gibt, gibt es auch Zufriedene und Unzufriedene. Doch es ist ein Irrtum, zu glauben, daß Menschen, die viel besitzen deshalb grundsätzlich zufriedener wären als jene, die mit dem Nötigsten auskommen müssen.

»Die Bescheidenheit der Menschen, die glücklich sind,
kommt von der Ruhe, die das Glück
ihren Gemütern verleiht.«
(François de La Rochefoucauld, Réflexions morales)

Die Gesetze des Glücks sind einfacher, als gemeinhin angenommen wird. Natürlich entsteht ein gewisses Glücksgefühl, wenn Sie sich einen lang gehegten Wunsch endlich erfüllen können und sich zum Beispiel ein neues Auto kaufen. Doch leider dauert diese Art von Glück nicht lange, denn Sie werden sich schnell an das neue Fahrzeug gewöhnen. Und irgendwann wird der Moment kommen, wo Ihre Zufriedenheit endet, da Sie das Auto wahrscheinlich gar nicht mehr richtig wahrnehmen. Reize sind nun einmal kurzlebig. Ist ein Reiz erst reizlos geworden, wird natürlich ein neuer Reiz benötigt – auf diese Weise wird Unzufriedenheit immer wieder neu genährt.

Um zufrieden (und das heißt letztendlich auch glücklich) zu werden, müssen Sie deshalb etwas anderes ausprobieren. Wie La Rochefoucauld schreibt, hängen Glück, Bescheidenheit und Ruhe eng zusammen. Unzufriedenheit erzeugt Unruhe. Umgekehrt führt Glück zu innerer Ruhe oder letztere zu erstem. Wenn Sie daher versuchen, Ihren Blickwinkel zu verändern und sich klar machen, daß Unzufriedenheit Sie in einen ewigen Teufelskreis führt, können Sie Ihr Bewußtsein umprogrammieren. Anstatt immer neue Wünsche zu nähren und sehnsüchtig daran zu glauben, daß Ihr Glück einzig davon abhängt, daß Ihr Wunsch erfüllt werden möge, können Sie versuchen, im Alltag Bescheidenheit, Ruhe und Dankbarkeit zu entwickeln.

»Ein einziger dankbarer Gedanke gen Himmel
ist das vollkommenste Gebet.«
(Gotthold Ephraim Lessing, Minna von Barnhelm, II, 7)

Um Zufriedenheit zu erlangen, brauchen Sie lediglich eine dankbare Haltung einzunehmen. »Lediglich« ist vielleicht nicht ganz das richtige Wort, denn so einfach ist es auch mit der Dankbarkeit nicht. Lessing vergleicht Dankbarkeit mit einem vollkommenen Gebet. Tatsächlich wird ein Gefühl tiefer Dankbarkeit gegenüber allem, was das Leben uns an wertvollen Momenten oder Begegnungen schenkt, eher von einem wachen, klaren Geist empfunden werden als von einem abgestumpften. Von daher ist ein ausgeprägter Blick für die Schönheit dieser Welt von Vorteil, um zufrieden sein zu können.
Die Fähigkeit, trotz aller Widrigkeiten, die einem »unterwegs« begegnen, immer auch das Schöne im Auge behalten zu können, hat, wo sie stark ausgeprägt ist, tatsächlich so etwas wie eine spirituelle Dimension. Aus diesem Grund ist Lessings Vergleich mit dem Gebet auch durchaus zulässig, so man zumindest von einem Schöpfergott ausgeht, was natürlich nur eine von vielen Möglichkeiten ist, die Dinge zu betrachten.
Hegel bietet eine andere Möglichkeit an, Glück und Zufriedenheit zu erlangen. Er empfiehlt uns, unser Leben zu genießen, was allerdings, so Hegel, nur gelingen kann, wenn wir günstige Umstände schaffen, das heißt solche, die unserem Wesen entsprechen.

»Glücklich ist derjenige, der sein Dasein
seinem besonderen Charakter, Wollen und Willkür
angemessen hat und so in seinem Dasein
sich selbst genießt.«
(Georg Wilhelm Friedrich Hegel,
Vorlesungen über die Philosophie der Geschichte, 1)

Ein Fisch fühlt sich nur im Wasser wohl. Ein Mensch, der das Land liebt, wird in der Großstadt nicht glücklich sein. Und ebenso muß eine Sängerin singen, ein Maler malen, eine Forscherin forschen oder ein Manager managen. Wenn Sie daher gerne in Frieden leben möchten, sollten Sie versuchen, herauszufinden, was Sie wirklich tun möchten. Und dann sollten Sie die optimalen Bedingungen schaffen, um Ihre Träume zu verwirklichen. Wem das gelingt, der/die wird nämlich nicht leicht von Unzufriedenheit geplagt.

Verlust ➛ Trennung

Wahngedanken – »... Berge setzen, wo keine sind ...«

Es versteht sich von selbst, daß jemand, der unter handfesten, krankhaften Wahngedanken leidet, sich alsbald in die Hände eines guten Psychiaters begeben sollte, denn mit solchen Dingen ist natürlich nicht zu spaßen. Wenn wir also im folgenden vom »Wahn« sprechen, so meinen wir damit jene Verzerrung der Wirklichkeit, die man eher als den »ganz normalen Wahnsinn« bezeichnen könnte. Der Wahn gehört seit jeher zu den natürlichen Feinden der Philosophie, denn wo Einbildung und falsche Vorstellungen herrschen, wird es schwierig, nach der Wahrheit zu fragen und den Dingen auf den Grund zu gehen.

»Zwar hat der Glaube bisher noch keine
wirklichen Berge versetzen können, obschon dies,
ich weiß nicht wer, behauptet hat.
Aber er vermag Berge dorthin zu setzen,
wo keine sind.«
(Friedrich Nietzsche,
Menschliches Allzumenschliches II, 1)

Daß Nietzsche auch den Glauben als wahnhaft ansieht, liegt ganz in seiner Natur. Schließlich besagt seine Philosophie, daß Gott nichts anderes als eine Illusion der Schwachen sei. Ob es stimmt, daß Gott, wie Nietzsche sagt, »tot ist«, wird für uns nicht ganz leicht festzustellen sein. Dennoch beinhaltet der Glaube in der Tat eine Gefahr, da er einen beträchtlichen Druck auf das Individuum ausübt. Außerdem: Wer an etwas glaubt, braucht sich nicht darum zu bemühen, etwas zu erkennen. Es ist eine der unbequemen Eigenschaften der Philosophie, daß sie einem seinen Glauben nicht recht lassen mag.

Viele gläubige Menschen geraten wirklich in verzweifelte Zustände, wenn sie anfangen, an dem zu zweifeln, was sie bisher so selbstverständlich voraussetzten. Im Rahmen unserer Philosophischen Hausapotheke ist es natürlich nicht unsere Aufgabe, irgend jemanden vom »rechten Glauben« abzubringen. Schließlich kann der Glaube an eine überirdische, göttliche Allmacht zu sehr vielen guten Handlungen führen und das Leben sehr viel leichter und sinnvoller machen. Dennoch sollte man bei allem, an was man glaubt, vielleicht einmal prüfen, ob man sich nicht in Wunschträumen und Illusionen wiegt. Dies gilt natürlich um so mehr für jede Art von negativem Aberglauben und einschränkenden Wahnvorstellungen.

»Das Lachen wie auch der Scherz
ist pure Freude und daher, sofern die Übertreibung
vermieden wird, an sich gut.
Fürwahr, einzig ein dunkler und trauriger
Aberglaube verbietet es, sich zu erheitern.«
(Baruch de Spinoza, Ethik IV, 45)

Selten sind es die reine Veranlagung oder mystische Erleuchtungen, die Aberglauben erzeugen. Viel häufiger sind abergläubische Tendenzen Folge von äußeren Einflüssen – durch Erziehung und Gesellschaft geprägt. Schließlich ist der Voodoo-Kult bei uns beispielsweise äußerst selten anzutreffen, wohingegen er auf Haiti sehr weit verbreitet ist. Auch werden Schamanen aus der indianischen Tradition nicht viel für Marienverehrungen übrighaben usw. Glaube wie Aberglaube sind für gewöhnlich also nicht angeboren, sondern kulturell bedingt. Dies hat den praktischen Vorteil, daß Sie sich von einem Aberglauben befreien können, falls Ihnen das notwendig erscheint.

Doch was ist überhaupt das Problem am Wahn? Sollte nicht jeder Mensch glauben, was er will? Ist es überhaupt sinnvoll, sich in die Gefahr zu begeben, die ein Hinterfragen des Aberglaubens oder gar des Glaubens beinhaltet?

Aus pragmatischer Sicht wäre es wohl das beste, sich zumindest von all den Wahnvorstellungen zu befreien, die dem Lebensglück und der inneren Freiheit im Wege stehen. Spinoza deutet schon an, daß »ein dunkler und trauriger Aberglaube es verbietet, sich zu erheitern« und einem dadurch schlichtweg den Spaß am Leben raubt. Doch natürlich übt jede Form des Aberglaubens grundsätzlich einen Zwang auf den »Abergläubigen« aus. Zuweilen kann es durch düstere Vorstellungen gar zu extremen Ängsten und psychischen Störungen kommen, die das

Erlangen der Gemütsruhe vollkommen verunmöglichen. Doch, wie Epikur in seiner Spruchsammlung bemerkt, ist »der Zwang zwar ein Übel, doch niemand zwingt uns, unter Zwang zu leben«.

»Die Natur hat uns zwar viele Kenntnisse versagt,
sie läßt uns über so manches in einer
unvermeidlichen Unwissenheit, aber den Irrtum
verursacht sie doch nicht. Zu diesem verleitet
uns unser eigener Hang, zu urteilen und zu entscheiden
auch da, wo wir wegen unserer Begrenztheit zu
urteilen und zu entscheiden nicht vermögend sind.«
(Immanuel Kant, Logik 8)

Kant zufolge entstehen Irrtum und Wahn durch unseren Hang, auch dort zu urteilen und zu entscheiden, wo wir aufgrund unserer begrenzten Sichtweise gar nicht in der Lage sind, vernünftige Urteile und Entscheidungen zu treffen. Es ist durchaus menschlich, daß wir nicht alles erkennen können und wir uns eben mit einem gewissen (und übrigens nicht unbeträchtlichem) Maß an Unwissenheit werden abfinden müssen. Allzu groß ist die Versuchung, die Dinge, die wir nicht wirklich überblicken und verstehen können, dadurch in den Griff zu bekommen, daß wir einfach vorschnell urteilen und irgend etwas »glauben«.
Da diese Strategie zu vielen Irrtümern führt, wird der Philosoph sich davor hüten, sie einzusetzen. Immerhin geht es ihm darum, die Wahrheit zu erkennen. Und so wird er eher danach fragen, ob alles, was er voraussetzt, der kritischen Überprüfung standhält, ja selbst ob das, was seinen Augen, Ohren und Händen deutlich als sicht-, hör- und tastbare Wirklichkeit erscheint, nicht letztlich auf Wahn und Schein hinausläuft.

»Der Aberglauben schlimmster ist, den seinen
für den erträglichern zu halten.«
(Gotthold Ephraim Lessing, Nathan der Weise IV, 4)

Ein beträchtliches Problem des Aberglaubens - und übrigens auch des Glaubens - besteht in der vermeintlichen Gewißheit, daß das, was da geglaubt wird, absolut wirklich sei. Es ist daher verständlich, wenn auch bedenklich, daß Glaubenssysteme zu Auseinandersetzungen führen. Wir wissen das ja von den Glaubenskriegen, die statt »Frieden auf Erden« eine Menge Blutvergießen nach sich gezogen haben. Die hitzigsten und fanatischsten Diskussionen werden wir unter Anhängern bestimmter Sekten finden, die ihre eigenen Wahnvorstellungen gegen andersgeartete verteidigen und natürlich allesamt davon ausgehen, den Stein der Weisen gefunden zu haben.
Lessings Aussage läßt sich insofern umsetzen, als daß, wenn wir schon eine bestimmte Illusion liebgewonnen haben, wir uns wenigstens die Freiheit bewahren sollten, auch jene Glaubenssysteme anzuerkennen und zu respektieren, die andere Menschen aufgrund ihrer persönlichen Erkenntnisse und Sichtweisen für angemessen halten.

»Es hat noch keinen großen Geist gegeben,
dem nicht ein klein wenig Wahnsinn beigemischt
gewesen wäre.«
(Seneca, Über die Ruhe des Geistes 17, 10)

Wie Seneca bemerkt, sollten Sie wohl gar nicht versuchen, eine vollkommen vernünftige und rationale Haltung einzunehmen. Denn ein klein wenig Wahnsinn und Illusion können auch sehr schöne Seiten haben. Auch stehen sie einem glücklichen und zufriedenen Leben, sofern es sich um ange-

nehme Illusionen handelt, keineswegs entgegen. Und für die Aktivierung des kreativen Potentials ist die Pflege einer leicht ausgeprägten Verrücktheit sogar sehr empfehlenswert.
Letztlich ist es aber gar nicht so schwer, ein gesundes Maß an »Wahnsinn« zu pflegen. Dazu ist es lediglich nötig, seine Vernunft und seinen gesunden Menschenverstand einzuschalten, denn allein dadurch können wir es vermeiden, daß böse Geister uns hinter jeder dunklen Ecke auflauern. Im Angesicht der ruhigen, vernünftigen Betrachtung, verliert jedes Gespenst seine Daseinsberechtigung – oder, wie es bei Hegel heißt:

> »Wer die Welt vernünftig ansieht, den sieht auch sie vernünftig an. Beides ist in Wechselbestimmung.«
> *(Georg Wilhelm Friedrich Hegel,*
> *Vorlesungen über die Philosophie der*
> *Geschichte, Einleitung)*

Wut ➛ Zorn

Zorn – »... nur für Zügelhalter ...«

Wie wir alle wissen, sind Zorn, Wut oder Ärger recht destruktive Gefühle, die zuweilen sehr unschöne Folgen haben können. Wen die Wut packt, der wird zum Opfer seiner Hormone und kann leicht einmal in Rage kommen. Dies kann unter Umständen auch schon mal zu ernsthaften Auseinandersetzungen mit anderen führen. Doch selbst wo dies nicht der Fall ist, kann die Wut zumindest dem von ihr Gepackten einigen Schaden zufügen. Zorn wird auch im Körper spürbar: als Beschleunigung des Herzschlags, als Krampfgefühl in der Magengegend oder in einer unruhigen, hektischen Atemweise.

»Das Erste und Wichtigste im Leben ist,
daß man sich selbst zu beherrschen sucht.«
(Wilhelm von Humboldt,
Briefe an eine Freundin, 5. 6. 1832)

In der Psychologie wird großer Wert darauf gelegt, die Wut als befreiende Emotion zu akzeptieren und ihr den nötigen Ausdruck zu verleihen. Im Gegensatz dazu legt die Philosophie die Betonung eher auf die Selbstbeherrschung. So schreibt Wilhelm von Humboldt, wie wichtig es ist, sich selbst beherrschen zu können. Tatsächlich sind die beiden verschiedenen Blickwinkel von Psychologie und Philosophie nur scheinbar widersprüchlich. Die Sache verhält sich nämlich im Grunde ganz einfach: Wenn Sie es beispielsweise mit einem ekelhaften Mitmenschen zu tun haben, dessen Verhalten Sie in keiner Weise billigen können, und wenn Ihnen dann schließlich der »Kragen platzt«, so ist es zunächst einmal sehr gesund, daß Sie Ihrem Zorn lautstarken Ausdruck verleihen. Würden Sie ihn nämlich in sich hineinfressen, wären die Folgen für Ihr inneres Gleichgewicht noch viel fataler. Nun läuft von Humboldts Aussage aber gar nicht darauf hinaus, daß Sie versuchen sollten, Ihre Wut einfach nur zu unterdrücken oder sie hinunterzuschlucken. Mit Selbstbeherrschung ist etwas anderes gemeint.

»Wer, so wie ein erfahrener Wagenlenker, der weiß, wie
man einen Wagen, der sich in voller Fahrt befindet,
abbremsen kann, seine aufsteigende Wut zu kontrollieren
vermag, den nenne ich einen vollkommenen
Wagenlenker. Andere Menschen sind im Vergleich zu ihm
nur Zügelhalter. Überwindet die Wut, indem ihr
die Liebe pflegt. Ersetzt das Böse durch das Gute.«
(Buddha, Dhammapada, XVII)

Im Hinblick auf die richtige Art der Selbstbeherrschung ist Buddha so freundlich, uns gleich auf zwei Geheimnisse aufmerksam zu machen. Zum einen weist er darauf hin, daß wir unsere Wut bereits im Aufsteigen kontrollieren sollten. Wenn wir die Wut erst einmal als intensives Gefühl wahrnehmen, ist es nämlich schon zu spät. Natürlich kann, um bei Buddhas Beispiel zu bleiben, ein guter Wagenlenker die Pferde auch dann noch unter Kontrolle bringen, wenn sie ihm durchgegangen sind. Er wird aber in jedem Fall versuchen, es gar nicht so weit kommen zu lassen. Bei aufsteigender Wut und temperamentvollen Pferden geht es also kurz gesagt darum, den Anfängen zu wehren.
Wie viele andere Emotionen ist nun auch die Wut eine Folge von bestimmten Gedanken, in diesem Fall logischerweise von wuterzeugenden. Daraus folgt, daß der Ablauf Ihrer Gedanken einen großen Einfluß darauf hat, ob Sie auf eine Situation wütend reagieren oder nicht. Wenn Sie die Selbstbeherrschung nicht im Sinne von Unterdrückung, sondern im Sinne von aufmerksamem Beobachten Ihrer eigenen Gedanken üben, werden Sie nicht nur die Wut besser in den Griff bekommen. Sie werden nebenbei auch viel über sich selbst und Ihre gewohnheitsmäßigen Reaktionen erfahren.
Das zweite Geheimnis, das Buddha erwähnt, ist, daß wir die Liebe einsetzen können, um die Wut zu beseitigen. Buddhas Ratschlag beruht auf der Einsicht, daß es unmöglich ist, zwei entgegengesetzte Gefühle zur gleichen Zeit wachzurufen. Sie können also ganz einfach gar nicht wütend sein, solange es Ihnen gelingt, eine liebevolle Haltung aufrechtzuerhalten. Ebenso, wie Sie sich entscheiden müssen, ob Sie den Vorwärts- oder den Rückwärtsgang einlegen, können Sie sich jederzeit dazu entscheiden, auf Situationen mit Verständnis, Liebe und Gelassenheit anstatt mit Wut, Aggression und Verzweiflung zu reagieren.

»Das beste Gegenmittel gegen die Wut
ist der Aufschub.«
(Seneca, De ira, III, 12)

Seneca schlägt einen interessanten Trick vor, der gar nicht einmal so selten funktioniert. Haben Sie schon mal versucht, eine Emotion aufzuschieben? Waren Sie beispielsweise irgendwann äußerst sauer auf einen Bekannten oder ein Familienmitglied? Oder wollten Sie vielleicht einem Nachbarn, dem es kurz nach Mitternacht in den Sinn kam, lauthals in seiner Badewanne zu singen, und der Ihnen damit das Einschlafen unverschämterweise unmöglich gemacht hat, mal so richtig die Meinung sagen? Und haben Sie es dann schon einmal erlebt, daß plötzlich irgend etwas dazwischen gekommen ist, zum Beispiel ein Telefonat eines guten Freundes, der Sie zum Lachen gebracht hat? Wenn dem so (oder ähnlich) gewesen sein sollte, werden Sie wahrscheinlich bemerkt haben, daß Ihre Wut anschließend wie verflogen war.

Eigentlich macht Seneca lediglich auf die Tatsache aufmerksam, daß Gefühle kommen und gehen. Oft genügt es, sich abzulenken oder sich auf etwas anderes zu konzentrieren, eine Tasse Tee zu trinken, einen kleinen Spaziergang zu machen oder die ganze Situation in einem anderen Licht zu sehen und einfach ein wenig über sich selbst zu lachen, um negative Emotionen wie Zorn schnell aufzulösen.

»Wer gelernt hat, sich nicht mehr vom Ärger
beherrschen zu lassen, wird sein Leben viel lebenswerter
finden, als es ihm vorkam, so lange er sich noch
in ständiger Gereiztheit befand.«
(Bertrand Russell,
The Conquest of Happiness, 2, 16)

Ohne Wut, Ärger und Groll lebt es sich wesentlich entspannter. So wird der Philosoph, der ja ein Weisheitsliebender ist, einiges daransetzen, die Ereignisse des täglichen Lebens mit der Gelassenheit zu betrachten, die nötig ist, um Gefühle wie Zorn gar nicht erst aufkommen zu lassen. Zorn entsteht immer als Reaktion auf äußere Ereignisse. In gewisser Weise ist er damit nichts anderes, als eine ungünstige Gewohnheit, eine eingefahrene Strategie, die Sie immer wieder dazu zwingt, auf einen Verkehrsstau, einen unfreundlichen Verkäufer, einen verständnislosen Partner oder auch auf einen Regenguß mit Wut zu reagieren. Glücklicherweise können unangemessene Gewohnheiten durchbrochen und aufgelöst werden. Alles, was Sie dazu brauchen, ist ein wenig Einblick in Ihre eigenen Gedankenketten - also Selbstbeherrschung im intelligenten Sinne - und die Bereitschaft, Ruhe zu bewahren, einmal tief durchzuatmen und mit einem Lächeln zu reagieren, so Ihnen mal wieder ein unangenehmer Mensch über den Weg laufen sollte, was auf kurz oder lang wohl nicht ausbleiben wird.

XII

Kleines Lexikon der Philosophen

Für alle Leserinnen und Leser, die sich für die Menschen interessieren, die wir als »Philosophen« kennen, haben wir ein paar kurze Informationen über das Leben der im Buch zitierten Philosophen zusammengetragen. Dabei sind wir in chronologischer Reihenfolge vorgegangen.

Laotse (570–490 v. Chr.)

Laotse (auch Laotzi, Li Er, der alte Meister) ist eine historisch nicht deutlich faßbare Gestalt und gilt neben Konfuzius als einer der größten chinesischen Denker.
Laotse gilt als der Begründer des klassischen, philosophischen Taoismus und als Verfasser des *Tao Te King* (»Das Buch von der Kraft des Weges«), des wohl meistübersetzten chinesischen Buches. Der relativ kurze Text – er besteht aus etwa 10 000 Schriftzeichen – hatte beträchtlichen Einfluß auf das Denken und die Kultur Chinas. Der Text ist kunstvoll ausgeformt und kann als philosophisches »Gedicht« gelesen werden. Laotses Lehre besagt, daß »der Weg« (Tao) gefunden wird, wenn man sich von allen Wertungen freimacht und statt dessen der spontanen Wahrnehmung folgt. Der Weise versucht dabei, den Dingen ihren natürlichen Lauf zu lassen und das Prinzip des *wu wei,* des Nicht-Handelns, zu befolgen, um im Einklang mit dem Tao zu leben.

Buddha (ca. 563–480 v. Chr.)

Siddharta Gautama, der später »Buddha« (der Erleuchtete) genannt wurde, kam etwa 563 Jahre vor unserer Zeitrechnung im indischen Kapilawastu als Sohn einer Adelsfamilie zur Welt. Ihm wurde – entsprechend seiner Herkunft – eine gute Erziehung zuteil.
Siddharta wurde die Sinnlosigkeit des luxuriösen Hoflebens immer stärker bewußt, und er erkannte, daß alles Leben dem Altern, der Krankheit, dem Leiden und schließlich dem Tod preisgegeben ist. Im Alter von 29 Jahren verließ er den Hof und seine Familie und zog als wandernder Asket umher, immer auf der Suche nach einer Antwort auf die ihn tief bewegenden Fragen menschlicher Existenz. Doch auch die Askese brachte ihn seinem Ziel nicht näher. Danach ging er bei Brahmanen in die Lehre – doch dort fand er nur Wissen, aber keinen inneren Frieden. Er verließ seine Lehrer wieder und wanderte durch das Land, bis er sich eines Tages unter einem Baum niederließ und den festen Entschluß faßte, nicht eher wieder aufzustehen, bis er die Erleuchtung erlangt hatte. Nach drei Tagen und Nächten der Meditation erkannte er die Verkettung von Ursachen und Wirkungen und verfolgte die Kette bis zum Schluß. Endlich – nach sieben Jahren der Suche – hatte er gefunden, was er suchte: den Weg der zur Befreiung führt. Seine Lehre faßte er in seiner ersten Rede in Benares zusammen.
»Ihr Suchenden: erkennt, daß alles Sein dem Leiden unterworfen ist. Geburt ist Leiden, Tod ist Leiden, von denen getrennt sein, die man liebt, ist Leiden, nicht das zu erlangen, was man wünscht, ist Leiden. Der Ursprung des Leidens ist der Wunsch nach ewigem Leben und der Wunsch nach Befriedigung der Sinne.

Das Aufheben der Begierde bewirkt das Aufheben des Leids. Der Weg zur Aufhebung der Begierde ist der mittlere Weg, der Weg, der zur Ruhe, zur Erkenntnis, zur Erleuchtung führt. Erkennt, ihr Suchenden, daß der mittlere Weg ein achtfacher ist: rechtes Denken, rechtes Reden, rechtes Handeln, rechtes Streben, rechte Ansicht, rechtes Leben, rechte Achtsamkeit und rechte Meditation.
Das, ihr Suchenden, ist die edle Wahrheit vom Leiden.
Das, ihr Suchenden, ist die edle Wahrheit von der Aufhebung des Leidens.
Dies, ihr Suchenden, ist die edle Wahrheit vom Weg, der zur Aufhebung des Leidens führt.
Dies, ihr Suchenden, ist die edle Wahrheit vom achtfachen Pfad.«
Durch diese Lehrrede, die »buddhistische Bergpredigt«, fand er seine ersten Schüler und der Buddhismus nahm seinen bedeutungsvollen Anfang.
Obwohl die Fragen, mit denen sich die buddhistische Philosophie beschäftigt, auch Bereiche der Logik, Ethik, Erkenntnistheorie und Ontologie betreffen, liegt die Betonung weniger auf der Suche nach Wahrheit um der Wahrheit willen als vielmehr auf der Befreiung des leidenden, da im Kreislauf der Wiedergeburten gefangenen Menschen.

Konfuzius (551–479 v. Chr.)

Konfuzius (auch Kung Tse, Kong Fu Zi, K'ung-futzu, Meister Kong), eigentlich Kong Qui, war chinesischer Philosoph, Sozialpolitiker und Staatsmann. Seine Moralphilosophie, die durch seine Anhänger in den Status einer Religion erhoben wurde, bildete die Grundlage für den Konfuzianismus.

Der Überlieferung zufolge wurde Konfuzius 551 v. Chr. im Staat Lu (der heutigen Provinz Shandong) geboren. Obwohl sein Vater bereits drei Jahre nach seiner Geburt starb und die Familie in Armut zurückließ, erhielt Konfuzius in Anerkennung seiner Verdienste eine gute Ausbildung. Im Alter von 50 Jahren war Konfuzius Magistrat von Zhongdu und ein Jahr später Justizminister im Staat Lu. Aufgrund seiner Unbestechlichkeit und seiner unbeugsamen moralischen Grundsätze wurde er jedoch von dem Herrscher, der sich den Regeln seines Ratgebers nicht unterwerfen wollte, wieder entlassen.

Doch im hohen Alter kam für Konfuzius noch einmal eine sehr fruchtbare Lebensphase: Konfuzius' literarische Lebensleistung ist die Sammlung, Auslegung und Überlieferung der fünf klassischen Werke Chinas (zu denen auch das I Ging, das »Buch der Wandlungen« gehört) sowie die Abfassung der Schriften *Erhabenes Wissen* und *Rechte Mitte*, die auf seine Veranlassung hin entstanden sind. Die Basis dafür bildeten Gespräche mit seinen Schülern. Inhaltlich liegen ihnen im wesentlichen die fünf großen Tugenden Weisheit, Güte, Treue, Ehrfurcht und Mut zugrunde.

Konfuzius wurde in China bereits zu Lebzeiten als großer Weiser verehrt und hat einen bis heute andauernden Einfluß auf die Entwicklung der chinesischen Philosophie. Über 1000 Jahre nach seinem Tod legte erstmals der chinesische Kaiser persönlich Opfergaben auf Konfuzius' Grabstätte nieder, ließ in jeder Provinzhauptstadt einen Tempel zu dessen Ehren erbauen, und noch zu Beginn des 20. Jahrhunderts wurde der alte Philosoph per Erlaß den höchsten Göttern gleichgestellt.

Demokrit (460–371 v. Chr.)

Demokrit kam 460 v. Chr. in Abdera, einer Handelsstadt zwischen Thrakien und Persien zur Welt, wo seinerzeit auch Protagoras und Hippokrates wirkten.
Er unternahm ausgedehnte Bildungsreisen nach Ägypten, Babylon, Persien und Indien, die das ererbte Vermögen schnell verschlangen. Da das haltlose Verprassen der Hinterlassenschaft zu Demokrits Zeiten noch strafbar war, stellte man ihn kurzerhand vor Gericht. Zur allgemeinen Verwunderung rezitierte der Delinquent nur aus seinen Werken, was die Richter am Schluß tatsächlich davon überzeugte, daß er sein Erbe wohl doch gut angelegt hätte.
Die klassische philosophische Ausgangsfrage nach den letzten Ursachen beantwortete Demokrit damit, daß es in Wirklichkeit nur Atome und sonst nichts außer Leere gäbe – damit wurde er zum Begründer des Atomismus. Demokrit stellte die These von den letzten, unteilbaren Teilchen, eben den Atomen auf, die sich in Gestalt, Größe und Anordnung unterschieden, sich im leeren Raum in ewiger Bewegung befänden und durch ihre Verbindung und Trennung alle Dinge und Welten entstehen und vergehen ließen.
Der Mensch sei, so Demokrit, ein Kosmos im kleinen, denn auch er bestünde letztlich aus einer bestimmten Art der Verkettung von Atomen. Seele und Geist seien sehr bewegliche und heiße Atome, die aus »Geschwindigkeitsgründen« glatt, klein und kugelförmig sein müßten. Auch die Bewegungen des Leibes wurden seines Erachtens durch diese Seelenatome hervorgebracht, und Empfindungen beruhten darauf, daß die Seele von den losgelösten Abbildern anderer Dinge angestoßen werde. Da sie wie alle anderen Atome unvergänglich sind, zerstreuen sich die Seelenatome beim Tod in

alle Winde, womit wohl zum ersten Mal in der griechischen Philosophie der Gedanke einer unsterblichen Seele ausdrücklich zurückgewiesen wurde.
Das höchste Gut war für Demokrit die Glückseligkeit, die ihren Ursprung in der Ruhe und Heiterkeit der Seele hat, ein Leitgedanke, dem Demokrit wohl bis zu seiner »Atomisierung« im Jahr 371 v. Chr. folgte, da er auch als der »lachende Philosoph« bekannt war.

Platon (427–347 v. Chr.)

Neben seinem Schüler Aristoteles ist Platon wahrscheinlich der einflußreichste Philosoph des Abendlandes und neben Sokrates wohl der bekannteste. Den Glauben an eine unsterbliche Seele und an einen Schöpfergott formulierte Platon erstmals philosophisch.
Im Alter von zwölf Jahren trifft Platon Sokrates und wird ein paar Jahre später sein Schüler. Von ihm übernimmt er den Dialog als Form des Philosophierens; alle seine Schriften sind in Dialogform verfaßt. Als Sokrates angeklagt und zum Tode verurteilt wird, verläßt er Athen und wird in Megara ein Schüler von Euklid, der lehrt, daß das Gute das Göttliche sei. Auch hier holt sich Platon wahrscheinlich einige wichtige Bausteine für sein späteres Denkgebäude.
Platon hat seine Anschauungen immer wieder in anschaulichen Bildern dargestellt; am bekanntesten ist wohl sein »Höhlengleichnis«, mit dem erläutert werden soll, wie sich unsere gewöhnliche Wahrnehmung der Dinge von den »wahren« Dingen, den Ideen oder Formen unterscheidet und wie die Erkenntnis dieser Ideen möglich ist. Abgesehen von dem Gleichnis gibt Platon für die Ideenlehre jedoch keinerlei Argumente; sie ist für ihn die grundlegende Hypo-

these, die die Wirklichkeit erklärt und deshalb selbst nicht zu beweisen ist.
Auf seinen sizilischen Reisen versuchte Platon, seine politischen Vorstellungen von einem Philosophenstaat in die Praxis umzusetzen - ein Versuch der vollkommen fehlschlug und Platon in seinen späteren Jahren pessimistischer werden ließ. Seine späten Schriften lassen diese Veränderung deutlich erkennen.
Die Seele ist nach der Auffassung Platons dreigeteilt: in Vernunft, Willen und Begierden. Der gute Mensch kontrolliert die Begierden durch die Vernunft und den Willen. Die Lehren Platons haben in der Entwicklung des Christentums sowie in der islamischen Gedankenwelt des Mittelalters eine entscheidende Rolle gespielt - Nietzsche meinte gar, daß das Christentum »Platonismus für das Volk« sei.
Hauptwerke: *(Frühe Dialoge:) Protagoras, Apologie, Euthyphron, Politeia (1. Buch); (Spätere Dialoge:) Gorgias, Kratylos, Menon, Phaidon, Symposion (Gastmahl), Politeia (2.–10. Buch), Phaidros; (Altersdialoge:) Theaitetos, Parmenides, Sophistes, Timaios und Nomoi (Gesetze). Ausgabe: Sämtliche Dialoge. In der Übers. von O. Apelt. 7 Bde., 1988.*

Aristoteles (384–322 v. Chr.)

Aristoteles, neben Platon der größte und einflußreichste der altgriechischen Philosophen, wurde 384 v. Chr. in Stageira geboren, wo sein Vater Leibarzt des makedonischen Königs war. 367 ging er nach Athen, um Platons Akademie zu besuchen. Während seines 20jährigen Studiums wichen seine eigenen Theorien zunehmend von den philosophischen Ansichten seines Lehrers ab, und er wurde schließlich zu einem der schärfsten Kritiker von Platons Ideenlehre, der daraufhin

statt seinem genialsten Schüler Aristoteles seinem Neffen Speusippos die Leitung der Akademie übertrug.
Aristoteles verließ daraufhin die Akademie und ließ sich auf Lesbos nieder, wo er eine Familie gründete. 343 v. Chr. berief man Aristoteles an den Hof Philipps von Makedonien, wo er sich der Erziehung des damals 13jährigen Prinzen, des späteren Alexander des Großen, annahm. Nach Erfüllung seiner Pflichten in Makedonien, kehrte der Philosoph nach Athen zurück und gründete dort seine eigene, sogenannte Peripatetische Schule.
Die darauf folgenden Jahre hielt er Vorlesungen, forschte auf verschiedenen Gebieten und verfaßte zahlreiche Schriften über naturwissenschaftliche, philosophische, ethische und politische Themen.
Nach Alexanders Tod (323 v. Chr.) lehnten sich die Athener gegen die makedonische Herrschaft auf und Aristoteles wurde aufgrund seiner guten Beziehungen zum makedonischen Königshaus der Gottlosigkeit angeklagt. Um dem drohenden Todesurteil zu entrinnen, floh er noch im selben Jahr nach Chalkis auf Euböa, wo ihn der Tod allerdings schon ein Jahr später, im Alter von 62 Jahren, einholte.
Aristoteles gilt als der Begründer der wissenschaftlichen Philosophie beziehungsweise der philosophiedurchleuchteten Wissenschaft auf der Grundlage von Logik und Metaphysik. Er entwickelte die logischen Grundgesetze und somit das erste rein formal-logische System. Aristoteles faßte die Logik als Hilfswissenschaft für die Wissenschaften auf, die er in theoretische und praktische Wissenschaften unterteilte. Die theoretischen Wissenschaften (Physik, Mathematik und Metaphysik) behandeln »das, was nicht anders sein kann«, und dienen der Wahrheitsfindung. Die praktischen Wissenschaften (Ethik und Politik) beschäftigen sich mit dem, »was anders sein kann«, und sollen Hinweise zum rechten Handeln geben.

Aristoteles' erste, überwiegend naturphilosophische Abhandlungen wurden unter dem Titel *Physik* bekannt und erörtern unter anderem die Begriffe »Ort«, »Zeit«, »Raum«, »Endlichkeit«, »Unendlichkeit«, »Werden, Veränderung und Vergehen«. Seine Schriften zur *Metaphysik* gelten als sein Hauptwerk und zeichnen sich dadurch aus, daß sie die Natur als Manifestation veränderlicher Einzeldinge beschreiben und nicht als Ganzheit wie zuvor.

Politisch beschreibt Aristoteles den Menschen als »Zoon politicon«, ein Lebewesen, das in Gemeinschaft mit anderen lebt und in seine Lebenskreise (Familie, Gemeinde und Staat) eingebettet ist. Als die besten Regierungsformen erachtete er die Monarchie und Aristokratie, gefolgt von der Demokratie.

Seine wichtigsten Werke sind die *Physik,* die *Metaphysik, Über die Tiere,* die *Nikomachische Ethik, Politik* und *Rhetorik.*

Epikur (341–271 v. Chr.)

Epikur, geb. 341 v. Chr. auf Samos, unterrichtete in Athen, wo er 306 seine Philosophenschule und Lebensgemeinschaft, den »Garten« gründete und 271 v. Chr. auch starb.

Er ist der bedeutendste Vertreter des Eudaimonismus (griech. eudaimonia: Glück), unter dem alle Lehren zusammengefaßt werden, die ein glückseliges Leben zum Ziel haben. Epikur zufolge ergibt sich das Glück aber nicht aus momentaner Lust oder maximalem Genuß, sondern aus der sorgfältigen Auswahl zuträglicher bzw. nicht bekömmlicher Lustempfindung. Das kurze Glück sollte also vermieden werden, wenn es größeres Unbehagen nach sich zieht. Epikurs Morallehre ist individualistisch und zielt in erster Linie auf das Glück des einzelnen ab.

Seine Naturlehre ist sehr eng an die Lehre Demokrits angelehnt. Auch er betrachtete die Seele des Menschen atomistisch, das heißt als materiell, wodurch Empfindungen über das Leben hinaus unmöglich werden, der Tod allerdings auch seinen Schrecken verliert.
Epikur verfaßte über 300 Schriften - doch sein umfassendes Werk ist leider nur fragmentarisch erhalten.

Cicero (106–43 v. Chr.)

Am 3. 1. 106 v. Chr. wurde in Arpium Marcus Tullius Cicero geboren, der als römischer Politiker, Philosoph und mitreißender Redner in die Annalen der Weltgeschichte einging.
Cicero war so sehr von der griechischen Philosophie angetan, daß er sich entschloß, sie dem römischen Volk zugänglich zu machen und selbst die griechischen Schriften ins Lateinische übersetzte. Cicero hatte eine eher skeptische Haltung und lehnte jede Art von Dogma ab. Seine ethischen und theologischen Vorstellungen waren von der griechischen Stoa geprägt. In seinem Hauptwerk *De re publica* (Über den Staat) plädierte Cicero für eine staatliche Mischverfassung, durch die der Zusammenschluß der Menschen zu einem Staat auf der Basis von Rechtsvereinbarungen und Interessengemeinschaften erfolgt.
Die Philosophie hatte für ihn vor allem die Aufgabe, hilfreich in Fragen der Lebensführung zur Seite zu stehen. Seine Werke befaßten sich darum auch mit Gedanken zu Moral, Pflicht, einem glücklichen Leben, dem Alter und dem Tod. Letzterem begegnete er in Gestalt eines Mörders am 7. Dezember des Jahres 43.

Seneca (4 v. Chr.–65 n. Chr.)

Lucius Annaeus Seneca erblickte das Licht der Welt im Jahre 4 v. Chr. in Cordoba, Spanien. Er sollte der wichtigste Vertreter der römischen Stoa, einer sehr bedeutenden Schule der Antike werden. Ihr Grundgedanke war der des Logos, ein der gesamten Natur zugrundeliegendes göttliches Vernunftprinzip, mit dem vernunftbegabte Lebewesen in Einklang leben müssen, um Glückseligkeit zu erfahren.
In Rom erhielt Seneca eine Ausbildung in Rhetorik und Philosophie und wurde der Erzieher Neros. Von 54 bis 62 bekleidete er dort hohe politische Ämter und führte ein Leben in großem Wohlstand, das er im Jahr 65 n. Chr. unter tragischen Umständen beendete, als sein ehemaliger Schüler Nero ihm den Selbstmord befahl, der ihm trotz einiger Mühen und Rückschläge schließlich auch gelang.
Seneca verfügte über eine vorzügliche Natur- und Menschenbeobachtung, hohe Darstellungskunst und einen brillanten Stil. Er entwarf selbst kein philosophisches System, sondern analysierte allgemeinmenschliche Zustände, die seinen moralphilosophischen Abhandlungen zugrunde liegen.
Ausgehend von der moralischen Schwäche des Menschen verlangte er sittliche Strenge gegen das eigene Ich und Mitgefühl gegenüber anderen, insbesondere den Schwächeren. Das stoische Gedankengut der souveränen Vernunft und moralischen Selbsterziehung fand im Mittelalter und der frühen Neuzeit im wesentlichen durch Senecas Schriften erneut Verbreitung und wirkte sich deutlich auf Gesetzgebung, Rechtspflege, Staatsverwaltung und sogar auf das Christentum aus.

Plutarch (ca. 45–120 n. Chr.)

Plutarch von Chaironeia lebte um 45–120 n. Chr. Der griechische Philosoph und Biograph bekleidete in seiner Vaterstadt das Amt des Bürgermeisters und war Apollopriester in Delphi.
Plutarch verstand sich als Platoniker, bezog aber auch aristotelische, stoische und vor allem pythagoreische Inhalte mit ein. Seine Lehre war nicht übermäßig originell, bemühte sie sich doch in erster Linie um die Schaffung eines möglichst reinen Gottesbegriffs.
Als Ursache aller Dinge sah er einen transzendentalen Gott, dem das Böse als widerstreitende Kraft gegenübersteht. Gott stellt das eigentlich Gute, moralisch Neutrale dar und ist über das Böse erhaben, das seine Ursache in der »Weltseele« hat. Auf diesem Hintergrund deutete Plutarch alle bekannten Religionen sinnbildlich um, so daß letztendlich alle Menschen denselben Gott anbeten.
Das eigentliche Anliegen seiner unter dem Titel *Moralia* zusammengefaßten Schriften ist aber moralisch-pädagogischer Natur und soll zu maßvollem, sittlichem Leben anhalten.

Marc Aurel (121–180)

Marcus Aurelius Antoninus, eigentlich Marcus Annius Verus, wurde am 26. 4. 121 in Rom geboren. Er wurde als der »Philosoph auf dem Kaiserthron« bekannt, den er im Jahre 161 bestieg. Nach einer 19jährigen Amtsperiode starb er am 17. 3. 180 in Vindobona (Wien).
Marc Aurel verfaßte seine viel gelesenen Aphorismen, die *Selbstbetrachtungen*, zum großen Teil während seiner umfangreichen Feldzüge. Im Zentrum seiner auf ethischen Prin-

zipien beruhenden Lehre steht der Mensch, der als vernunftgelenkte Persönlichkeit zwar Leib, Seele und Geist hat, aber lediglich über den Geist die Herrschaft ausübt. Durch den Geist sei der Mensch befähigt, ein prüfendes Gewissen zu entwickeln und sich zu einem tapferen, frommen Wesen zu entfalten, das am Göttlichen teilhat und in der Lage ist, die ideale, d.h. kosmopolitische Gemeinschaft zu bilden.

Eckhart (1260–1328)

Johann Eck(e)hart, besser bekannt als »Meister Eckhart«, ist einer der wichtigsten Vertreter der religiös-theologisch motivierten Mystik.
Der Dominikanermönch, der in seinem Orden zu höchsten Ehren gelangte, wurde in scholastischer Methodik und Bildung unterrichtet, war von 1303–1311 Ordensprovinzial in Sachsen, danach Professor in Paris und Straßburg und seit 1320 als Lesemeister in Köln tätig.
Auf Betreiben der Franziskaner wurde 1325 ein Inquisitionsverfahren gegen ihn eingeleitet, das zur Folge hatte, daß 28 seiner Thesen zwei Jahre nach seinem Tod, im Herbst 1327 in Köln, durch eine päpstlichen Bulle als häretisch verurteilt wurden.
Eckhart zufolge ist der Ursprung aller Dinge ein gänzlich jenseitiger, unbenennbarer Gott, der »Ur-Eine«, aus dem nicht nur die Zeit, sondern die gesamte materielle Welt entsteht und in den sie auch wieder zurückfällt. Erst mit dem Schöpfungsakt tritt Gott als Dreieinigkeit in Erscheinung – die Seele, als Produkt des »göttlichen Funkens«, steht mit Gott in einer mystischen Einheit und ist in ihren Seelenkräften, dem Glauben, der Liebe und der Hoffnung ebenfalls dreifältig. Sie steht zwischen dem materiellen Geschöpf und

Gott und trägt das natürliche Gefühl für das Gute in sich. Ihre höchste Kraft ist die Vernunft, mit deren Hilfe Gottes Willen erkannt werden kann. Das Heil und die Seligkeit können dadurch errungen werden, daß die Seele sich von Sünden befreit und nach der Loslösung von den äußeren Dingen und schließlich auch vom Körper und dem Selbst in Gott aufgeht.

Eckharts Hauptwerke bilden seine sprachgewaltigen *Predigten und Traktate,* das *Bouch der goetlichen troeztunge* und die *Rede der Unterscheidung,* die nachhaltigen Einfluß auf die gedanklichen Nachfolger seiner mystischen Philosophie ausübten.

Thomas von Kempen (ca. 1379–1471)

Thomas von Kempen (auch Thomas a Kempis, eigentlich Thomas Hemerken) wurde in Kempen im heutigen Nordrhein-Westfalen geboren. Der spätere Mönch und Schriftsteller wurde in Deventer in den Niederlanden ausgebildet und trat 1407 in das Augustinerkloster Sankt Agnes, in der Nähe von Zwolle ein, wo er 1413 die Priesterweihe empfing.

Den größten Teil seines Lebens verbrachte Thomas von Kempen in der Abgeschiedenheit der Klostermauern, wo er Manuskripte kopierte und studierte. Auf ihn geht die theologische Abhandlung *De Imitatione Christi* (Über die Nachfolge Christi) zurück, die später großen Einfluß ausüben sollte.

Seine Schriften repräsentieren die *devotio moderna,* eine religiöse Reformbewegung der Niederlande, die sich Christus als moralisches Leitbild setzte.

Michel de Montaigne (1553–1592)

Michel de Montaignes Leben (28. 2. 1533–13. 9. 1592) begann und endete auf Schloß Montaigne/Périgord. Nach Beendigung seiner geisteswissenschaftlichen Ausbildung und einem Jurastudium wurde er 1557 Parlamentsrat und später Bürgermeister von Bordeaux. 1570 legte er das Amt nieder und zog sich auf seinen Herrensitz zurück, um sich seinen philosophischen Studien zu widmen.
Der weltanschaulich ausgeprägte Skeptiker wurde vor allem durch seine erstmals 1580 erschienenen Essays bekannt, deren Gegenstand vornehmlich seine eigene Person ist. In ihnen stellt er in erster Linie die Wandelbarkeit des Menschen dar, wobei er normative Aussagen bewußt vermied. Seine Darlegungen erheben daher auch keinen Anspruch auf Allgemeingültigkeit, sondern können als Vorschläge für eine individuelle Lebensführung verstanden werden, die sich insbesondere um Selbstgenügsamkeit und Gemütsruhe bemüht.
Mit seinem Skeptizismus ließ sich Montaigne nur schwer für die Revolution begeistern und vertrat eher den Standpunkt, das meiste Traditionelle sei zu unwichtig, als daß man sich für seine Umstürzung in Gefahr begeben sollte. Die nützlichste Tugend sei indes die Lebensklugheit.

René Descartes (1596–1650)

René Descartes (lat. Renatus Cartesius), französischer Philosoph, Mathematiker und Naturforscher, gilt als Vater der modernen Philosophie, die sich mit ihrem fortschrittlichen Rationalismus von der Theologie absetzt. Er wurde am 31. 3. 1596 in La Haye geboren und besuchte die berühmte Jesuitenschule in La Flèche/Nordfrankreich, wo er in Mathematik und scholastischer Philosophie unterrichtet wurde. Nach einigen Jahren juristischer und medizinischer Studien, unternahm er große Reisen durch Europa und befaßte sich mit den Arbeiten Galileis. 1618 trat Descartes als Offizier in den Militärdienst ein, der ihn mit Tillys Heer auch nach Deutschland führte. Während dieser Zeit, eines Nachts in Ulm, wurde durch eine Art Erleuchtung auch der Keim für seine späteren philosophischen Gedanken gelegt, die Schaffung einer einheitlichen Naturwissenschaft auf mathematischer Basis.

Nachdem Descartes 1621 den Kriegsdienst quittiert hatte, unternahm er in den folgenden acht Jahren Studienreisen in die Schweiz, Italien sowie nach Frankreich und ließ sich schließlich 1629 in Holland nieder, das ihm mit seinem sozial und kulturell liberalen Klima das geeignete Umfeld bot, in Ruhe zu arbeiten. Durch den Prozeß gegen Galilei gewarnt, nahm Descartes allerdings Abstand davon, sein physikalisches Hauptwerk *Le monde* (Die Welt) zu publizieren. 1637 veröffentlichte er eine theologisch weniger brisante Abhandlung mathematischer und physikalischer Themen (*Discours de la méthod pour bien conduire sa raison et chercher la vérité dans les sciences*), in deren Mittelpunkt unter anderem eine neue mathematischen Fachrichtung, die analytische Geometrie steht, mit deren Hilfe geometrische Probleme allein mittels algebraischer Gleichungen zu lösen sind.

1641 folgte Descartes philosophisches Hauptwerk, die *Meditationes de Prima Philosophia* (Meditationen über die Erste Philosophie), das er 1644 durch eine mehr akademische, deduktive Version, die *Principia Philosophiae* (Die Prinzipien der Philosophie) ergänzte. Seine letzte Publikation, *Les Passions de l'âme* (Über die Leidenschaften der Seele) von 1649 behandelt moralische und psychologische Themen. Ein Jahr später, übersiedelte Descartes auf Einladung der philosophisch interessierten Königin Kristina von Schweden widerwillig nach Stockholm, wo er am 11. 2. 1650 starb. Descartes philosophische Meditationen beginnen damit, alles in Frage zu stellen und dabei nicht nur an etablierten Meinungen zu zweifeln, sondern auch an der eigenen Sinneserkenntnis. Unbezweifelbar bleibt ihm letztlich nur die Tatsache des Zweifelns als eine Art des Denkens, worauf seine geflügeltes Wort »cogito ergo sum« (ich denke, also bin ich) verweist. Durch seine Methodik erhob er die Erkenntnistheorie zur philosophischen Grundlagendisziplin und brach so mit einer langen Tradition. Während frühere Philosophen ihren Ausgangspunkt in der Metaphysik, dem Göttlichen suchten, beharrte Descartes auf der Anfangsfrage »Was kann ich überhaupt wissen?«.

François de La Rochefoucauld (1613–1680)

Der französische Schriftsteller und Moralist François de La Rochefoucauld, geboren und gestorben in Paris, war eine Zentralfigur des höfischen Lebens und der Politik zur Zeit Ludwigs XIII. und Ludwigs XIV. Er gilt als einer der brillantesten Epigrammatiker aller Zeiten.

La Rochefoucauld verfaßte unter anderem 1665 die berühmten *Réflexions ou sentences et maximes morales* (Betrachtungen oder moralische Sentenzen und Maximen), eine Zusammenstellung von etwa 700 weltlichen, moralischen Leitsätzen in epigrammatischer Form, die in alle Kultursprachen übersetzt wurden. Darin werden menschliche Phänomene analysiert und die Selbstsucht als Grundmotiv jeder menschlichen Handlung dargestellt.

Blaise Pascal (1623–1662)

Blaise Pascal, französischer Philosoph, Mathematiker und Mystiker wurde am 19. 6. 1689 in Clermont-Ferrand geboren. Pascal war ein hervorragender Mathematiker und veröffentlichte schon in jungen Jahren Abhandlungen zu mathematischen und physikalischen Problemen. Er gilt als der Begründer der Wahrscheinlichkeitstheorie.
Für Pascal hatte die Mathematik und besonders der Rationalismus klare Grenzen, wenn es darum ging philosophische Fragestellungen zu ergründen. Er war der Ansicht, alle noch so gebildeten Denker müßten zwangsläufig wieder an einen Ausgangspunkt der Unwissenheit zurückkehren, wenn sie den Sinn der Welt, unseren Platz darin und den Weg des Seelenfriedens finden wollen. Letztlich gründe die Wahrheit auf einer *logique de cœur*, einer Herzenslogik und in Gott.
Seine Gedanken brachte er sehr klar in den erst spät verfaßten und unvollendet gebliebenen *Pensées sur la religion* (Gedanken über die Religion) zum Ausdruck, die erst nach seinem Tod am 19. 8. 1662 herausgegeben wurden.

Angelus Silesius (1624–1677)

Der »Schlesische Bote« (lat. angelus silesius), eigentlich Johann Scheffler, wurde im Dezember 1624 in Breslau geboren. Der religiöse Dichter und Denker war ein entschiedener Gegner der Reformation, obwohl er ursprünglich selbst Protestant war; erst 1653 konvertierte er vom protestantischen zum katholischen Glauben und trat 1661 in den Minoritenorden ein. Die geistreichen und bildgewaltigen Sinn- und Schlußreime seines *Cherubinischen Wandersmannes* sind vielleicht die bekanntesten dichterischen Zeugnisse deutscher Mystik. Angelus Silesius starb am 9. 7. 1677 in Breslau.

Baruch de Spinoza (1632–1677)

Spinoza wurde am 24. 11. 1632 in Amsterdam als Sohn eines wohlhabenden jüdischen Kaufmanns geboren. Seine Vorfahren waren portugiesisch-spanische Exiljuden. Die Ausbildung erhielt er an einer jüdischen Schule, wo er in den Talmud eingeführt wurde und die jüdische Philosophie kennenlernte. Als angehender Rabbiner erlernte er das Handwerk des Linsenschleifers, studierte später die Naturwissenschaften und vertiefte sich in die Werke Hobbes und Descartes - insbesondere letzterer hatte einen entscheidenden Einfluß auf Spinozas Denken.

Der sehr zurückgezogen lebende Spinoza wandte in rigoroser Weise Descartes Methodik an und stellte - sehr zum Mißfallen der jüdischen Gemeinde - die Widersprüche und Ungereimtheiten des alten Testaments zur Diskussion. Er forderte die absolute Denkfreiheit, die auch vor den Toren der Gotteshäuser nicht halt machen dürfe. Spinoza hatte die Vorstellung von einer allumfassenden, streng gesetzmäßig funktionierenden Natur, die sowohl Materie als auch Geist in den unterschiedlichsten Formen hervorbringt. Die Seele stelle nur einen weiteren Bestandteil des Gesamtgefüges dar.

In diesem Naturprinzip sah Spinoza das einzige Sein, ohne das es kein Sein und keinen Gott gibt - die Natur selbst ist Gott. Es ist nicht schwer zu erraten, daß Spinoza mit diesen Ansichten keine Freunde unter der theologischen Obrigkeit fand, und so kam es, daß er, wegen seiner »schrecklichen Irrlehren« mit einem Bannfluch belegt, 1656 aus der jüdischen Gemeinschaft ausgestoßen wurde.

Bis zu seinem Tod am 21. 2. 1677 in Haag, wo er der Schwindsucht erlag, mußte er daher seinen Lebensunterhalt als einfacher Handwerker bestreiten.
Noch über 100 Jahre nach seinem Tod durfte Spinoza nicht diskutiert werden. Seine Lehren erfuhren erst später, im 18. Jahrhundert, dank Goethe, Lessing und Herder eine Renaissance und bildeten den geistigen Grundstock für den sogenannten Spinozismus.
Spinoza publizierte nur eine einzige Schrift unter eigenem Namen, die *Renati des Cartes principiorum philosophiae* (Die Prinzipien der Philosophie René Descartes, 1663). Sein *Tractatus theologico politicus* (Theologisch-politischer Traktat) erschien 1670 anonym. 1675 vollendete er sein Hauptwerk, die *Ethica - ordine geometrico demonstrata* (Ethik - nach der geometrischen Methode dargestellt), die aber wegen des damaligen religiösen Fanatismus und der allgemeinen Intoleranz erst posthum veröffentlicht wurde.

Jean de La Bruyère (1645–1696)

Jean de la Bruyère, geboren am 16. 8. 1645 in Paris, zählt neben Montaigne und La Rochefoucauld zu den französischen Moralisten. Von 1684 an arbeitete er als Privatlehrer und später als Sekretär des Duc de Bourbon. Sein 1688 entstandenes Hauptwerk, *Les Caractères de Théophraste, traduits du grec, avec les caractères ou les mœurs de ce siècle,* eine Übersetzung des antiken griechischen Philosophen Theophrast in Verbindung mit Leitsätzen und kritischen Kommentaren zur französischen Gesellschaft, beschreibt anschaulich das Leben und Treiben seiner Zeit. La Bruyère traf mit seiner detailgenauen, anschaulichen und oftmals - sehr zum Leidwesen der Betroffenen - satirischen Schilderung genau den Zeitgeist und verkaufte die folgenden acht Jahre insgesamt neun Auflagen. Wie La Rochefoucauld war Bruyère vom Egoismus als Quelle aller Handlungen überzeugt. Er starb am 11. 5. 1696 in Versailles.

Jean-Jacques Rousseau (1712–1778)

Jean-Jacques Rousseau, geboren am 28. 6. 1712 in Genf, war französisch-schweizer Kulturkritiker, Musiker, Philosoph und ideeller Wegbereiter der Französischen Revolution. Sehr viel über den Menschen Rousseau geht aus seinen *Confessiones*, den autobiographischen Bekenntnissen hervor, die erst nach seinem Tode veröffentlicht wurden.
In seiner Jugend arbeitete er in fast allen Berufen: als Schreiber, Handwerker, Musiklehrer, Diener, Erzieher und Angestellter, später im diplomatischen Dienst - aber auch als Notenschreiber und Dirigent. Die schönen Künste bereicherte er um ein neues Notensystem sowie ein paar recht erfolgreiche Operetten und Dramen. Während dieser rastlosen Jahre wechselte er häufig sein Domizil und pendelte zwischen Italien, der Schweiz, der französischen Provinz und Paris.
So wechselhaft wie sein äußeres Leben, war auch sein Verstand, der die größten Einsichten immer Gedankensprüngen und Eingebungen des Augenblicks verdankte. Die »Initialzündung« zu seinem romantischen Protest gegen die Aufklärung war beispielsweise eine Wanderung zum Schloß Vincennes. Dabei wurde ihm plötzlich klar, daß der Mensch von Grund auf gut sei und nur durch die Einrichtungen der Welt schlecht würde - was einen deutlichen Gegensatz zum herrschenden aufklärerischen Fortschrittsoptimismus darstellte. Die unaufhaltsame Entwicklung der Wissenschaften und Künste, so legte er in seinem 1750 erschienenen

Discours sur les sciences et les arts dar, sei ursächlich an Entfremdungs- und Zerfallsprozessen beteiligt, die den sittlichen und moralischen Niedergang herbeiführten.
Der zweite *Discours sur l'origine et les fondements de l'inégalité parmi les hommes (1755)* ergründet die Zusammenhänge gesellschaftlicher Phänomene und der daraus resultierenden psychischen Wesensart.
In seinem staatsphilosophischen Werk *Du contrat social ou principes du droit politique*, das großen Einfluß auf die Französische Revolution hatte, formuliert Rousseau die Normen, denen eine ideale Gesellschaft folgen sollte. Für ihn bedeutete das die zwanglose Unterordnung des einzelnen zugunsten des Gemeinwohls, wobei der Staat die individuelle Freiheit garantieren muß.
Mit zunehmendem Alter wuchs sich sein immer schon vorhandenes Mißtrauen gegen die Welt zu einem ausgewachsenen Verfolgungswahn aus, und der Freidenker starb schließlich verbittert am 2. 7. 1788 in Ermenonville bei Paris.

Marquis de Vauvenarques (1715–1747)

Luc de Clapiers Marquis de Vauvenarques, ein Freund Voltaires, wurde am 6. 8. 1715 in Aix-en-Provence geboren.
Vauvenarques war ein Vertreter der stoischen Lebenshaltung und bezog in seinen aphorismenartigen Reflexionen Stellung gegen den Relationismus. Für ihn war die Quelle der Erkenntnis ein unmittelbares, mystisch-frommes Gefühl.
Mit seinen beiden Hauptwerken *Einleitung zur Kenntnis des menschlichen Geistes, 1746* und *Betrachtungen und Maximen, 1746* übte er unter anderem nachhaltigen Einfluß auf Nietzsche aus. Vauvenarques starb bereits mit 32 Jahren, am 28. 8. 1747 in Paris.

Immanuel Kant (1724–1804)

Als eines von zwölf Kindern kam Immanuel Kant am 22. 4. 1724 in einer königsberger Handwerkerfamilie zur Welt. Dort studierte er von 1740–46 Philosophie, Mathematik und Naturwissenschaften. Von 1755–69, in der sogenannten vorkritischen Periode seiner Philosophie, arbeitete er als Privatdozent und ließ sich durch Humes und Leibniz' Schriften inspirieren.

Erst 1770 erhielt er die Professur für Philosophie in Königsberg. Ein Jahr darauf veröffentlichte Kant sein Hauptwerk, die *Kritik der reinen Vernunft.* »Kritik« hat in diesem Zusammenhang nichts mit »Kritisieren« zu tun, sondern hat bei Kant die Bedeutung »Untersuchung«; unter der »reinen Vernunft« versteht Kant die Vernunft, die nicht auf Erfahrungen, sondern auf Prinzipien vor (*a priori*) der Erfahrung aufbaut. Diese Prinzipien sollen Zeit und Raum sein; sie sind dem menschlichen Verstand vorgegeben, und alle Erfahrungen – also die Sinnesempfindungen – bauen darauf auf. Die *Wirklichkeit,* die »Dinge an sich«, sind prinzipiell nicht erkennbar, ja, es hat nicht einmal Sinn, danach zu fragen. Kant betont also die Beschränkung und die Relativität der Erkenntnis – doch dabei bleibt er nicht stehen: Bestimmte Formen der Anschauung sind nämlich *a priori* vorhanden – Raum und Zeit nämlich –, und darauf läßt sich schließlich doch noch eine Metaphysik aufbauen. Der menschliche Geist ist also kein passives Aufnahmegerät für die Sinneserfahrungen, sondern »konstruiert« die Welt – der Mensch selbst ist also Urheber seiner Welt.

Kant, der Königsberg nie verließ, organisierte sein ganzes Leben mit extremer Disziplin und pedantischer Pünktlichkeit. Sein Tagesablauf glich einem Fahrplan, der vom Aufstehen bis zum Einschlafen unter allen Umständen eingehalten werden mußte. Trotz all seiner Zwanghaftigkeit schätzte

man ihn dennoch wegen seines freundlichen Wesens und seiner humorvollen Originalität.
Am 12. 2. 1804 starb Kant. Seine letzen Worte waren: »Es ist gut.«
Seine wichtigsten Werke sind die »Kritiken«, neben der *Kritik der reinen Vernunft (1781),* die *Kritik der praktischen Vernunft (1788)* und die *Kritik der Urteilskraft (1790).*

Gotthold Ephraim Lessing (1729–1781)

Gotthold Ephraim Lessing kam am 22. 1. 1729 als Sohn eines Pastors in Kamenz/Sachsen zu Welt. Der Dichter, Kritiker und Philosoph setzte sich durch seinen Kampf gegen Intoleranz und seinen Einsatz für Freiheit, Vernunft und Humanität für die Aufklärungsbewegung in Deutschland ein. Er starb am 15. 2. 1781 in Braunschweig.
Lessing wurde insbesondere durch sein Lustspiel *Minna von Barnhelm* bekannt. Durch seine Dramen machte er die Bühne als Medium für die bürgerliche Selbsterfahrung zugänglich. In *Nathan der Weise,* einem Drama, das die Koexistenz unterschiedlicher Glaubensrichtungen zum Inhalt hat, wird Lessings Forderung nach religiöser Toleranz deutlich. Neben seinen dramatischen Werken verfaßte er auch die religionsphilosophische Schrift *Erziehung des Menschengeschlechts,* in der er den Stufenplan einer fortschrittsoptimistischen Vernunftreligion entwarf.

Nicolas Sébastien Roch Chamfort (1741–1794)

Der franz. Schriftsteller Nicolas Sébastien Roch Chamfort wurde 1741 in Clermont, Frankreich geboren. Mit seinen

geistreichen Geschichten, Dramen und Maximen fand er schnell Eingang in die Pariser Schriftstellerszene.
Als 1789 die Französische Revolution ausbrach, schloß er sich den Jakobinern an, aber seine mißbilligenden Vorwürfe zu den entstandenen Gewaltakten brachten ihn in Mißkredit. Nachdem man ihn deshalb ins Gefängnis werfen wollte, nahm er sich 1794 das Leben.

Georg Christoph Lichtenberg (1742–1799)

Der deutsche Physiker und Schriftsteller Georg Christoph Lichtenberg kam am 1. 7. 1742 in Ober-Ramstadt bei Darmstadt zur Welt. Die meiste Zeit seines Lebens verbrachte er in Göttingen, wo er Mathematik und Physik studierte. Seit 1769 war er dort als Professor tätig; er starb am 24. 2. 1799.
Lichtenberg, einer der führenden Experimentalphysiker seiner Zeit, arbeitete auf den Gebieten der Geodäsie (Erdvermessung), Meteorologie und Astronomie.
Seinen Ruf als Schriftsteller machte er sich vor allem mit naturwissenschaftlichen und philosophisch-psychologischen Aufsätzen, insbesondere aber durch seine ironisch-geistvollen Aphorismen, die ihn als scharfsinnigen Beobachter und Repräsentanten der Aufklärung auszeichnen.
Mit seinem zwischen 1778 und 1799 im »Göttinger Taschenkalender« erschienenen Schriften bekämpfte er vor allem den übertriebenen Geniekult seiner Zeit, das unmethodische Denken und den Mystizismus der damaligen Philosophie.

Johann Gottfried Herder (1744–1803)

Der Philosoph und Theologe Johann Gottfried Herder, geboren am 25. 8. 1744 in Mohrungen/Ostpreußen, studierte von 1762–64 in Königsberg Theologie und arbeitete die folgenden fünf Jahre an der Domschule in Riga als Pfarrer und Lehrer. Als Begleiter des Erbprinzen von Holstein-Eutin unternahm Herder längere Reisen, auf denen er 1770 in Straßburg auch die Bekanntschaft Goethes machte. Ein Jahr später ließ er sich in Brückeburg als Hofpfarrer nieder, wo er die folgenden fünf Jahre blieb. Seit 1776 arbeitete er, auf Goethes Vermittlung hin, in Weimar als Generalsuperintendent. Herders Philosophie wurde von Leibniz und Spinoza beeinflußt; Kants »öde Wüsten voller leerer Hirngeburten und anmaßendster Wortnebel« lehnte er ab. Im Gegensatz zu Kant erachtete Herder die Sprache als Grundlage aller Vernunft, die ihren reinsten Ausdruck wiederum in der Literatur findet. In seinen *Ideen zur Philosophie der Geschichte* entwickelte Herder 1784–91 die Vorstellung, in der Geschichte existiere ein Gesetz des Fortschritts, das alles Sein und Geschehen letztlich auf die Herrschaft von Liebe, Vernunft und Humanität ausrichte. Aus dieser zwangsläufigen Entwicklung hin zum Guten schloß er auf das ewige Wirken Gottes als Urheber aller irdischen Dinge und Urkraft des Lebens.

Johann Gottlieb Fichte (1762–1814)

Johann Gottlieb Fichte gilt neben Kant und Hegel als einer der wichtigsten deutschen Philosophen. Fichte stammte aus armen Verhältnissen, doch ein Adliger ermöglichte ihm eine den Besuch einer höheren Schule und das darauf folgende Theologiestudium. 1791 besuchte er Kant in Königsberg.

Kant half ihm, einen Verleger für seine im folgenden Jahr verfaßte Schrift *Versuch einer Kritik aller Offenbarung* (1792) zu finden. Dieses Traktat wurde anonym veröffentlicht und zunächst Kant zugeschrieben. Als Kant den wahren Verfasser bekanntgab, wurde Fichte auf einen Schlag so berühmt, daß er auf den Lehrstuhl für Philosophie in Jena berufen wurde. 1805 erhielt er den Lehrstuhl für Philosophie in Erlangen, und 1810 wurde er zum ersten Rektor der neu gegründeten Universität in Berlin ernannt. Drei Jahre später starb er dort an Typhus.

Obwohl Fichte zunächst stark von Kant beeinflußt war, lehnte er Kants Theorie von der Unmöglichkeit der Erkenntnis des Dinges an sich ab. Existenz und Handeln sind nach Fichte identisch. Die Erkenntnis ist ein von diesen Faktoren abgeleiteter Aspekt. Die Beziehung von Subjekt und Objekt wird von Fichte als eine dialektische Einheit von Gegensätzen aufgefaßt und stellt einen Prozeß dar, der von einem aktiven Handeln geprägt ist. Die einzelnen Handlungen des Menschen setzen eine grundlegende Form der Welt voraus, die des menschlichen Handelns bedarf und daraufhin angelegt ist. Fichtes Philosophie läßt sich als ethischer Idealismus bezeichnen. Fichtes Gedanken übten einen großen Einfluß aus, vor allem auf seinen Nachfolger auf dem Posten als Rektor der Berliner Universität, Hegel.

Hauptwerke: *Über den Begriff der Wissenschaftslehre und der so genannten Philosophie (1794), Grundlage des Naturrechts nach Prinzipien der Wissenschaftslehre (1796), System der Sittenlehre (1798), Grundzüge des gegenwärtigen Zeitalters (1800), Reden an die deutsche Nation (1808). Ausg.: Sämtliche Werke. Hg. von I. H. Fichte. 8 Bde. 1845 f., (unveränd. Nachdr. 1965).*

Wilhelm von Humboldt (1767–1835)

Wilhelm von Humboldt wurde am 22. 6. 1776 in Potsdam geboren und starb am 8. 4. 1835 im Alter von 58 Jahren in Tegel. Der preußische Politiker, Philosoph und Sprachforscher gilt als der bedeutendste Vertreter des klassisch-idealistischen Humanismus. Als verantwortlicher Kultusbeamter reformierte er 1809–10 durch die Schaffung humanistischer Gymnasien das Bildungswesen in Preußen und war maßgeblich an der Gründung der Universität Berlin beteiligt. 1819 entließ man ihn wegen seiner Kritik an der preußischen Politik aus dem Staatsdienst.
Humboldts geschichtsphilosophische Weltanschauung wurde von Kant, Leibniz, Herder und Fichte beeinflußt und räumte der individuellen Bildung einen entscheidenden Stellenwert für die Verwirklichung humanitärer Ideale ein.
Erst durch Bildung werde die umfassende Entfaltung der Persönlichkeit möglich, die ihren höchsten Ausdruck in der Formung des Lebens als Gesamtkunstwerk findet. Der Staat solle dabei die äußere Sicherung und innere Rechtssicherheit der in ihm lebenden Individuen garantieren.
Zu Humboldts literarischem Werk zählen unter anderem *Über die Aufgabe des Geschichtsschreibers (1822); Über die Verschiedenheit des menschlichen Sprachbaues und ihren Einfluß auf die geistige Entwicklung des Menschengeschlechts (1836),* sowie *Ideen zu einem Versuch, die Grenzen der Wirksamkeit des Staates zu bestimmen (1851).*

Georg Wilhelm Friedrich Hegel (1770–1831)

Hegel wurde 1770 in Stuttgart geboren, studierte in Tübingen Philosophie und Theologie und arbeitete zunächst als

Hauslehrer in Bern und Frankfurt. 1801 schrieb er doch noch seine Habilitation und wurde Privatdozent, dann, 1805 Professor in Jena. Aus finanziellen Gründen gab er diese Stellung jedoch zwei Jahre später wieder auf und wurde Redakteur der Bamberger Zeitung. Ein Jahr später wechselte er wieder die Stellung und wurde Direktor des Nürnberger Gymnasiums - dort blieb er immerhin acht Jahre.

Sein erstes Hauptwerk, die *Phänomenologie des Geistes* (1806) war wenig beachtet worden, doch seine zweite wichtige Arbeit, die *Wissenschaft der Logik*, die in drei Bänden zwischen 1812–16 veröffentlicht wurde, machte ihn in der Fachwelt bekannt; er wurde 1816 als Professor an die berühmte Universität Heidelberg berufen - und schon zwei Jahre darauf erhielt er den Lehrstuhl in Berlin, den zuvor Fichte innegehabt hatte.

Seine Vorlesungen waren außerordentlich beliebt und machten Hegel in den zwanziger Jahren des 18. Jahrhunderts zur führenden Persönlichkeit der deutschen Philosophie. 1829 wurde er zum Rektor der Berliner Universität gewählt. Doch nur zwei Jahre später starb er während der großen Choleraepidemie - allerdings wahrscheinlich nicht an Cholera, sondern an einem chronischen Magenleiden.

Hegel gilt als Prototyp des abstrakten, spekulativen Philosophen. In seinem System versuchte er, die Wirklichkeit vollkommen in abstrakte Begriffen aufzulösen. Mit seinem philosophischen System wollte er die Vergangenheit und die Zukunft philosophisch erklären. Der Gegenstand der Philosophie, meinte Hegel, sei die Wirklichkeit als Ganzes. Die Entwicklung dieses Ganzen bezeichnete er als den »absoluten Geist«; dabei ist der Prozeß der Selbstentfaltung das Ergebnis des Konfliktes von Gegensätzen, also dialektisch: Einer Idee steht eine entgegengesetzte Idee gegenüber - aus dem Konflikt entsteht die Synthese, ein neuer Gedanke,

der den Konflikt auf einer höheren Ebene überwindet und zur neuen These wird. Der Entwicklungsprozeß setzt sich immer weiter fort, und der absolute Geist (also die Gesamtheit der Wirklichkeit) strebt in dieser dialektischen Weise seinem höchsten Ziel entgegen.
Hauptwerke: *Phänomenologie des Geistes (1806), Wissenschaft der Logik (1812–16), Philosophie des Rechts (1821), Encyclopädie der philosophischen Wissenschaften (1817), Grundlinien der Philosophie des Rechts (1821), Vorlesungen über die Ästhetik (1835–1838), Vorlesungen über die Geschichte der Philosophie (1833–1836), Vorlesungen über die Philosophie der Religion (1832)* und *Vorlesungen über die Philosophie der Weltgeschichte (1837).*

Friedrich Schlegel (1772–1829)

Karl Wilhelm Friedrich Schlegel (seit 1815 von Schlegel) wurde am 10. 3. 1772 in Hannover als Sohn eines Generalsuperintendenten geboren; er starb am 12. 1. 1829 in Dresden.
Seine nicht gerade fröhliche Jugend verbrachte er bei Verwandten, bis ihn 1788 sein Vater bei einem Leipziger Bankhaus als Lehrling unterbrachte. Zwei Jahre später begann er trotz fehlenden Abiturs zusammen mit seinem Bruder August Wilhelm Schlegel in Göttingen Jura, Philologie, Geschichte und Philosophie zu studieren. 1794 zog er aus Geldnot zu seiner Schwester Charlotte nach Dresden, bis er im Sommer 1796 seinem Bruder nach Jena folgte und gemeinsam mit ihm 1798–1800 die Zeitschrift »Athenaeum« herausgab. Nach seiner Habilitation 1800 zog Schlegel über Berlin, Dresden und Leipzig nach Paris, wo er über deutsche Literatur und Philosophie las und Sanskritstudien aufnahm.

Obwohl er zunächst der Kirche gegenüber sehr kritisch eingestellt war, trat Schlegel 1808 zum Katholizismus über und nahm danach die recht konservative Haltung ein, daß sich die Vernunft den kirchlichen Wahrheiten zu unterwerfen habe. 1809 führte ihn eine feste Stelle als Hofsekretär nach Wien, wo er 1814 diplomatisch und publizistisch am Wiener Kongreß teilnahm. In den folgenden fünf Jahren arbeitete er als Legationsrat am Frankfurter Bundestag im Dienste Österreichs, und er begleitete den Kaiser und Metternich als Kunstsachverständiger auf einer Italienreise. Nach Beendigung seiner Dienste für Österreich arbeitete er in Wien an der Gesamtausgabe seiner Werke.
In seiner 1797 erschienenen Schrift *Über das Studium der griechischen Poesie* vertrat Schlegel die Meinung, die menschliche Bildung habe sich von einer natürlichen Vollkommenheit bei den Griechen zu einem künstlichen Zustand entwickelt. Die ursprüngliche Einheit könne dabei durch künstlerisches Schaffen und Poesie wiedererlangt werden.

Arthur Schopenhauer (1788–1860)

Arthur Schopenhauer wurde am 22. 2. 1788 als Sohn einer Schriftstellerin und eines Großkaufmanns in Danzig geboren. Sein Vater hielt nicht viel vom Studieren und ließ den widerwilligen Arthur eine Kaufmannslehre machen. Als er bald darauf starb, brach Arthur die Ausbildung ab und zog mit seiner Mutter Johanna nach Weimar. Dort begegnete er Goethe, Wieland und den Gebrüdern Schlegel. Von 1811–13 studierte er in Berlin und promovierte mit der Abhandlung – *Ueber die vierfache Wurzel des Satzes vom zureichenden Grunde.* In Anlehnung an Goethes Farbenlehre veröffentlichte er 1816 *Über das Sehn und die Farben* und schließlich 1819 sein Hauptwerk *Die Welt als Wille und Vorstellung.* 1820 habilitierte er in Berlin und unterrichtete ein Semester lang als Privatdozent. Von 1833 bis zu seinem Tod am 21. 9. 1860 lebte er in Frankfurt/Main als Privatgelehrter vom Erbvermögen seines Vaters.

Von Kants Transzendentalphilosophie beeinflußt sah er die Welt nicht nur durch subjektive Erkenntnis geprägt, sondern als Anschauung des Anschauenden, kurz als Vorstellung der eigentlichen Dinge. Diese eigentlichen Dinge deutete Schopenhauer als Willen. So wie wir den eigenen Leib einmal als Objekt unter anderen Objekten wahrnehmen können, so fühlen wir ihn auch als das unmittelbar Bekannte, das unserem Willen gehorcht, der Wille ist somit das Ansich des Leibes. In Analogie dazu sind für Schopenhauer alle Dinge Manifestationen eines ihnen innewohnenden Willens, der an sich grund-, ursachen- und ziellos ist. So erklärt sich der Titel seines Hauptwerks: *Die Welt als Wille und Vorstellung.*

Sein strapaziertes Verhältnis zur Welt übertrug Schopenhauer auch auf seine Thesen, in denen der universale Wille, auf verschiedenen Stufen des Seins, nach größtmöglicher Verwirklichung seiner selbst strebt und dabei das Chaos unserer Welt anrichtet.

Um sich davon zu lösen empfahl er, sich der Kunst zu widmen, besser noch Mitleid für all das Elend zu entwickeln oder aber, was das Beste sei, sich in einem asketischen Leben dem Streben und Treiben der Welt zu entziehen. Durch diese Auflösung der Subjekt-Objekt-Beziehung könne letztlich Nirwana als Zustand höchster Befreiung erreicht werden – ein Zustand dem Schopenhauer allerdings nicht besonders nahe kam.

Friedrich Nietzsche (1844–1900)

Friedrich Nietzsche wurde am 15. 10. 1844 als Sohn eines Pastors in Röcken bei Lützow (Provinz Sachsen) geboren. Bereits im zarten Alter von zehn Jahren schrieb er seine ersten Gedichte und Kompositionen. 1858 erhielt Nietzsche eine Freistelle an der Landesschule Pforta bei Naumburg. In den Jahren von 1864–68 studierte er in Bonn und Leipzig Philosophie und erhielt bereits ein Jahr später, im April 1869, den Ruf an die Universität von Basel, wo er als Professor dozierte. Seit 1871 verschlechterte sich Nietzsches Gesundheitszustand zusehends, so daß er gezwungen war, seine Professur 1878 niederzulegen. Ein schmerzhaftes Augenleiden ließ ihn beinahe völlig erblinden, und 1888 fiel er nach einem Schlaganfall auch noch in völlige geistige Umnachtung. Seine Schwester Elisabeth pflegte ihn in Weimar noch bis zu seinem Tode am 25. 8. 1900.
Seine Philosophie, von Schopenhauer beeinflußt, reifte und wandelte sich mit Nietzsches Lebensjahren und -stadien. Während er in jüngeren Jahren ein Bewunderer althergebrachter Traditionen und Kulturgüter war, entwickelte er bald starke Zweifel dagegen.
In seinem bekannten Werk *Also sprach Zarathustra (1883–1892)* schildert Nietzsche drei Verwandlungen des Geistes, die sein eigenes Innenleben widerspiegeln. Die erste »Verwandlung vom Geist zum Kamele« ist ein Sinnbild für das ehrfürchtige Glauben an Ideale, wie das geduldige Tragen des Überlieferten. Es folgt die zweite »Verwandlung vom Kamel in den Löwen«, die das Stadium des freien Geistes verkörpert, der durch seinen zweifelnden Intellekt in allem die Zeichen des Verfalls sieht und erkennt, daß es nur das Nichts gibt. Durch diese Erkenntnis zerbricht der Glaube an die Wahrheit, die Moral und Religion. Nach dieser nihili-

stischen Erkenntnis schließt die dritte »Verwandlung vom Löwen zum Kinde« an, die staunende Suche nach der Überwindung des Nichts. Befreit von den alten Vorstellungen erfährt das eigene Ich eine Stärkung und kann nunmehr, aus sich selbst heraus, eine neue Moral schaffen - der Übermensch ist entstanden.
Nietzsches Idealgestalt vom Übermenschen nahm immer mehr von seinem Leben Besitz und trieb ihn zunehmend in die Isolation, die schließlich in einem fiktiven, wirklichkeitsfremden Dasein und einem Zustand der Selbstmythologisierung gipfelte.

Bertrand Russell (1872–1970)

Der englische Logiker und Philosoph Lord Bertrand Russell kam am 18. 5. 1872 in Chepstow (Monmountshire) zur Welt. Bereits mit zwölf Jahren entwickelte er die bemerkenswerte Anschauung, das Prinzip der freien Liebe sei das einzig denkbare System von Bestand und die Ehe nur eine Folgeerscheinung des christlichen Aberglaubens.
Russel studierte in Cambridge Mathematik und Philosophie und war dort von 1910–16 als Dozent für Logik und Mathematik tätig. In diesen Jahren veröffentlichte er zusammen mit Whitehead seine dreibändige *Principia Mathematica,* bis heute ein Standardwerk der formalen Logik.
In seinen Arbeiten *Analysis of Mind (1921)* und *Analysis of Matter (1927)* unternahm Russel den Versuch, eine logisch-mathematisch begründete, philosophische Wirklichkeitslehre zu entwickeln. Die materielle und die geistige Welt bilden dabei gemeinsame Wirklichkeitsbereiche, die aus einem Grundstoff konstruiert sind, der selbst weder körperlich noch geistig ist, nämlich aus den Sinnesdaten.

Russel war aber nicht nur ein Mann schöner Gedanken, sondern vor allem auch der Tat. Der Realist hielt nicht viel von Gott und der Unsterblichkeit, entwickelte aber trotzdem – oder vielleicht gerade deshalb – ein zutiefst ethisches Wesen voller Mitgefühl für das Elend in der Welt und trat vor allem auf politischer Ebene allen Mißständen entschieden entgegen. Unermüdlich setzte er sich in Organisationen, öffentlichen Reden, Medien und Gesprächen mit Politikern gegen den Eintritt Englands in den ersten Weltkrieg, die Tyrannei Hitlers, das Stalin-Regime, die Atombombe und die Invasion Vietnams ein, was ihm neben dem Verlust zweier Professuren sogar einmal ein halbes Jahr Gefängnisaufenthalt einbrachte.
Nach vielen Jahren des humanitären Kampfes überschüttete man ihn schließlich doch noch mit größten Ehrungen. Er empfing den höchsten britischen Orden, den Nobelpreis für Literatur und stand in Verbindung mit Persönlichkeiten wie Einstein, Eisenhower, Kennedy, Chruschtschow und Nehru.
Bertrand Russel starb am 2. 2. 1970. Sein Wohl galt immer dem Fortbestand der Menschheit, die er an einem Wendepunkt sah, an dem es gelte innezuhalten und Einsicht walten zu lassen.

Karl Raimund Popper (1902–1994)

Karl Raimund Popper wurde am 28. 7. 1902 in Wien geboren. Während seines Studiums der Naturwissenschaften und der Philosophie kam er in Kontakt mit dem sogenannten »Wiener Kreis«, einem äußerst einflußreichen philosophischen Zirkel. Dort entdeckte Popper für sich das philosophische Gebiet der Wissenschaftstheorie, auf dem er mit seiner Theorie des *kritischen Rationalismus* – in der er zeigte,

daß eine Theorie prinzipiell nicht bestätigt (»verifiziert«), sondern nur widerlegt (»falsifiziert«) werden kann – eine Revolution auslöste. Popper ist einer der wohl einflußreichsten Philosophen dieses Jahrhunderts und gilt als der »größte Wissenschaftstheoretiker, der je gelebt hat«.
Als in Deutschland Hitler an die Macht gekommen war, wanderte Popper nach Neuseeland aus, wo er acht Jahre lang (1937–45) Professor für Philosophie war. 1946 kehrt er nach Europa zurück – aber nicht nach Österreich, sondern nach England. 1947 wurde er Professor in London und 1965 von der Queen in den Adelsstand erhoben. Auch nach seiner Emeritierung 1969 veröffentlichte er noch eine große Anzahl bedeutender Schriften. Am 17. September 1994 starb Sir Karl Popper in Croydon bei London.
Hauptwerke: *Logik der Forschung* (1934), *Die offene Gesellschaft und ihre Feinde* (1945), *Die beiden Grundprobleme der Erkenntnistheorie* (1979).

Quellen und Literaturempfehlungen

Angelus Silesius: »Der Cherubinische Wandersmann. Geistreiche Sinn- und Schlußreime« – Diogenes, Zürich 1993 (7. Aufl.)

Aristoteles: »Die Nikomachische Ethik« – dtv, München 1991

Buddha: »Das Hohe Lied der Wahrheit. Dhammapada« – Herder, Freiburg 1992

Demokrit: »Fragmente zur Ethik« (Griech./Dt.) – Reclam, Ditzingen 1976

Descartes, René: »Meditationen über die Grundlagen der Philosophie« – Phaidon, Essen 1996

Descartes, René: »Meditationen über die Grundlagen der Philosophie« – Sonderausgabe des deutschen Textes der sechs Meditationen – F. Meiner, Hamburg 1976

Epikur: »Philosophie der Freude« – Insel, Frankfurt 1996

Epikur: »Über das Glück« – Diogenes, Zürich 1995

Epikur: »Von der Überwindung der Furcht« – dtv, München 1991

Feuerbach, Ludwig: »Das Wesen der Religion. Ausgewählte Texte zur Religionsphilosophie« – Lambert Schneider im Bleicher Verlag, Gerlingen 1983

Fichte, Johann G.: »Reden an die deutsche Nation« – F. Meiner, Hamburg 1978 (5.Aufl.)

Fichte, Johann G.: »Die Anweisung zum seligen Leben oder auch die Religionslehre« – F. Meiner, Hamburg 1994

Fichte, Johann G.: »Die Bestimmung des Menschen« – F. Meiner, Hamburg 1980 (5. durchges. Aufl.)

Fichte, Johann G.: »Nachgelassene Werke« – de Gruyter, Berlin 1962

Fichte, Johann G: »J. G. Fichte – Gesamtausgabe der Bayerischen Akademie der Wissenschaften«

Hegel, Georg W. F.: »Vorlesungen über die Ästhetik« – Reclam, Ditzingen 1984

Hegel, Georg W. F.: »Briefe von und an Hegel« – F. Meiner, Hamburg 1969

Hegel, Georg W. F.: »Gesammelte Werke« – F. Meiner, Hamburg 1968

Hegel, Georg W. F.: »Philosophie des Rechts« – Suhrkamp, Frankfurt 1983

Hegel, Georg W. F.: »Vorlesungen über die Philosophie der Weltgeschichte« (Auf Grund der Handschriften herausgegeben) – F. Meiner, Hamburg 6. Aufl. 1994

Hegel, Georg W. F.: »Werke. Auf der Grundlage der Werke von 1832–1848 – Grundlinien der Philosophie des Rechts« – Suhrkamp, Frankfurt 1986

Herder, Johann G: »Werke. Journal meiner Reise 1769. Pädagogische Schriften« – Deutscher Klassiker Verlag, Frankfurt 1997

Humboldt, Wilhelm von: »Gesammelte Werke« – de Gruyter, Berlin 1988

Kant, Immanuel: »Anthropologie in pragmatischer Hinsicht« – F. Meiner, Hamburg 1997

Kant, Immanuel: »Beobachtungen über das Gefühl des Schönen und Erhabenen« – (Unveränd. Nachdr. d. 1. Aufl. Königsberg 1764) Fischer H., Erlangen 1991

Kant, Immanuel: »Kritik der reinen Vernunft« – F. Meiner, Hamburg, 3. um eine Bibliogr. erw. Aufl. 1990

Kant, Immanuel: »Logik, Nach den Vorlesungen von Immanuel Kant (1789), Nachgeschrieben von N.N., mit Zusätzen von B. Bauch« – F. Meiner, Hamburg 1997

Kant, Immanuel: »Über Pädagogik« – Kamp Schulbuchverlag, Düsseldorf 1989

Kempen, Thomas von: »Die Nachfolge Christi« – Missionsverlag d. Ev.-Luth. Gebetsgemeinsch., Bielefeld 1994

Konfuzius: »Der gute Weg. Worte des großen chinesischen Weisheitslehrers« – Scherz, München 1987

Konfuzius: »Gespräche (Lun-yu)« – Reclam, Ditzingen 1998

Lao-tse: »Tao Te King – Nach den Seidentexten von Mawangdui«, Fischer Taschenbuch, Frankfurt 1995

Lao-tse: »Tao te king« – Diederichs, München 1996 (3. Aufl.)

Lessing, Gotthold E.: »Nathan der Weise« – dtv, München 1997

Lessing, Gotthold E.: »Werke in drei Einzelbänden, Dichtungen« – Winkler-Verlag, Düsseldorf 1994

Lessing, Gotthold E: »Minna von Barnhelm« – dtv, München, 1997

Lichtenberg, Georg Ch.: »Aphorismen« – Manesse, Zürich 1992 (9. Aufl.)

Lichtenberg, Georg Ch.: »Schriften und Briefe« – Zweitausendeins, Frankfurt 1991

Locke, John: »Essay über den menschlichen Verstand« – Akademie Verlag, Berlin 1997

Marc Aurel: »Selbstbetrachtungen« – Insel, Frankfurt 1997

Montaigne, Michel de: »Essais« – Insel, Frankfurt 1991

Nietzsche, Friedrich: »Briefe« – Insel, Frankfurt 1993

Nietzsche, Friedrich: »Gesammelte Werke. Jenseits von Gut und Böse. Vorspiel einer Philosophie der Zukunft« – Goldmann, München 1996

Nietzsche, Friedrich: »Gesammelte Werke. Menschliches, Allzumenschliches« - Goldmann, München 1994
Nietzsche, Friedrich: »Gesammelte Werke. Unzeitgemässe Betrachtungen« - Goldmann, München 1994
Nietzsche, Friedrich: »Gesammelte Werke« - Goldmann, München 1994
Nietzsche, Friedrich: »Götzendämmerung. Der Antichrist. Ecce homo. Gedichte« - Kröner, Stuttgart 1990 (8. Aufl.)
Nietzsche, Friedrich: »Sämtliche Briefe, Kritische Studienausgabe« - de Gruyter, Berlin 1986
Nietzsche, Friedrich: »Die Unschuld des Werdens« - Kröner, Stuttgart 1978
Pascal, Blaise: »Gedanken von Blaise Pascal« - Parkland, Köln 1997
Pascal, Blaise: »Gedanken. Über die Religion und einige andere Themen« - Reclam, Ditzingen 1997
Platon: »Der Staat« - Reclam, Ditzingen 1994
Platon: »Die großen Dialoge« - Artemis, Düsseldorf 1991
Platon: »Gesamtausgabe der Dialoge« - Artemis, Düsseldorf 1960
Platon: »Gesamtwerk« (8 Bände) - Wissenschaftliche Buchgesellschaft, Darmstadt 1990
Platon: »Hauptwerke« - Kröner, Stuttgart 1973
Platon: »Sämtliche Dialoge« - F. Meiner, Hamburg 1993
Platon: »Sämtliche Werke« - Rowohlt TB, Reinbek 1994
Plutarch: »Moralia. Griechische Ausgabe« - Teubner, Leipzig 1971
Plutarch: »Moralphilosophische Schriften« - Reclam, Ditzingen 1997
Popper, Karl R./Eccles, John C.: »Das Ich und sein Gehirn« - Piper, München 1996 (6. Aufl.)
Popper, Karl R.: »Logik der Forschung« - Mohr, Tübingen 1994
Popper, Karl R.: »Die beiden Grundprobleme der Erkenntnistheorie« - Mohr, Tübingen 1994
Popper, Karl R.: »Das Elend des Historizismus« - Mohr, Tübingen 1994
Popper, Karl R.: »Die offene Gesellschaft und ihre Feinde« - UTB, Stuttgart 1992 (7. verb. Aufl.)
Rousseau, Jean J.: »Bekenntnisse« - Insel, Frankfurt 1985
Rousseau, Jean J.: »Emile oder Von der Erziehung« - Winkler-Verlag, Düsseldorf 1997
Rousseau, Jean J.: »Vom Gesellschaftsvertrag Oder Grundlagen des politischen Rechts« - Insel, Frankfurt 1996
Russell, Bertrand: »Ehe und Moral« - Verlag Darmstädter Blätter, Darmstadt 1984

Russell, Bertrand: »Eroberung des Glücks, Neue Wege zu einer besseren Lebensgestaltung« - Suhrkamp, Frankfurt 1977
Schlegel, Friedrich von: »Kritische Ausgabe seiner Werke. Schriften aus dem Nachlaß. Fragmente zur Poesie und Literatur« - Schöningh Verlag, Paderborn 1981
Schlegel, Friedrich von: »Kritische und theoretische Schriften« - Reclam, Ditzingen 1978
Schopenhauer, Arthur: »Aphorismen zur Lebensweisheit« - Goldmann, München 1991
Schopenhauer, Arthur: »Die Welt als Wille und Vorstellung« - Könemann, Köln 1997
Schopenhauer, Arthur: »Parerga und Paralipomena« - Diogenes, Zürich 1993 (6. Aufl.)
Schopenhauer, Arthur: »Sämtliche Werke. Parerga und Paralipomena I und II« - Suhrkamp, Frankfurt 1986
Seneca: »Philosophische Schriften« - Einmalige Jubiläumsausgabe, F. Meiner, Hamburg 1993
Seneca: »Über das rechte Leben« - Müller, Heidelberg, 1996
Seneca: »Vom glücklichen Leben« - Insel, Frankfurt 1992
Seneca: »Von der Seelenruhe« - Bechtermünz, Augsburg 1997
Spinoza, Benedict de: »Ethik, Nach geometrischer Methode dargestellt« - Phaidon, Essen 1996
Spinoza, Benedictus de: »Die Ethik, Schriften und Briefe« - Kröner, Stuttgart, 1982 (Nachdr. d. 7. Aufl.)

Unterhaltsames, Einführendes, Weiterführendes

Adorno, Theodor W.: »Drei Studien zu Hegel« - Suhrkamp, Frankfurt 1975
Aristophanes: »Die Wolken« - Reclam, Ditzingen 1982
»Aristoteles« - (Philosophie jetzt), Diederichs, München 1995
Baumanns, Peter: »Kants Philosophie der Erkenntnis. Durchgehender Kommentar zu den Hauptkapiteln der ›Kritik der reinen Vernunft‹« - Königshausen u. Neumann, Würzburg 1997
Böhmer, Otto A.: »Sternstunden der Philosophie. Schlüsselerlebnisse großer Denker von Augustinus bis Popper« - Beck, München 1996
Chang, Garma C.: »Die buddhistische Lehre von der Ganzheit des Seins. Das holistische Weltbild der buddhistischen Philosophie« - Scherz, München 1989
»Descartes« - (Philosophie jetzt), Diederichs, München 1997

Die Philosophie der Stoa: »Aus den Schriften Ciceros und Senecas« - Schöningh, Paderborn 1975
Eley, Lothar: »Fichte, Schelling, Hegel« - ars una, Neuried 1995
»Französische Moralisten: La Rochefoucauld, Vauvenargues, Montesquieu, Chamfort« - Diogenes, Zürich 1995
Gaarder, Jostein: »Sofies Welt. Roman über die Geschichte der Philosophie« - Hanser, München 1993
»Hegel für Anfänger - Phänomenologie des Geistes« - dtv, München 1997
Geyer, Carl F.: »Philosophie der Antike. Eine Einführung« - Primus, Darmstadt 1996
Hauskeller, Michael (Hrsg.): »Was das Schöne sei. Klassische Texte von Platon bis Adorno« - dtv, München 1994
Huisman, Denis: »Philosophie für Einsteiger« - Rowohlt, Reinbek 1983
Jaspers, Karl: »Einführung in die Philosophie« - Piper, München, 20. Aufl. 1996
»Kant« - (Philosophie jetzt), Diederichs, München 1996
»Nietzsche« - (Philosophie jetzt), Diederichs, München 1995
Pagès, Frédéric: »Frühstück bei Sokrates. Philosophen ganz privat« - dtv, München 1997
»Pascal« - (Philosophie jetzt), Diederichs, München 1997
»Philosophie der Gegenwart - Gegenwart der Philosophie« - Junius, Hamburg 1993
»Philosophielexikon: Personen und Begriffe der abendländischen Philosophie von der Antike bis zur Gegenwart« - PC-Version, Systhema, München 1996
Pieper, Josef: »Philosophie. Kontemplation. Weisheit« - Johannes Verlag, Freiburg 1991
Scherer, Georg: »Einführung in die Philosophie« - Parerga, Düsseldorf 1996
»Schopenhauer« - (Philosophie jetzt), Diederichs, München 1995
Schulte, Günther: »Hegel - oder das Bedürfnis nach Philosophie« - G. Olms, Hildesheim 1982
Schwarz, Aljoscha, A./Schweppe, Ronald P.: »Vom Inneren Wohlstand« - Herbig, München 1997
Siegel, Bernie: »Mit der Seele heilen. Gesundheit durch inneren Dialog« - Econ, Düsseldorf 1995
Siegel, Bernie: »Prognose Hoffnung. Liebe, Medizin und Wunder« - Econ, Düsseldorf 1998
Störig, Hans J.: »Kleine Weltgeschichte der Philosophie« - Fischer Taschenbuch, Frankfurt 1992
Strathern, Paul: »Platon in 90 Minuten« - Eichborn, Frankfurt 1995

Weischedel, Wilhelm – »Die philosophische Hintertreppe. 34 große Philosophen im Alltag und Denken« – Nymphenburger, München, Neuaufl. 1994

Weischedel, Wilhelm: »Der Zwiespalt im Denken Fichtes« – de Gruyter, Berlin 1962

Werder, Lutz von: »Beklage Dich nicht, philosophiere. Ein Übungsbuch in praktischer Philosophie für Einzelne und Gruppen« – Schibri-Verlag, Milow 1996

Xing Shu: »I Ging« – Südwest, München 1998

Wenn Sie Fragen an die Autoren haben oder eines ihrer Seminare besuchen wollen, wenden Sie sich bitte an den Verlag oder besuchen Sie die entsprechende Homepage im Internet:

http://members.aol.com/NLPTeam/